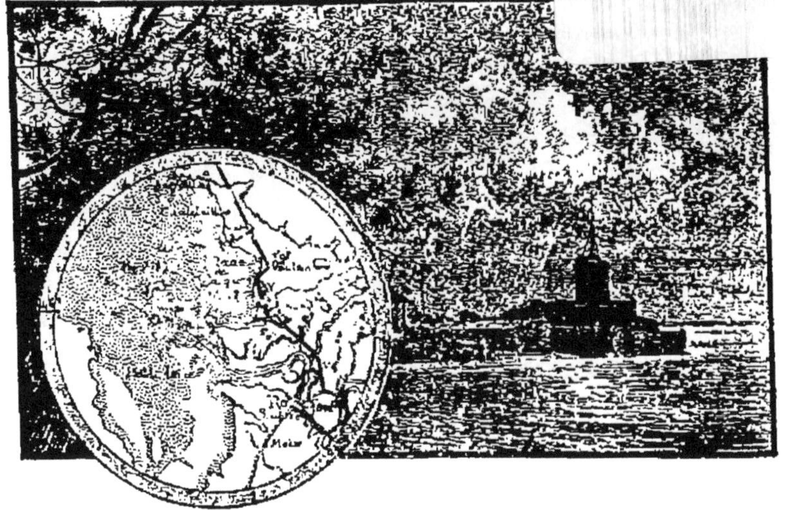

Fouras et ses Environs

CHARENTE-INFÉRIEURE

Histoire complète. Cartes, Plans et Dessins

PAR

A. DUPLAIS DES TOUCHES

Prix : 6 francs

Ecrit en 1894. — Publié en 1910,

Fouras et ses Environs

CHARENTE-INFÉRIEURE

Histoire complète. Cartes, Plans et Dessins

PAR

A. DUPLAIS DES TOUCHES

Prix : 6 francs

Ecrit en 1894. — Publié en 1910,

AU LECTEUR.

L'ouvrage que j'ai l'honneur de vous soumettre, est l'œuvre de mon regretté cousin germain, trop tôt enlevé à l'amour d'une mère bien-aimée, à l'affection de ceux qui ont pu apprécier les qualités de son cœur, bon, généreux ; de son esprit large et bienveillant.

Artiste, dans toute l'acception du mot, il maniait avec autant d'habileté la plume que le pinceau. Que d'œuvres il a laissées ! Que d'ébauches sont pieusement conservées dans le château du Treuil-Bussac.

« Qui laisse un nom, ne meurt jamais » a dit Elisa Mercœur. Puisse cette pensée faire revivre le souvenir de celui qui a consacré sa vie entière à l'étude de notre cher pays, la Saintonge et l'Aunis.

LÉONIE DUPLAIS

Berck-Plage, 27 Janvier 1910.

A. DUPLAIS DES TOUCHES.

BIOGRAPHIE.

Duplais Des Touches (Camille-Joseph-Antoine) né à Aurillac (Cantal) le 29 août 1860, décédé le 17 mars 1900 (¹).

Dessinateur, peintre et écrivain, après de brillantes études faites au collège de Rochefort-s/Mer, il fit des dessins à la plume publiés par Henry Mériot et Victor Billaud ; des cartes pour la Société de Géographie de Rochefort. Exposa au Salon de Paris, en 1880 : *Portail et clocher de l'église de Fenioux* ; *Une ferme aux environs de Fouras* ; *Vue*

(¹) Parmi ses ancêtres se trouvaient des Conseillers du Roi, élus de Saintonge, avocat du Parlement de Bordeaux, pairs, échevins, de Saintes avant 1789 et, dans l'Aunis, Estienne Gauvaing, escuyer, sieur de Beaulieu, maire de La Rochelle en 1623.

La seigneurerie Des Touches fut possédée par les Duplais du xvie siècle jusqu'en 1841. La famille blasonne : *De gueules à deux lions affrontés d'argent.*

Son aïeul paternel, Jacques-Eutrope, né à Saintes, le 25 juillet 1763, était le quatorzième enfant d'une famille qui en comptait vingt-trois. Engagé dans la marine à l'âge de 26 ans, il embarque sur la frégate la *Thétis* sous les ordres du comte Henry de Macnemara, chef de division des armées navales à l'Est du cap de Bonne-Espérance ; remarqué par sa bravoure, son intelligence, il fut bientôt nommé volontaire de 1re classe et obtint, à la suite d'une action d'éclat, le grade d'enseigne, puis fut nommé officier commandant en second de la corvette la *Minerve* (24 mars 1794), enfin, commandant de la corvette la *Nation* Il navigua encore quelque temps à bord de la *Preneuse* (4 fructidor, an IV). Nommé commandant des batteries du canton de Sainte-Marie (Réunion), il rentra en France vers 1811. Fut nommé maire de Nieul-lès-Saintes. Epousa en 1814 Mlle Pauline Foucaud, fille d'un notaire de Sainte-Gemme (Charente-inférieure) et mourut le 12 avril 1826. Il fut inhumé dans le cimetière de Saintes. De cette union naquirent cinq enfants. Son troisième fils, Eutrope, ancien Directeur des Contributions Indirectes, à Poitiers, Conseiller municipal de Fouras, décédé au château de Treuil-Bussac, le 14 mars 1888, avait épousé, en 1859, Marie, Esther-Isaline Duplais, sa cousine. Né de ce mariage, Antoine était fils unique.

de *Saint-Jean-d'Angely*; *les Arènes de Saintes; Vues de Cozes; Monument commémoratif de la bataille de Taillebourg*. L'année suivante, il illustra l'*Idylle Normande*, d'André Lemoyne ([1]); la *Danse macabre de la chapelle de Kermaria-en-Isquet* (Côtes-du-Nord), de Félix Soleil-Augé. En 1882, il envoya à l'Exposition du Blanc et Noir, à Paris, une étude au crayon : *Fouras et ses environs ;* et illustra pour le Musée des Familles, le *Livre des Têtes de Rois*. Dessina les manchettes du *Journal de Saintes ;* des *Tablettes de l'Ile de Ré ;* du journal de l'*Ile d'Oleron ;* la *Chronique de Saint-Jean-d'Angély ;* l'*Echo de Jarnac* et le *Courrier de Rochefort*. L'année suivante, il exposa un dessin à la plume, le *Légué,* port de Saint-Brieuc, *Marines,* aquarelles ; Exposition de Saintes : *Un Soir à La Vallières,* près Royan ; *Une Épave à la Grande Côte ;* le canot de *Gipsy-Fouras ; Enterrement de Victor Hugo,* etc., etc.

En 1886, à l'Exposition du Blanc et Noir, à Paris : *Chancelade,* en Périgord ; *Portrait d'André Lemoyne*. Pour *Royan pittoresque,* il illustra : *Souvenirs du Mont-Saint Michel* et du château de *Montigny* (Eure). Au Salon de Paris : *Un Coin des Arènes de Saintes*. Composa l'encadrement du menu pour le banquet offert à MM. les Ministres de la Marine et de l'Instruction publique, à l'occasion de l'inauguration du Lycée de Rochefort (15 octobre). Il fit, en 1886, les illustrations du *Voyage en Birmanie* (Delagrave) et plusieurs dessins pour une Nouvelle du Saint Nicolas

----

([1]) En octobre dernier, un monument a été élevé à sa mémoire, dans le jardin public de Saint-Jean-d'Angély. Il se compose d'un buste, œuvre de M. Poisson, de Niort, que supporte une élégante stèle romane au pied de laquelle est assise une jeune saintongeaise, personnifiant la muse du poète. La stèle et les attributs sont dus au ciseau d'un statuaire charentais, M. Emile Peyronnet.

L'année suivante, il exposa à Poitiers 134 dessins pour *Royan-Guide*, de Billaud. Fit l'encadrement du programme de la Musique des Cuirassiers de Niort. En 1888, 22 dessins pour *En Sèvre* (Clouzot), Programmes de l'*Union des Femmes de France* et de la *Loge maçonnique de Royan*. En 1889, *Les Sables d'Olonne; Pallice-Revue*, pour l'inauguration du Bassin de La Rochelle (19 août 1890), ainsi que l'encadrement du menu du banquet offert à M. Carnot, Président de la République. Il illustra les *Fables* de Délétant et la *Monographie du château de Dercie*, de l'abbé Gelizeau. Fit le programme des *Fêtes de Samuel Champlain-Brouage* (Saintes, 1er et 2 juillet 1893). Croquis pour *Marennes* de Lételie; *Façade intérieure de l'Hôtel-de-Ville* pour *La Rochelle et ses environs*, réédition par Meschinet de Richemont ; *Portail du logis noble de Richemont*, commune d'Escurat ; Programmes pour le *Casino de Fouras*, etc., etc. Et, en 1897, environ 80 dessins pour son ouvrage sur *Fouras*.

Comme historien, il publia de nombreux articles scientifiques dans les *Bulletins* de toutes les Sociétés savantes du Département ; collabora aux journaux de la région sans distinction d'opinions politiques et à la *France* de Bordeaux. Publia : *Les premiers essais de la Vaccine en Saintonge* par le Dr Bobe-Moreau (1888). *Le logis du Treuil-Bussac et le Château de la Clocheterie ; — Fouras et l'Embouchure de la Charente à travers les âges. Géographie ancienne de l'Aunis et de la Saintonge. — Cartes des transformations du littoral depuis les temps quaternaires. — Les villes détruites du golfe d'Aunis. — Excursions en Saintonge. — Salons et Expositions diverses. — Mme Penqueur et son Œuvre.* (Le Poème de Valléda ou l'Enfer d'après une femme). Quand la mort le surprit, il travaillait à son livre sur *Fouras* et jetait les éléments d'une Etude fouillée sur les *Rives de la Saintonge et de l'Aunis*.

Nommé conseiller municipal, aux élections des 6 et 13 mai 1888, il prenait une part active à la discusssion de toutes les questions concernant la prospérité et l'avenir de la commune ; c'est à lui que Fouras doit d'avoir son cimetière placé dans la partie nord de la ville.

Pendant des années, le château du Treuil-Bussac fut le rendez-vous des personnalités les plus connues dans les sciences et la littérature. Sympathique à tous, Antoine mettait en pratique sa devise : *Concorde par les Arts et la Vérité.*

Sa dépouille mortelle repose dans le cimetière de Fouras, à l'ombre d'un rosier dont les fleurs, en s'effeuillant une à une sur la pierre sépulcrale, mêlent leur parfum aux prières et aux larmes de ceux qui l'ont aimé !   L. D.

PRIUS NOSCE TE IPSUM, DOMUM ET PATRIAM !

Cette description de Fouras et de l'embouchure de la Charente paraîtra peut-être trop détaillée ; aux visiteurs d'une station balnéaire il faut des notices courtes, précises, sans prétentions scientifiques.

Cependant, je ne puis me résoudre à résumer davantage mes longues recherches d'histoire, car plusieurs pages sont absolument inédites. En somme, on ne connaît jamais trop bien un pays ! Et puis ne vaut-il pas mieux lire des histoires véritables que des récits d'imagination ?

Quelques chapitres de ce livre ont été publiés dans le Bulletin de la société des Archives historiques, Revue de Saintonge et d'Aunis ; Recueil de la commission des arts et monuments historiques de la Charente-Inférieure et société d'archéologie de Saintes, 1890 ; Revue poitevine et saintongeaise, 1895, etc.

Mais ces premiers essais ont dû être retouchés de telle sorte que je ne prends la responsabilité que de ces pages.

Je souhaite que le lecteur conserve un bon souvenir de cette région maritime et de mon livre.

A. DUPLAIS DES TOUCHES.

Château du Treuil-Bussac, près Fouras, janvier 1897.

CHAPITRE Ier

Fouras, successivement appelé *Colrasum*, 1074 ;
Currasium, 1080, 1096 ; *Corrazo*, *Folloraso*, 1096 ;
Foras, *Forras*, 1110-1305 ; *Forrans*, *Forrasio*, 1314 ;
Fourraz, 1315, et *Fourras*, 1500, présente des éty-
mologies aussi compliquées que variées.

D'après Bourignon (*Recherches topographiques,
historiques, militaires et critiques sur les antiquités
gauloises et romaines de la province de Saintonge,
an IX, 1800, note 246*) et A. Gautier (*Statistique de
la Charente-Inférieure*, 1839, 2ᵐᵉ partie, page 87),
ce nom viendrait du celte *Forest*, en basque *Fora*,
en allemand *Forst*, qui signifie *Forêt*, parce que le
château-fort de cette localité s'élève près d'une forêt
mentionnée dès l'an 1080.

Les auteurs du *Gallia christiana* (1720, t. II, coll.
1066, 6 vol. in-folio) voient dans ce mot une allusion

blessante : « Eodem anno confirmat donum ecclesiæ
S. Gaudentii de *Folloraso, Fouras,* quod seculares
homines usualiter turpi nomine vocant, sitæ juxta
mare, prope castellam quod vulgari nomine nuncu-
patur *Currasium,* factum ab Arnulfo, Santonum
episcopo, etc. » Ce qui veut dire : « La même année,
1096 (le pape Urbain II) confirme le don fait par
Arnulfe, évêque de Saintes, de l'église de S. Gaudence de *Folras,* pays que les profanes désignent
habituellement par un nom honteux. L'église est
située près de la mer, non loin d'un château vulgairement appelé *Currasium* (?). »

Or, pourquoi Fouras serait-il un nom honteux, turpi
nomine ? L'oratorien M. Arcère (*Histoire de la ville
de La Rochelle et du pays d'Aunis,* 1756, tome I,
p. 161) l'explique ainsi : « C'est le vulgaire qui, par
inexpérience ou par badinage indécent, a défiguré
ce nom, abusant de l'expression *Foris castrum !* »

Mais comment traduire ce mot *Foris ?* Fouras le
château de la colique ou *de l'entrée... de la Charente ?*

Dans ses *Fastes historiques* (1842, page 100), R.-
P. Lesson, le naturaliste rochefortais, donne cette
étymologie bizarre : « *Fouras,* anciennement *Folloraso,* pays où le vent glisse sur l'eau ; de *Follis,*
vent, et de *Raso, Radere,* glisser sur l'eau, ou bien
encore, de *Foralus,* rectum ; *Foris* ou *Fora,* dévoie-
ment. »

« Le peuple, fait remarquer M. Faye (*Bulletin de
la société des antiquaires de l'ouest,* 1849, p. 336),
ne comprenait pas plus le latin au XIe siècle qu'aujourd'hui ; Fouras a succédé à *Couras* ou *Curas.* » On
lira plus loin l'enchaînement de ces origines, assez
difficiles à conter dans un livre qui doit être lu par
tout le monde.

« Le mot *Follorasum,* dit A. Eveillé, auteur d'un
Glossaire saintongeais (1887), est la forme latine du

vieux français *Follorez*, moulin à foulon. » Cette industrie est inconnue dans le pays.

«*Foras*, me disait encore un aimable lettré, rappelle l'adverbe latin *Foras*, signifiant dehors, d'où l'expression latino-santone *ire foras*, *aller dehors* ; traduction libre : sortir de Gaule, aller s'embarquer à Fouras. » L'idée est assez audacieuse. Notre villette serait-elle le célèbre *Port des Santons, Portus Santonum*, Σαντονῶν λιμήν, indiqué par le géographe Ptolémée (128 ap. J. C.), sous le 46ᵉ degré de latitude (lib. II, cap. 7)? C'est bien la situation astronomique de Fouras; mais, dans la nomenclature des caps et des fleuves, le port des Santons se trouve entre la Garonne et le *Cap* que je place au Chapus (*caput*, tête, promontoire) (1) ; donc il semble plus exact de mettre l'amirauté gauloise à Marennes ou à Saujon. Marennes, d'ailleurs, fut siège d'amirauté jusqu'à la fondation de Rochefort. Néanmoins Fouras devait être un port important, sinon le marché de la capitale d'une petite cité maritime, l'Aunis ; longtemps on a cru que les Romains avaient laissé les rives septentrionales de l'embouchure de la Charente aux Vénètes ou tribus britanniques d'Aquitaine. Au XIVᵉ siècle, le cours du fleuve jusqu'à la Gère ou canal de Fichemort, limitait la Saintonge anglaise de l'Aunis, domaine royal des Valois.

Bref, si le mot *Currasium*, transformé en *Follorasum* par suite d'une erreur possible de scribe, ne s'applique pas spécialement à *Charras (Currus-ras*, pointe des Chars, localité voisine d'un chemin antique) près Saint-Laurent, je trouve à Fouras quatre autres étymologies :

1° *Four-ras*. Le cap du *Four*. Ce nom est conservé

---

(1) Ces indications géographiques, nouvelles et en contradiction avec les données des autres géographes, sont expliquées dans un ouvrage spécial : *Géographie ancienne de la Saintonge et de l'Aunis*, 1889-1892. (Manuscrit.)

par les anciens livres de pilotage hollandais (Claas Jansz Voogt, *Le nouveau et grand illuminant flambeau de la mer*, 1699), qui l'écrivaient *Voorn-ras*. C'était des *fours à pain ou à métaux*.

2° *Fol* ou *Fou-ras*. Le cap de la Folie. Au temps des druides, les localités où l'on faisait des miracles, où l'on rendait les oracles, s'appelaient *la Folie*. Dans la plupart des *Fana* ou temples des Dieux antiques, il y avait des possédés, des voyantes, qui prédisaient l'avenir. A la cour des rois de France, jusque sous Louis XIV, des fous, nains, bossus, ou nègres avaient le droit de tout dire ; on leur *rasait* complètement la barbe et la chevelure. En outre, ce pouvait être une station de plaisir pour les marins, un temple dédié à la Vénus Génitrix, la bonne déesse des Vénètes. (Voir l'explication à la page 18). On a aujourd'hui les Folies-Bergères à Paris, les Folies-Bordelaises à Bordeaux, etc.

3° *Cur-rasa*, pour *Curia-rasa*. Curie, juridiction rasée. *For-rasum*, pour *Forum-rasum :* marché ruiné.

Un célèbre roman de chevalerie, le livre du *Saint-Graal et de la Table-Ronde*, parle de la *Terre foraine* en Gaule. Vers l'an 117 de l'ère chrétienne, Alain, l'un des 12 fils de Bron, beau-frère de Joseph d'Arimathie, décurion, qui s'était emparé du calice et du sang de Jésus-Christ, Alain, dis-je, vint cacher la sainte relique dans la Terre foraine. Pour la cacher plus sûrement, ses descendants firent bâtir le château de Corbenic. Les premiers chevaliers bretons ou armoricains, Gauvain, neveu d'Arthur de Bretagne, Lancelot, filleul de Merlin, etc., vinrent dans la Terre foraine pour retrouver ce fameux vase...

Le bras de mer qui baigne La Rochelle s'appelle *pertuis breton*, mais je n'affirmerai pas que Fouras soit la seule Terre foraine.

4° *Col-rasum*, pour *Collum-rasum*, *Fol-rasum*,

pour *Follim-rasum*, cou, bourse ou *phallus* coupé.
Allusion à quelque scène de sauvagerie locale,
comme la mort d'Osiris, l'exécution des sénateurs
vénètes par César, le martyre du pâtre Gaudens de
Girons en Comminge ; ou plutôt mutilation de quelque
seigneur poursuivi par un mari trompé, par quelque
vierge à l'exemple d'Actéon par Diane !

Le port sud se nomme encore *La Coue !* Au xvi^e
siècle, la mule d'un conseiller au parlement de Paris
avait la queue coupée ; c'était la règle d'étiquette !

Quoi qu'il en soit, Fouras, avec ses falaises verdoyantes et ses conches abritées du vent du nord, à
l'embouchure du fleuve des Santons, était logiquement un point de ravitaillement pour les navigateurs,
le tribunal maritime, un lieu de plaisir, un marché
d'esclaves rameurs ; son nom est une tradition pénible. Je laisse à mes lecteurs le soin de ne pas confondre *Fouras* avec *La Spezia*, *Portus Lunæ*, ville
d'Italie, car nous avons encore la légende très populaire de *La Lune !*

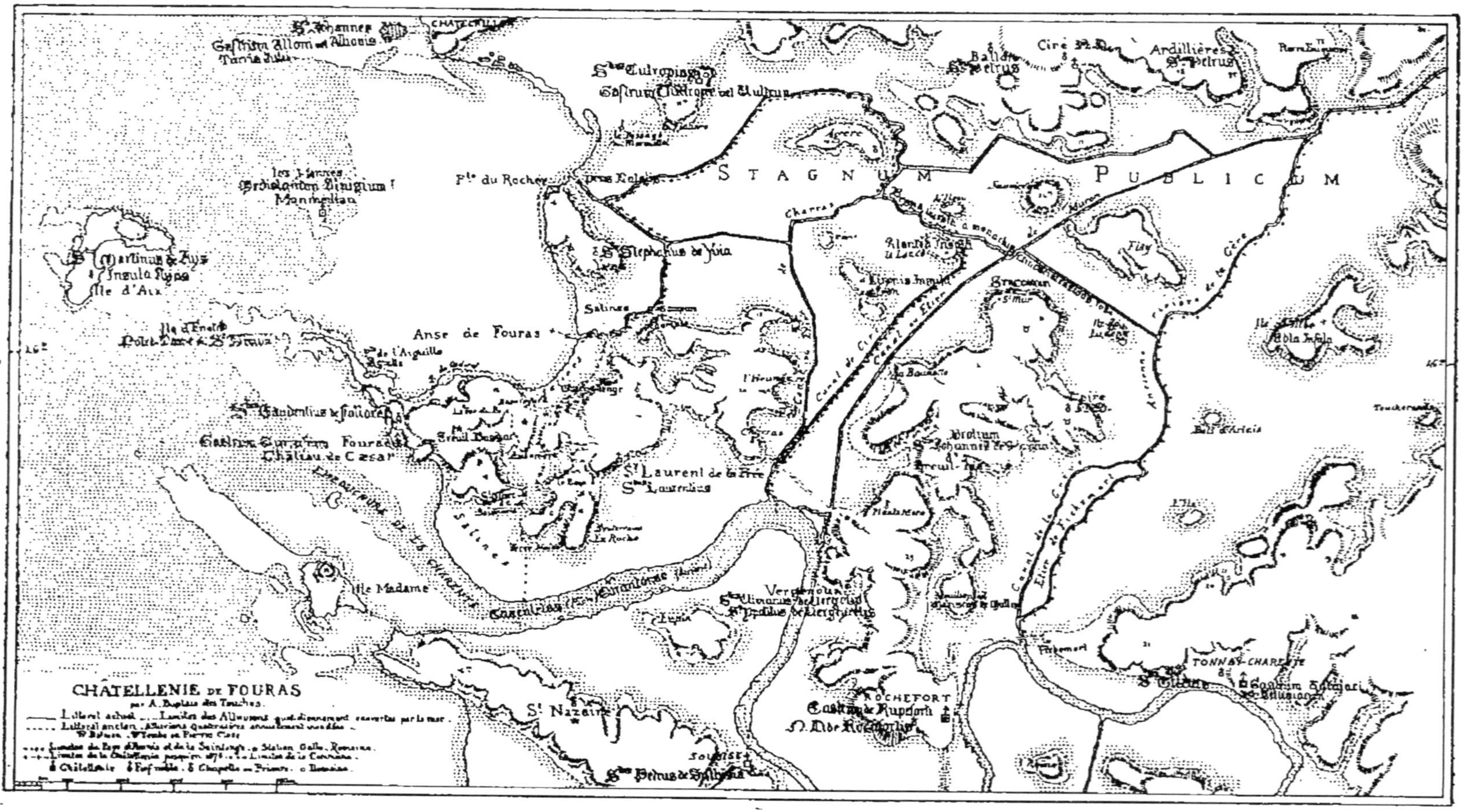

STAGNUM PUBLICUM
S. Johannes
Castrum Allonis et Alhouis
Turris Julii
CHATELAILLON
Stus Cutropingus
Castrum Cultrosa vel Vultrus
Balleta S. Petrus
Cire St. Denis
Ardillières St. Petrus
Port Enneau
Agere
Ple du Rochey
Dras Roleys
Charras
les Larmes
Brdislanion Biaugium
Monmeillan
S. Martinus de Rupe
Insula Rupis
Ile d'Aix
S. Stephanus de Yvia
Alernis Insula
u Laede
Brotium
St. Mur
Flay
Ile d'Enette
Point Dame de S. Braux
Anse de Fouras
Ple de l'Aguille
Salines
Ile Aillie
Nobla Insula
l'Heuraie
Canal de Cire au Flier
La Bussaie
Cire
S. Gaudentius de Follores
Castrum Superius Fouraci
Château de Cæsar
Breuil Duvcort
Brotium
St. Johannis de Orgon
Breuil-Fort
St. Laurent de la Pree
St. Laurentius
Monte Nere
Ile d'Arleis
Canal de la Charente
Salines
Ile Madame
Vertdenoux
Ulivarius de Vergod
St. Prdius de Vergotius
Embouchure de la Charente
CHÂTELLENIE DE FOURAS
par A. Duplais des Touches
Littoral actuel
Littoral ancien
ROCHEFORT
Castrum de Rupdorh
O. Dbe Roczhorho
St. Nazaire
SOUBISE
Stus Petrus de Subisia
TONNAY-CHARENTE
Castrum Sohijeri
Illusiaonea

CHAPITRE II

FOURAS ET L'EMBOUCHURE DE LA CHARENTE AUX TEMPS PRÉHISTORIQUES

Il ne faut pas exagérer ni trop moderniser les transformations du littoral charentais, c'est-à-dire du PAYS DES SANTONES, depuis la pointe de Grave, en Médoc, jusqu'à la pointe du Perray, en Vendée.

Avant l'époque dite *quaternaire*, il y a 4,236 ans d'après la bible, la Charente, le Καυευτελος de Ptolémée (140 ap. J.-C., lib. II, c. 7), le *Carentonus* d'Ausone (360 ap. J.-C.), se déversait dans l'océan d'Aquitaine, au-delà des terres d'Oleron et de Ré. « Ces îles, débris d'un continent qui s'étendait à plusieurs milles au-delà de l'Atlantique, sont les squelettes des terres envahies ! » On essaye d'expliquer cette conquête de la mer par un affaissement de l'écorce terrestre avec marées extraordinaires, fissures et ondulations souterraines. En rompant ses digues, l'océan contourna les principales hauteurs, emporta les débris dans les vallées submergées. A la longue, ces dépôts augmentèrent, se solidifièrent sous l'action du soleil ; les hommes complétèrent cette œuvre de desséchement ; ainsi furent formées ces grandes prairies que l'on aperçoit autour de Fouras et de Saint-Laurent de La Prée. A une certaine époque, c'était des lagunes où les navires à fonds plats pouvaient manœuvrer, comme aux environs de Venise ; en hiver, lorsqu'elles sont inondées par les fortes marées et les eaux du ciel, il est facile de se figurer l'aspect de cette ancienne région lacustre : chaque coteau, à base jurassique ou crétacée, forme une île véritable. Telle est la situation de Fouras avec le territoire de Saint-Laurent de La Prée et de Charras. Les autres îles étaient : Yves, Voutron, Le Grand et Le Petit Agère, Liron, l'île de la Lance, L'Ileau, Rochefort avec Loire et Breuil-Magné, Châtelaillon, l'île d'Able, Bois d'Arlais, Le Flay, Ludène, Saumoran, l'île de Rhône, Lupin, etc.

Cet archipel surgissait de l'embouchure de la Charente comme d'une petite mer intérieure, justement désignée par les vieux cartulaires sous les noms d'*étang public, stagnum, stoarium, esterium publicum, mare conclusum*. Cette partie intérieure de l'ancienne mer britannique (pertuis breton) mériterait d'être appelée *golfe fourasin*, car, avant 1790, elle se trouvait en-deçà des bornes de la haute seigneurie de Fouras ; Rochefort et Voutron se partageaient le reste.

Ces sommets qui dominent aujourd'hui le niveau des prairies d'une. dizaine de mètres, avaient une hauteur plus considérable avant le cataclysme diluvien ; des sondages indiquent une profondeur de 30 à 40 mètres dans les vallées comblées d'alluvions récentes ; on appelle ces terres marines, terres de bri. L'ancien pays devait émerger de 70 mètres.

Si l'on consulte les historiens de la région, Arcère

(1756), Bourignon (1792), Massiou (1840), Delayant (1870), on lit que l'Aunis est de formation géologique plus récente que la Saintonge. D'après ces auteurs, « ce territoire, alternativement couvert et découvert par la mer, était inhabitable aux premiers temps de notre ère ; les Romains n'ont pu que s'arrêter au sud de la Charente. » C'est une erreur !

Depuis 4.000 ans, ce rivage n'a pas été modifié dans ses grandes lignes ; seules, quelques falaises ont pu s'écrouler sous l'action continuelle de la vague, mais il est facile de retrouver leur ossature.

La région la plus affaissée, indiquée par le récif de *Rochebonne*, l'ancienne *Hyrcanie*, se trouve aujourd'hui à 4 et 7 mètres sous les flots, à 70 kilomètres de l'île de Ré. Contemporain du divin Homère, ce plateau formait, avec sa petite montagne, une île sacrée, séjour des Cimmériens-Bretons et des Druides, évocateurs des Ombres. (1)

Les premiers hommes ont foulé ces coteaux et il est certain que des Phéniciens, Ibères, Celtes, Gallo-Kymris, Gallo-Grecs, Gallo-Romains ont connu Fouras et l'archipel de l'embouchure de la Charente. Les documents irréfutables de l'ancienneté de ce pays sont les monuments mégalithiques qui existent encore sur les deux rives du fleuve et tout autour des limites des lagunes, sur les hauteurs *jurassiques* de L'Houmée-Charras, de Loire près Rochefort, Beaugeay, La Sausaie près de Saint-Aignan, La Jarne, Ardillières, Salles, Saint-Vivien, et dans les îles d'Oleron et de Ré. Les découvertes récentes de stations de l'âge de pierre et de bronze à Châtelaillon, Voutron, Rochefort, Angoulins, Saint-Germain de Marencennes, Choupeau, Fouras, complètent les in-

---

(1) Ces indications géographiques, encore inédites, sont expliquées dans un ouvrage manuscrit de M. A. Duplais des Touches, intitulé : *Les villes englouties des golfes de Saintonge et d'Aunis.*

dications de la science géologique : trois mille ans avant la conquête romaine, des races primitives, dites celtiques, ensuite gauloises, occupèrent ces rivages. Les Santons ou *hommes roux* vivaient, comme les Indiens de l'Amérique ou de l'Océanie, dans des huttes, des grottes ou des terriers. Les haches et les flèches en silex taillé, poli, formaient leur principal armement.

Les plus remarquables monuments de cette époque anté ou post diluvienne, blocs de rochers généralement attribués au culte druidique, s'élèvent à l'est de l'île de Fouras, sur une pointe rocailleuse de la commune de Saint-Laurent de La Prée, à 200 mètres du canal de Charras. On les appelle, tantôt *dolmens* ou *tombes romaines*, tantôt *pierres couvertes* ou *pierres closes*. Leur forme rappelle celle des sarcophages ; ces deux tombes ont été violées. La plus rapprochée du canal est la mieux conservée ; deux personnes peuvent s'abriter sous son couvercle ébréché. Sur une profondeur de 0^m50 à 0^m80 centimètres, l'auge a pour base un banc d'*ostrea virgula*, déposé sur de la terre très noire avec des silex brisés ; on y a trouvé des grattoirs et une sorte de poinçon en silex rose. (1)

L'autre tombe, peut-être plus grande, est brisée ; une partie de son couvercle, transportée à L'Houmée, sert de table dans la cour de la ferme.

La tradition rapporte que c'est sur ce point de la terre que l'ange et Satan se sont rencontrés... Pour montrer sa force, Satan saisit la table de pierre et la lança bien loin... une source jaillit aussitôt.

Il serait trop long de reproduire ici toutes les dissertations, descriptions et hypothèses que certains

---

(1) Mesures du tombeau couvert : Auge, côté S.-O: 2^m24 de longueur, 1^m30 de hauteur. Intérieur ovale de l'auge : 1^m60✕1^m10. Épaisseur moyenne des bords de l'auge : 0^m30 à 0^m50. Couvercle : côté S.-O : 2^m52 ; côté N.-O : 2^m60. Diagonale : 3^m30 à 3^m37, Épaisseur moyenne : 0^m60.

savants ont publiées sur l'usage et l'époque de ces pierres.

Aux environs, notamment sur la colline de L'Hou-mée, j'ai trouvé des débris de haches, des pointes de flèches en silex : on eut dit un champ de bataille.

La commune de Loire, au nord de Rochefort, compte deux monolithes semblables aux tombes de Charras ; il ne reste que des fragments d'auges.

Mais ce ne sont pas les seules preuves d'une civilisation antique : en 1883, on a trouvé à Fouras, en creusant un aqueduc à 30 mètres environ de la façade septentrionale de l'église, une belle hache en silex jaune, mesurant 0^{m}16 c. sur 0^{m}067 m. Elle se trouvait dans du sable vert, sous une couche de terre d'alluvions de 1^{m}20 c. de profondeur, à côté de nombreux fragments de silex noirs et de poteries grossières. J'ai ramassé de semblables objets, armes de l'époque moustérienne, lames très fines en silex blond, briques en terre cuite au soleil, sur les coteaux

du Terrier, en face le port sud ; au Treuil-Bussac,
au Magnou, etc.

A La Roche, près Soumard, on peut visiter un souterrain refuge, à moitié muré. Il est supposable que
ces grottes, avant d'être transformées en caves, au
moyen âge, abritèrent des indigènes troglodytes,
contemporains de la mer intérieure tracée sur ma
carte.

Certains noms de lieux rappellent encore les vieilles
croyances celto-gauloises : *La fée du Bois*, village
près de Fouras, séjour de quelque druidesse, vestale
ou vierge folle ; au Bois-Vert, le *rocher de Mélusine*,
la fée de la mer et des sires de Lusignan, *la table de
Gargantua*, pierres ou tumuli aujourd'hui disparus,
démontrent que les traditions chaldéennes, juives et
grecques, à propos des Géants, fils de la Terre, Ti-
tans, Pélasges et Cyclopes, sont enracinées dans le
pays.

*
* *

D'autre part, l'histoire des découvertes géographiques enseigne que des navires égyptiens, phéniciens, carthaginois, parvinrent de cap en cap, jusqu'aux îles britanniques. La lointaine Thulé (Islande?)
était le but de presque tous ces périples. Comme de
nos jours, une escale dans la rade de l'île d'Aix, à
l'abri des falaises verdoyantes de Fouras, était nécessaire pour le ravitaillement des navires ; des relations s'établissaient avec le continent ; de tout
temps, il y eut des comptoirs à l'entrée des fleuves,
où le commerce de ces temps primitifs expédiait les
hommes, les rameurs, les femmes, etc., les peaux
d'animaux, le cuivre, l'électrum, l'ambre, l'étain, la
potasse à savon, les provisions de toute sorte.

Ainsi se formèrent ces petites républiques, appelées par les Grecs *emporia*, par les Latins *civitates
maritimæ*, dont une avait sa capitale ou son port à

Fouras. On l'appelait sans doute *curia*, c'est-à-dire la seigneurie ; la haute ou double seigneurie était à Courcoury de Chaniers *curcuria*. Dans cette région cosmopolite, la langue grecque fut, avec le Gaël, le verbe le plus répandu ; les monnaies santones ont le type de la tête de Minerve et les caractères sont grecs. Malgré l'invasion cimmérienne ou bretonne du viie siècle avant J.-C., l'influence phocéenne de Marseille est la plus facile à retrouver : on sait que le mage Pythéas vint jusqu'en Angleterre et Thulé, l'an 350 avant J.-C. Mais avant cette colonisation, d'autres navigateurs avaient porté la civilisation (?) sur nos rivages. « Ce sont les compagnons d'Hercule, dit Plutarque, qui, mêlés aux peuples de Saturne, firent florir et ressusciter la langue grecque dans trois îles situées dans l'Atlantique, non loin du pays des Bretons, sous la même parallèle que la mer Caspienne (46e degré). »

Au temps du grand moraliste, la vase envahissait déjà l'embouchure des rivières ; les gros vaisseaux ne pouvaient naviguer dans les lagunes ; les marins étaient obligés de se servir de gabares à rames...

Ce texte est peu connu et bien que le nom de *Fouras* n'y soit pas cité, il semble que Plutarque indique bien la direction d'Oleron, de Ré et l'aspect de l'archipel santono-vénète de la Charente. On verra plus loin que ces détails ne sont pas superflus pour connaître le passé ténébreux de l'Aunis, le *pays des aulnes*.

CHAPITRE III

Pendant longtemps, les auteurs qui parlaient des Romains à Fouras furent traités de romanciers. (1)

« J'ai parcouru Fouras avec la plus scrupuleuse attention, dit Bourignon dans ses recherches sur les antiquités de la Saintonge, je n'y ai rien découvert qui eut même l'air antique. » (page 246).

------

(1) *Les Romains entretenaient à Châtelaillon,* CASTRUM JULII, *en souvenir de Jules César, une forte garnison pour tenir le pays en bride... Dans son donjon étaient enfermées les aigles et enseignes romaines.* Armand Méchain, *Hist. de Saint-Jean d'Angély,* 1671.

« *Il est évident que la tradition qui place à Fouras un poste romain est réelle et que, sur le cap battu par la mer, un prétoire fortifié a du être établi.* » R.-P. Lesson, *Histoire, archéologie et légendes de la Saintonge,* p. 101.

Reproduction en fac-similé d'un dessin de Claude de Chatillon, 1584-1646, ingénieur du Pont-Neuf et de la place Royale a Paris, dessin gravé en 1604 par Melchior Tavernier.

Dimensions de l'original : 0ᵐ384/0ᵐ167. Communiqué par M. Georges Musset, président de la Commission des Arts et Monuments historiques de la Charente-Inférieure.

Cette affirmation est absurde. Pour être convaincu du séjour des légions de César, il suffit d'étudier le dessin de Claude de Châtillon gravé par Melchior Tavernier en 1604. (Bibliothèque de La Rochelle, Mss. n° 681.)

Ces murailles croulantes, aux voûtes en plein cintre soutenues par 7 ou 8 colonnes doriques, au milieu d'une enceinte à tourelles, indiquent certainement un temple ou palais des premiers siècles de notre ère. Peut-être ce monument était-il plus ancien. Il occupait, dans la cour de la forteresse actuelle, l'emplacement des casernes ; sa façade était tournée vers l'orient et son chevet avait la forme d'une abside.

Toutes ces ruines, vues par Claude de Châtillon, ont disparu de 1689 à 1703, lors de la transformation de l'enceinte de la tour, d'après les plans de MM. de Gadagne, gouverneur de La Rochelle, Ferry, Vauban, Masse et autres ingénieurs.

Or, ce monument antique était-il un palais de justice, une bourse, un temple dédié à Hercule-Hésus, à Vénus, au soleil ou à la lune ? Un port important devait avoir tous ces édifices. A Pompéi, le forum était bordé par un palais de justice, la prison, un marché de grain, le temple de Vénus (1), la basilique ou salle de conférences et de justice, les curies, tribunaux civils et commerciaux. A Fouras ces voûtes sacrées n'étaient plus, au moyen-âge, que de véritables « masuraulx ». (Aveu de René de Bretagne, comte de Penthièvre, seigneur de Fouras, à Louis XII.)

En somme, malgré ses imperfections, le dessin de Châtillon est nécessaire à la réfutation de Bourignon et autres savants démolisseurs de nos souvenirs antiques : bien que le graveur Melchior Tavernier ait commis l'erreur de faire la tour cylindrique, il est possible de reconnaître le donjon des de Brosse (xvᵉ siècle) et la ligne d'anciens remparts vers les douves actuelles. La porte se trouvait dans l'alignement de la route de Rochefort (rue du Treuil-Bussac).

L'ancienne cité des « Oppidani » occupait tout le plateau du champ de mars, c'est-à-dire les rochers de la Couc. Le port le plus fréquenté comprenait l'anse du Sémaphore ou la plage des bains ; en cas de tempêtes, on devait hisser les barques sur le sable ; en face l'établissement Texier une sorte de jetée s'avançait à plus de 80 mètres dans la mer ; ce point d'attérissage a complètement disparu sous la vase. Vers la place Vauban, le niveau du chemin du port ou de la plage était moins élevé qu'aujourd'hui de 3 ou 4 mètres ; à gauche, des voûtes de fours et des murailles en briques sont sous les fondations de la mairie actuelle ; à droite, le logis du Portal rouge s'étendait vers la pharmacie et le café Caillaud.

---

(1) La divinité de la femme aimante était reconnue chez tous les peuples de l'antiquité. « Le culte de Vénus Érycine avait, dit M. Boissier, *Promenades archéologiques*, le caractère sensuel et voluptueux des religions de l'Orient. La déesse était servie par de jeunes et belles esclaves qu'on appelait en grec des « Hiérodules » ; elles faisaient oublier aux capitaines de navire, quand ils s'arrêtaient quelques jours, les ennuis des longues traversées.

Au sud, l'anse de la Coue devait servir de rade, comme aujourd'hui ; ce quartier s'appelait *le Perrot* ; ce nom se retrouve dans un quartier du vieux port de La Rochelle.

Au nord de la forteresse, un groupe d'habitations non comprises dans l'enceinte fortifiée, entourait un autre édifice gallo-romain, dont les fondations furent retrouvées en 1885-1886, à l'angle de la place de

l'église et du boulevard Eugène Allard. Un grand espace était bétonné ; à côté, sous un réduit plein de sable de mer, des urnes brisées et de grandes tuiles à rebords dont j'ai conservé des spécimens.

Ces substructions se prolongeaient derrière l'église où, déjà, l'on avait trouvé des dalles en marbre rose.

En face la halle, la pioche d'ouvriers a ramené des quantités de tuiles plates à rebords, des débris d'urnes, et parmi ces fragments, une tête de femme, en terre cuite, de grandeur naturelle. Le reste du corps n'a pu être retrouvé ; les lignes du visage sont assez pures, mais le nez et le menton ont été brisés, un peu d'émail blanc couvrait les yeux ; les cheveux, ceints d'un bandeau, sont réunis, par derrière, en une tresse unique, fixée par un peigne.

Cette statue provenait sans doute du temple de la citadelle ; elle a été ramassée par M. Rouyé père, peintre en bâtiment : c'était un débris digne d'être conservé dans un musée.

Dans la même direction (villa Blanchard), deux aqueducs ou conduits voûtés semblaient venir du fort et se diriger vers l'église.

*
* *

D'autres substructions antiques ont été retrouvées aux environs de Fouras.

Dans un champ appelé les Brandettes du château, M. Mangou a reconnu, en août 1886, les restes d'une villa gallo-romaine, à 300 mètres environ de la vieille métairie du Magnou et du fief des Vallines. Ce nom de Vallines est le diminutif du mot latin *vallum* et indique un petit retranchement, par opposition au grand castrum.

Deux murailles, à angle droit, ont été déblayées ; elles étaient rasées jusqu'au niveau du sol. La façade S.-E. peut avoir une quarantaine de mètres de longueur ; elle est de moyen appareil ; parmi les déblais, on rencontre une quantité de tuiles plates à rebord, dont la fabrication antique ou gallo-romaine n'est pas discutable : plusieurs portent encore des traces d'incendie ; de curieux fragments de poterie, deux cols de petits vases avec dessins de chasse, des poteries rouges plus fines dites Samiennes, des monceaux de coquilles d'huîtres avec grattoirs et flèches en silex furent également déterrés, à côté d'une place bétonnée, vers l'angle des deux grands murs. Le béton était d'une solidité remarquable : d'abord une

couche de moellons inclinés, puis 30 ou 40 centimètres de sable, et enfin le ciment, de quatre couches
différentes : la première à base de chaux et de gros
sable ; la seconde, de chaux et de briques concassées ;
les deux autres supérieures étaient composées d'un
ciment de chaux et de briques finement pilées.

D'après les cultivateurs du pays, on découvrait de
semblables fondations et places bétonnées au village
de Chevallier et au Treuil-Bussac.

Dans une vigne, devant ce logis, on a trouvé en
mars 1879 un tronçon de poignard avec une dizaine
de petits bronzes. Parmi ceux qui n'étaient pas trop
frustes, j'ai reconnu deux Constantin-le-Grand (306-
337), nᵒˢ 15 et 536 du catalogue de Cohen ; sur le revers du nᵒ 15, une variété de légende n'est pas signalée par le savant numismate : *Biata* pour *Beata tran-
qvillitas*, et sur la face, le buste de l'empereur est
casqué à droite au lieu d'être lauré.

Les autres bronzes sont des monnaies de Constance II (335-361), dont les plus lisibles correspon-
dent aux nᵒˢ 45 et 188 du catalogue de Cohen.

Le coteau le plus élevé de la commune, 19 mètres,
autrefois occupé par le moulin Brûlé ou moulin de
Fouras, est désigné par les vieux dénombrements

sous le nom d'*ancienne justice*. Plus au sud, près
de l'antique fontaine de l'Aubier, des substructions
de briques renfermaient un squelette. A Soumard
(vraisemblablement du latin : *sub-mare* ; les anciennes archives disent aussi Saint-Marc), on a découvert
en 1842 un moyen bronze qui fut dessiné par l'ar-
chéologue-naturaliste Lesson. (Hist., archéol. et lég.
des marches de la Saintonge, 1842, p. 334, planche
105, fig. 280.)

Toutes ces médailles ayant au revers les mots ROM.
ET AVG et un autel, furent frappées à Lyon. (Cohen,
p. 95, t. I.)

Cette monnaie a beaucoup de ressemblance avec

les bronzes d'Octave Auguste (16 avant J.-C., nº 237
de Cohen) ; toutefois, le mot CAESAR se lit en toutes
lettres et dans le sens inverse des inscriptions habi-
tuelles ; sur le revers on a frappé, en creux, les lettres DB ou TIB par-dessus l'autel, entre deux colonnes
surmontées chacune d'un ange de la victoire.

Dans la tranchée du chemin d'Yves au Magnou, à
La Cornerie, M. Boisselier, correspondant du ministère, a trouvé en 1883, parmi des objets en silex
déjà cités, des poteries gallo-romaines fort curieuses :
vases en terre grise et grossière, puis d'autres en
terre blanche, rouge, de facture plus soignée, ornés
de grecques, d'oves et de filets, des débris de verre
irisé, et enfin une soucoupe, en terre rouge, avec la
marque MODESTI.

L'habitation était sur le coteau, elle a été rasée ;

au bas, se trouve une fontaine dont une partie de la voûte reste enfouie sous les ronces. Dans la terre, des pointes de flèches en silex, des lames à patine blanche, des poteries grossières, des fragments de pavage en briques brunes, grossièrement ornées de lignes transversales.

Entre Yves (*yva* ou *uva*, vigne) et Touchelonge (*tuschia-longua*, bois long), des auges funéraires, fort anciennes, furent déterrées à Champon (*campum*), à L'Hommée-de-Charras, sur le territoire de Saint-Laurent de La Prée.

A Flassay, Ballon, Muron, l'île d'Able, au Thou, Charentenay, mais surtout à Châtelaillon, on rencontre des débris d'amphores, des tombes en pierres creusées, avec des monnaies du IVe siècle ; les clous sont encore conservés aux semelles des sandales des légionnaires.

Du côté de l'océan, à l'île d'Aix, un tombeau dont la matière et la forme n'ont pas été déterminées, renfermait deux épées de fer. Ces armes furent déposées au cabinet de l'Ecole de médecine de Rochefort, en 1822 (Lesson). On peut lire encore sur une carte manuscrite du XVIIIe siècle de ma collection (place de l'île d'Aix avec les projets relatifs à sa défense, par M. le marquis de Montalembert), le nom du rocher de Constantin. Cet écueil, situé en face de Bois-Joli, au fond de l'anse des Quatre-Livres, devait supporter une vigie construite sous l'empereur romain.

Sur la rive gauche du fleuve, les traces de villas sont nombreuses, surtout dans la commune de Soubise, à La Rouillasse, anciens thermes, où M. Delage de Luget a découvert, en février 1891, un vase pesant 18 kilogrammes et renfermant 4.000 pièces d'argent, aux effigies d'empereurs romains, toutes liées entre elles par l'oxydation.

Bref, ce résumé de preuves archéologiques est suffisant pour combattre la théorie d'Arcère (*Hist. de*

La Rochelle, t. i, pages 29-30). Ce savant croyait que l'Aunis avait surgi des eaux vers le ve ou vi^e siècle, et que l'invasion des Alains y avait amené les premiers hommes.

La grande marée de cette époque a pu séparer Fouras d'Enet et de Montmeillan, mais les Romains n'ont fait que succéder à des peuples bien plus anciens ; et si leurs constructions ont été rasées par les barbares, ce n'est pas à dire pour cela qu'ils ne se soient pas établis sur la rive droite du fleuve qui conduisait à Saintes, précisément sur les promontoires surnommés les *châteaux de César !* c'est-à-dire à Fouras et à Châtelaillon.

CHAPITRE IV

FOURAS OU LE CHATEAU DE CÉSAR. — GÉNÉRALITÉS
SUR LA CONQUÊTE ROMAINE
LA LÉGENDE DE LA VILLE-BLANCHE OU CITÉ
DE MONTMEILLAN

Le surnom de *château de César* conservé à la forteresse de Fouras et à celle de Châtelaillon, avec la
légende de la ville-blanche (la cité des Mannes ou
Montmeillan), est bien significatif. C'est pourquoi,
au risque de redire des généralités ou d'émettre des
traditions hypothétiques, je dois faire une étude spéciale de l'arrivée des Romains en Saintonge et par-
ticulièrement dans le pays d'Aunis.

Lorsque César fut appelé au gouvernement de la
Gaule narbonnaise, les autres cités de la Gaule
étaient en pleine anarchie ; druides et chevaliers se
disputaient le pouvoir.

Du côté de l'est, des peuples pauvres, repoussés
par des voisins belliqueux, Belges et Germains,
marchaient vers l'occident ou l'orient, laissant leur

sol épuisé pour des plaines plus fertiles. C'est dans ces conditions que 360.000 Helvètes, dont 92.000 combattants, abandonnèrent les régions alpines pour s'établir sur les bords de la Charente : *in fines Santonum.* (César, lib. ɪ, c. 10.) Ce fut le prétexte de la guerre des Gaules : les Romains refusèrent le passage ; bientôt les Helvètes sont écrasés dans la vallée du Rhône (58 av. J.-C.). Effrayés, les cités gauloises prétendent venger l'extermination de ce peuple frère ; de leur côté, les légions romaines sont avides de montrer la supériorité de leur armement... C'est la fin de l'autonomie gauloise !

Dans l'ouest. la Saintonge fut envahie par Crassus, à la tête de la vɪɪ^e légion (57 av. J.-C.). Certains auteurs disent que sa capitale fut prise et ses chefs forcés de payer le tribut. Logiquement, l'embouchure du fleuve, voie naturelle de tout le pays, fut comprise dans cette occupation avec Médiolanum et le port des Santons.

Or, pourquoi soutenir que les noms de *camps de César, châteaux de César, tours de Jules*, donnés aux antiques fortifications de Toulon près Saujon, de Thénac près Saintes, de Fouras et de Châtelaillon en Aunis, sont des anachronismes qui ne rappellent en rien cette conquête primitive ? Ces quatre ou cinq casernes-donjons devaient surveiller les trois grandes villes de la Saintonge. Sur les falaises du golfe' fourasin, ces forteresses indiquent nettement le blocus d'une rade et d'une ville aujourd'hui disparue : cette capitale était-elle Fouras ? Châtelaillon ? se nommait-elle *Montmeillan*, la ville-blanche ou la cité des *Miannes ?* (Amos Barbot, Histoire de La Rochelle, 1575-1625).

Il est évident que le texte sommaire des commentaires de César ne dit rien de la prise de Saintes, ni de Montmeillan. Cependant, il est une tradition qui affirmait l'importance de cette dernière ville placée, comme Venise, au milieu des lagunes, ne produisant que du millet, entre Aix, Fouras et Châtelaillon.

Voici le résumé de cette *légende :* entourés par la mer, les remparts de cette cité défiaient les machines de guerre, béliers, tours, mines et mantelets de fascines dont se servaient les Romains. C'était la place de sûreté, l'oppidum des héros du pays ; chaque île du golfe fourasin, avec sa ligne de marais, formait une place détachée que les troupes envahissantes devaient escalader vers les passages à gué.

La résistance dura si longtemps que César, en personne, fut obligé d'accourir... Comme des secours parvenaient de l'Atlantique et de Vendée, le général ennemi fit bloquer aussi la ville, du côté de la mer ; pour cela, les navires de la région furent réquisitionnés et les deux flottes, santones et pictones, forcées de marcher avec les galères de Brutus.

Sous les yeux des chefs, campés sur les falaises de Fouras et de Châtelaillon, des rencontres terribles, véritables duels, eurent lieu entre les deux marines.

A la fin, la jalousie, la famine mirent le désordre parmi les patriotes assiégés, et au milieu d'un orage terrible, les Romains furent introduits dans la place. Par vengeance, une femme les guidait. Ce fut un massacre comparable à la prise d'Illion. Profitant du désordre et de l'obscurité, quelques navires s'enfuirent au large, emportant en Bretagne et sur les bords du Rhin le palladium, le trésor de la ville blanche ; mais presque tous les défenseurs furent tués ou faits prisonniers.

Après la victoire, César impitoyable fit démanteler les remparts, incendier la ville, et mener au supplice les chefs ou sénateurs survivants. Ceux-ci furent traînés à Fouras, devant le prétoire. Aux uns, les licteurs coupèrent la tête ; aux autres, les poignets et... le reste. D'où le nom honteux de Fouras, *cou-rasé, fol-rasé.* Inutile de redire le roman de l'Olivier du Treuil-Bussac, déjà publié dans le Re-

cueil de la commission des arts et monuments historiques de la Charente-Inférieure, t. x, pages 289-308,
369-387.

Aujourd'hui il ne reste plus trace de Montmeillan,
si ce n'est le rocher des Mannes sur lequel les gens
de Fouras et d'alentour vont pêcher des coquillages,
deux ou trois fois par an.

C'est là une fiction, et je la publie sous toute réserve. Mais nier l'existence de cette capitale, engloutie
comme son héritière Châtelaillon, n'est pas recher-
cher la vérité. Saintes est incontestablement la capitale romaine, seulement on oublie que l'époque
romaine ne comprend que 4 siècles sur les 42 que
l'histoire sacrée compte depuis le déluge. Au début,
la république celtique des Santons devait avoir son
port à Antioche, son cap à la pointe des Baleines,
son centre vers Fouras et Montmeillan ; c'était l'ère
des dieux Saturniens ; Oleron et Ré n'étaient pas
encore détachées du continent. Ensuite viennent les
Gaulois d'orient avec Gomer, les Hélènes avec Hercule, les Troyens avec Anténor, les Cimmériens et
les Vénètes avec Hu-Gadam, les Grecs avec Pythéas.
Dans toutes ces invasions, que de luttes, que de bou-
leversements dans le langage et les gouvernements !

Au temps de la seconde république santone (gallo-
grecque), la *curie* était à Fouras et la *haute curie*,
curcuria, dans l'île de Chaniers près Saintes ; le cap,
au Chaput.

Pour mieux gouverner, les Romains ont dû diviser
la cité santone en deux *pagus :* de là ces confusions
géographiques avec les degrés de la table de Ptolémée. De nos jours, la Charente-Inférieure, dont le
chef-lieu est La Rochelle, a pour ainsi dire trois capitales : à Saintes, celle des cultes et de la justice ; à La
Rochelle, celle de l'administration et de la guerre ; à
Rochefort, celle de la marine. Il n'y a donc rien de
nouveau sous le soleil : au moment de l'arrivée de
César en Gaule, la même rivalité existait sans doute.

On sait en outre que les Vénètes avaient la suzeraineté sur les embouchures des fleuves de l'océan ; les anciennes lagunes de la Charente, de la Sèvre et de la Vendée ont toujours été une région de résistance. Rien d'étonnant que la lutte locale des Santons ait été confondue avec la grande guerre des Bretons. Or, voici la marche des Romains d'après les commentaires de la guerre des Gaules (lib. iii, c. 7, 8, 9; ii et 2):

« Telle est l'assiette de la plupart des places fortes des Vénètes, situées sur des lagunes de terres ou des promontoires, qu'elles ne sont accessibles, ni aux gens de pied, lorsque la mer est haute, ce qui a lieu toutes les 12 heures, ni aux navires, parce que, à la marée descendante, *ils s'échoueraient sur les fonds de vase.* C'est pourquoi le siège de ces villes était très difficile. Et si, à force de travaux, les assiégeants venaient à gagner la ville par des jetées qui leur permettaient d'escalader les remparts, les assiégés, voyant leur sort compromis, faisaient approcher de nombreux navires, ressource qui ne leur manquait jamais, y embarquaient tout ce qu'ils possédaient, et se réfugiaient dans les cités les plus voisines. Là, ils recommençaient la défense avec les mêmes avantages de la nature du sol. »

En vérité, cette expression latine : *in vadis, sur les fonds de vase,* s'applique mieux à l'embouchure vaseuse de la Charente, de la Sèvre, qu'aux plages sablonneuses de la Bretagne. Certes, il serait audacieux de mettre au fond du pertuis breton, dans notre pays, sous le 46ᵉ degré de latitude, la fameuse *Henetia* ou *Venetia*, ville assimilée à Vannes ; mais, je le répète, les terribles adversaires de César devaient avoir un comptoir et une forteresse vers Fouras.

D'ailleurs le nom d'Enet, ilot à 300 mètres de Montmeillan et à 1,800 de Fouras, indique une station vénète : les Hénètes ou Vénètes, colonies de Mèdes alliés des Troyens, en grec Ενετες, étaient venus de la Paphlagonie d'Asie, après la prise de Troie, avec

Anténor. Le nom lui-même de *Montmeillan*, conservé par Amos Barbot, signifie centre de gouvernement : *mont*, falaise, rocher élevé ; *meillan*, milieu. C'est la forme populaire du mot *mediolanum* ou *mediolanon* qui veut dire milieu du pays ou cercle des Mèdes; Milan, en Italie, colonie gauloise, portait aussi ce nom.

En résumé, quelle que soit l'histoire de ces temps sans archives, on peut affirmer qu'il y a eu, vers le promontoire de Fouras, une grande ville des Santons, peut-être le port avant la conquête vénète. Ainsi s'expliquent les ruines, les noms de Curia, de Forum ; c'était la foire des navigateurs, la Cythère du littoral, le tribunal de l'amiral.

Les guerres successives ont changé la géographie politique ; il suffit de lire encore d'autres phrases des commentaires (lib. II, c. 24 ; lib. VII, c. 76 ; lib. VIII, c. 46) et les poètes Lucain, Appien et Tibulle, pour être convaincu de la lutte héroique des Santons et de leurs alliés contre la domination de Rome. Des révoltes sanglantes furent réprimées 37 ans av. J.-C., sous le triumvirat d'Antoine, Octave et Lépide. C'est sur ce littoral que Corvinus Messala remporta ses plus grands triomphes. Qui sait si les tombes de Charras, surnommées tombes romaines, n'ont pas renfermé les cendres des derniers amis de Vercingétorix ?

CHAPITRE V

FOURAS ET L'EMBOUCHURE DE LA CHARENTE
DEPUIS LA DOMINATION ROMAINE JUSQU'A L'AN MIL.
LES VOIES ANTIQUES. L'INVASION NORMANDE.

Tandis que Saintes, *Mediolanum des Santons sani*
ou *liberi*, se couvrait d'édifices sous l'administration
romaine, avec une amirauté à Marennes ou à Saujon,
sur la Scudre, le pagus ou pays des *Arivos, Arixos*,
division correspondant à l'Aulnis, dut conserver les
ports de Fouras et de Châtelaillon, avec les grandes
rades que l'on pratique encore.

De tout temps, l'embouchure de la Charente fut
occupée par un seigneur-officier dont les milices
veillaient sur la navigation ; les navires qui montaient
ou descendaient le fleuve, étaient soumis à des droits ;
ces coutumes douanières furent conservées par la
féodalité.

3

Les Romains étaient peu navigateurs ; ils ont surtout amélioré l'art de construire, remplaçant les huttes gauloises par des villas et des châteaux solides, empierrant les routes, desséchant les relais de mer pour la culture des marais salants ; c'est là, du moins, une tradition chantée par un poète poitevin, Mage de Fiefmelin.

Les monnaies de Constantin et de Constance (306-337 ; 360 ap. J.-C.) trouvées en grand nombre sous des décombres calcinés, sont les preuves d'une prospérité relative suivie d'une invasion, vers le ive ou ve siècle.

On sait que les Bretons, les Anglo-Saxons vinrent porter la désolation en 284, 364, 384 et de 448 à 477 ; c'était des pillages continuels.

Certaine lettre du célèbre Sidoine Apollinaire permet d'affirmer ces détails : « Tu poursuis, dit-il à son ami Nammatius, gouverneur de l'île d'Oleron, tu poursuis les vaisseaux courbes des Saxons dans tous les coins de ces rivages de l'océan... Prends garde ! ce sont des ennemis terribles ! » etc. (1)

Un autre poème ferait supposer que le prince de ces Saxons-Bretons, Arthur, escorté des fameux chevaliers de la Table ronde, remonta la Charente et soumit une partie de la Gascogne (542 ?).

Cette région fut encore dévastée par les Wisigoths (412), par les Francs (507), par les Basques (631), par les Sarrasins ou Maures (721 à 732), puis enfin par les Normands (ixe siècle).

Pendant ce chaos d'invasions barbares, l'Aunis avait repris son aspect sauvage des temps préhistoriques. Saint Fortunat, qui écrivait au vi^e siècle, raconte dans la vie de saint Hilaire, que lorsque cet évêque de Poitiers, arrivant d'Italie, s'approcha de l'embouchure de la Sèvre, il ne voulut pas aborder

______

(1) Arcère, t. i, p. 79. Sid. Apol., édit. Sirm., lib. 8, ep. 6.

à une île, tellement elle était infestée de serpents
énormes. (1) On croit que c'est Yves, près Fouras.
Il y a encore dans le pays des légendes bizarres de
dragons, de griffons, de sirènes. gardiens de caver-
nes ou de ruines où le veau d'or était caché.

En même temps, le pouvoir des moines s'étendait
peu à peu sur l'archipel charentais ; ces solitaires
défrichaient les bois, construisaient des églises, des
maisons de refuge pour les persécutés ; plusieurs
souverains, vaincus ou dégoûtés du monde, y vinrent
finir leurs jours. Vers 768, et pendant neuf années,
la guerre désola le pays par suite de la lutte de Pépin contre Gaifer, fils d'Hunald, petit-fils d'Eudes,
duc d'Aquitaine. Hunald s'était retiré dans l'île de
Ré ; il fut tué en voulant secourir son fils.

*
 * *

Le golfe d'Aunis ou de Fouras, *mare conclusum,*
stagnum publicum, était en communication avec la
Charente et l'Océan, par certaines ruptures du cordon littoral. La poussée des eaux de pluie, l'écoulement de la Gère, de la Charente, traçait dans ces
lacs vaseux des estuaires ou chenaux qui laissaient
pénétrer, à marée haute, les flots salés du pertuis
Breton, jusqu'aux coteaux du Magnou, du Carcault, Champon, Charras, etc.

Pour parcourir ce pays lacustre, planté d'aulnes
et de frênes, *pagus alnisius*, il fallait des barques à
fond plat, *en bois d'aulne*, ou des nacelles couvertes
de peaux tendues comme les pirogues des Indiens.
Aujourd'hui les acons ou pousse-pieds, que mènent
habilement les pêcheurs à la courtine sur les relais
de mer limoneux, peuvent rappeler la navigation
primitive entre Rochefort et Fouras.

---

(1) G. Musset. La formation du pays d'Aunis ; 11e session de
l'Association française pour l'avancement des sciences, 1882.

Cependant, sur la terre ferme, il y avait des routes supposées tracées par les Romains ; elles devinrent plus tard *les chemins du Roi* ou de *Charles*, parce que l'empereur Charlemagne les fit réparer.

Dans sa notice sur le *pays des Santones*, l'abbé Lacurie indique une voie militaire de Saintes à Muron (Via n° 12). Il en est des restes à Moragne et non loin du Pillet ou de La Pillette, village probablement bâti sur l'emplacement d'une pile romaine, comme Pirelonge et Ebéon. Ces bornes monumentales indiqueraient les *fines* des Santons sani.

Ce chemin, aux abords de Muron, était défendu par le castrum de Beaumont et celui de L'Ileau ; il contournait toute la mer intérieure jusqu'à Châtel-aillon.

De Rochefort-Béligon on gagnait Fouras par une route-levée, à gué ou à bac, en bas du versant de Plantemaure jusqu'à L'Houmée ; elle passait à 18 mètres des tombes préhistoriques déjà citées, traversait les villages de La Raize, du moulin d'Ausonne (carte de Bellin, 1764), nom qui rappellerait une dépendance de la propriété du célèbre poète du ive siècle, le *noverus pagus* si longtemps cherché, du Grand-Four, les maisons de La Barre et les bois de Touchelonge.

La grande route, *via publica*, laissait sur la droite la villa de Champon, *Campum*, et se dirigeait sur Châtelaillon par Voutron, à travers les marais de l'échelle d'Yves, *scala mariscum*, et l'étang de Fouras. L'îlot de Voutron était défendu par un château-fort qui faisait porche sur une levée venant de Thairé au Marouillet ; on appelait ce chemin « La levée de la Chaîne », sans doute parce que des postes d'octroi veillaient sur les deux extrémités, pour prélever des droits de péage. La redevance du « passage » existait encore au xviie siècle et rapportait 200 livres de ferme à M. de Ségur, seigneur châtelain de Voutron. Dans ses « légendes » (1), Lesson raconte que cette propriété du Passage ou du Marouillet (aujourd'hui halte de la ligne de Nantes à Bordeaux) indique le lieu où le bac conduisait à l'île d'Aix. Il est certain que l'usage du bateau fut longtemps obligatoire dans cette région lacustre, mais n'était-il pas plus simple de partir de Fouras ? Toutes les villas gallo-romaines, dont j'ai cité les ruines, étaient, logiquement, desservies par des routes qui se confondent avec nos chemins modernes. Le plateau de La Roche, vers Saint-Laurent, communiquait avec Soubise par l'île de Lupin au moyen d'un bac qui abordait en bas des grottes ; on venait à Fouras par Soumard ou Saint-Marc. Le versant nord de la presqu'île était traversé par une voie large, vallonnée comme les chemins celtiques de la Bretagne ; devant la Fée du bois, cette voie qui mesure plus de 50 mètres, descendait par la Garenne et le Bois Vert, vers Enet où s'élevait une antique chapelle... c'était sans doute le chemin de Montmeillan et de l'île d'Aix. On l'appelait route de Saint-Simon d'Enet.

*
* *

Sous les Carolingiens, Fouras semble reprendre de l'importance. La tradition affirme que le fondateur de l'empire franc, Charlemagne, venu sur les bords de la Charente pour châtier Gannes ou Cadelon, vicomte d'Aulnay et de Tonnay-Boutonne, fit édifier, restaurer un nombre considérable d'églises et de châteaux-forts. Ainsi « la clef de l'embouchure du fleuve des Santons » ne fut pas oubliée.

Au commencement de 810, au moment de marcher contre les Sarrasins, Louis, fils de Charles, aurait reçu l'ordre de visiter encore les bords de la Cha-

____

(1) *Histoire, archéologie et légendes des marches de la Saintonge*, p. 100. 1846.

rente et de faire fortifier l'entrée du fleuve contre
les pirates du Nord. (1) L'empereur prévoyait la revanche des Bretons ou Saxons ; ce fut le comte In-
gobert qui fut chargé de la mission de l'accompagner.

Plus tard, Louis le Débonnaire, en langue franque
Lvdwig, devenu empereur d'Occident, n'oublia pas
l'Aunis et la Saintonge. Son fils, Pépin, suivit son
exemple ; tous deux comblèrent de privilèges l'abbaye de Saint-Maixent dont l'autorité s'étendit sur
le prieur de Fouras. Il existe encore des copies de
ces chartes d'immunités accordant la faculté d'élire

l'abbé, etc. (18 juin 815. — 22 décembre 825. — 11 janvier 827, — 10 octobre 829, — veille de Pâques
833). (2)

Lorsqu'on démolit (mai 1883) la vieille église de
Saint-Gaudens de Fouras, on trouva des traces de
pavages, des urnes brisées, des ornements d'église
fondus sous le chevet du xıe siècle. Dans le corps des
murailles on voyait des sculptures barbares... Ces
débris devaient provenir d'une église existant au
vıııe ou ıxe siècle. Non loin de là, sous des poutres
calcinées et des pierres rougies, des ouvriers ont
ramassé quelques monnaies carolingiennes, en argent, au diamètre variant de 0,015 à 0,022.

----

(1) *Histoire des rois, des ducs d'Aquitaine et des comtes de
Poitou*, par J.-P.-M. Dufour et A.-D. de La Fontenelle de Vaudoré — Arcère. — Cordemoy.

(2) *Chartes et documents pour servir à l'histoire de l'abbaye
de Saint-Maixent*, par A. Richard, p. 34, 420, etc.

D'un côté on peut lire : H. LVDOVVICVS IMP✠ et sur l'avers : ✠RISTIANA RELIGIO.

C'est-à-dire : H. LOUIS EMPEREUR ; RELIGION CHRÉTIENNE.

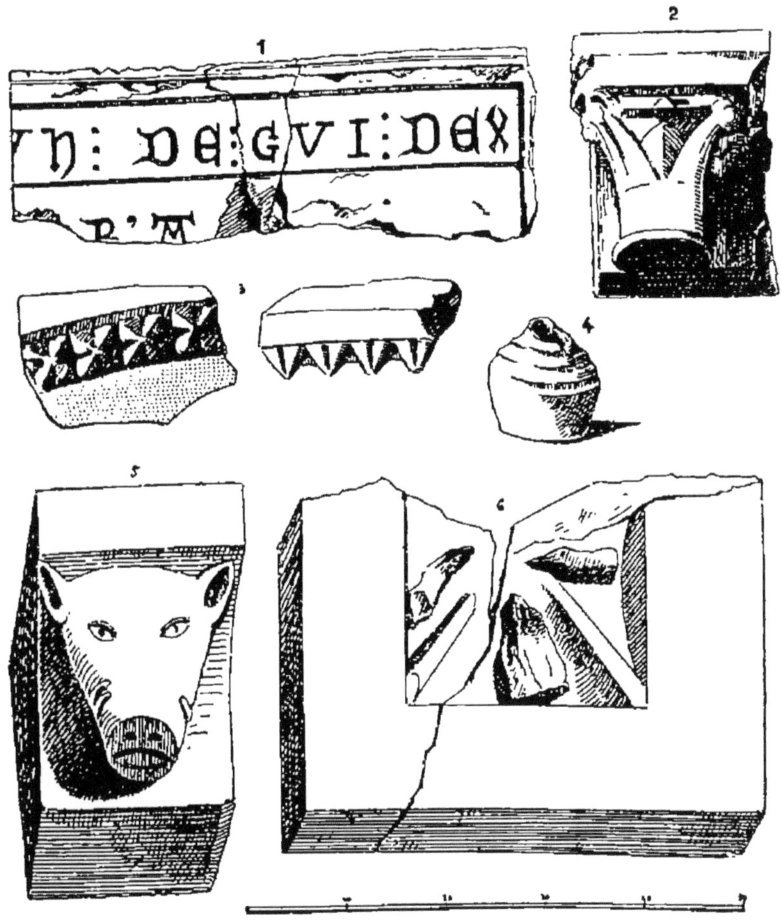

Au centre est la reproduction grossière d'une église ou d'un autel chrétien. La date de ces monnaies varie de 814 à 817.

Non loin de là, sous le pilier gauche de l'abside, une sorte de reliquaire en pierre dure où sont creusés trois compartiments en forme de triangle, renfermait, au moment de la découverte, trois morceaux de bois, aux extrémités calcinées. Quels sont ces tisons gardés si précieusement, si vieux qu'ils tombent en poussière ? Les restes d'un bûcher d'un martyr ??? (1)

Dans le champ situé derrière le presbytère, un cultivateur a trouvé une boucle de ceinturon, en cuivre rouge, sur laquelle est reproduit, en reliefs dorés destinés à cloisonner des émaux, un guerrier combattant. Le dessin rappelle vaguement la silhouette des Barbares, Bretons, Saxons ou Normands que l'on voit gravée sur les monuments du Bas-Empire.

Ces débris, ces monnaies dispersés ont été certainement les témoins de quelque terrible scène de pillage au IXe siècle. Voici d'ailleurs le relevé des principales incursions des Normands sur nos côtes :

817. — Défaite de 4,000 Vandales dans une plaine située au sud du port d'Angoulins, à deux milles de la mer, par Pépin, fils de Louis le Débonnaire. Relation miraculeuse du chef de saint Jean-Baptiste, apporté d'Orient, par trois moines. Pépin habitait son palais d'Angéry, lorsqu'on le prévint de l'arrivée des Barbares. (2)

820. — 13 barques normandes, chassées de Flandre, s'emparent de l'île Bouin et parcourent le rivage poitevin.

830. Juillet. — Toute une flotte descend brûler le monastère de Saint-Philibert de l'île d'Her (Noir-

---

(1) Dans les *Chroniques poitevines*, il est souvent question des morceaux de la vraie croix apportée à Charroux, sous Charlemagne, par un moine envoyé par le patriarche de Jérusalem, p. 73, 471. *Histoire des rois d'Aquitaine*, etc.

(2) Lire les *Chroniques de Maillezais* : La relation du chef de saint Jean-Baptiste, le traité historique (1665), les historiens Massiou, Arcère, etc.

moutiers ?), s'établissent sur ce point, et rayonnent en Poitou, Aunis et Saintonge, semant partout la désolation.

833 ou 835.—Pillage d'une ville inconnue, *Burnad*; incendie de Saintes et de Bordeaux.

843, 845 et 850. — Pillage et incendie de l'île d'Aix, du monastère, de Fouras, Saintes, Bordeaux, de tout l'Aquitaine enfin. En juin 846, Ségune, comte de Gascogne, est lui-même fait prisonnier, emporté, puis égorgé.

854-863. — Retour de ces « rois de la mer ». Turpion ou Turpin, chef de la maison d'Angoulême, est tué dans un duel avec le chef des bandes norvégiennes, Mœrne ou Maurus; la rencontre eut lieu sur les bords de la Charente.

865. — Les Normands s'établissent définitivement à l'embouchure de la Charente et dans l'île d'Aix. Ils en sont chassés en 869. (1)

877-895-925. — Retour de leurs flottes; ils débarquent dans un petit port d'Aquitaine, peu éloigné des frontières du Poitou : *Appulerunt portum aquitanicum juxta Pictavorum terminos.* Guillaume, tête d'Etoupe, s'étant porté, avec ses chevaliers, au devant de l'ennemi, faillit être tué par embuscade. Ce prince se retira à Saint-Maixent et prit la robe; il mourut dans une dépendance de cette abbaye en 963. (1)

Quelle que soit l'époque, on pourrait dire les époques, où Fouras fut pillé, incendié, il est certain que son port, sa forteresse et ses bois de chênes verts servirent longtemps de stations à des pirates; c'était un point commode pour capturer les navires remontant ou descendant la Charente.

---

(1) *Hist. des rois, ducs d'Aquitaine et des comtes de Poitou*, par Dufour et de Fontenelle de Vaudoré, p. 333, *passim*.

CHAPITRE VI

L'AN MIL. — L'ÉGLISE DE FOURAS AU XIᵉ SIÈCLE.

Vers la fin du xᵉ siècle, les rivalités de castes, les luttes féodales et religieuses ruinaient la France et l'Europe. Le commerce était entravé, le paysan ne voulait plus travailler la terre épuisée. L'on crut alors que l'an mil était le terme de l'humanité ; aussi beaucoup de chartes de cette époque commencent-elles par cette phrase désespérée :

« La fin du monde étant annoncée par des signes certains... etc.

Mundi termino adpropincante, ruinisque ejus crebescentibus, jam certa signa manifestantur, etc. »

Cette panique ramena bien des âmes à l'Église. Dans la crainte de brûler aux enfers, nobles et roturiers, riches et pauvres donnaient au clergé ce qu'ils avaient. D'autres partirent pour l'Asie, délivrer Jérusalem, la ville sacrée des Juifs.

Les seigneurs de Fouras prirent-ils part à cet élan d'enthousiasme guerrier?

Le livre d'or des croisades ne mentionne pas leurs noms, mais il subsiste cinq chartes de leurs donations de terres et de salines aux abbés de Saint-Maixent et de Nuaillé. (1)

I. — La 16ᵉ calende de novembre 1074 (17 octobre), sous le règne de Philippe de France, Geoffroy (de Rochefort?), fils d'Hugon de Saint-Maixent et de Papie, donne à Saint-Junien de Nuaillé et à ses moines l'église de *Colrasum*, c'est-à-dire de *Fouras*, élevée en l'honneur du Seigneur et de saint Gaudens, évêque et martyr. Cette donation a pour but de racheter les fautes de Geoffroy et celles de sa famille.

L'église de Fouras, que ce seigneur tient du comte de Poitiers, est située en Saintonge, pays d'Aunis, tout près de la mer, en dehors du château: *in Sanctonico, in pago Alniso,* (2) *prope mare sitam, foris castrum quod vocatur Colrasum... etc.*

Ce fief ecclésiastique comprenait xvii sextiers de terres de labour, v quartiers de vignes, un moulin à moitié, des pêcheries sur la côte, dont une au Pont-Neuf ou Pont-Nadaud (ad *Pontem Natalis*), des bois, des vergers, des jardins et des maisons dans le rayon de l'église.

Cette donation de Geoffroy fut approuvée au monastère de Nuaillé, avec le consentement de sa femme Oxile et de son fils Hugon, avec l'autorisation du duc et comte de Poitiers, Guy-Geoffroy (1058-1086), de Bosson, évêque de Saintes (1066-1083). Tous ces hauts dignitaires ont signé en priant Isembert II, évêque de Poitiers (1047-1087), de confirmer la charte.

____

(1) Bibliothèque de Poitiers. D. Fonteneau, t. xxi, p. 437, publiée par M. Faye, *Bulletin de la société des Antiquaires de l'ouest,* 1891, 1ᵉʳ trimestre.

(2) Ces mots prouvent que l'Aunis est une subdivision de la Saintonge.

Six ans après, à la sixième calende de mars (24 février) 1080 et 1088, le même Geoffroy, fils d'Hugon, désirant éviter les peines de l'enfer et faire pardonner ses crimes (qu'avait-il pu commettre?) donne à Dieu et à Saint-Maixent l'église de Saint-Gaudens en Aulnis. Cette église est située près du château de *Currasium*; elle comprend les terres labourables depuis la forêt jusqu'à la mer, entre deux routes; la terre du nommé Costet, le cens sur les marais salants de Robelin, le sol déboisé depuis les salines jusqu'à la mer, la terre de Raymond de Boteville, au-dessous de l'église, les terres de Pertrin et d'Otgerius, avec jardins, dunes et petits bois. Dans cette donation sont encore compris la moitié de la moitié des droits sur la pêcherie du Pont-Nau (quart des anguilles), le cens sur le moulin de Marsilly, la saline de Robelin jusqu'à l'Aguille (pointe de l'Aiguille).

A cette époque, quelques moines de l'abbaye de La Trinité de Vendôme avaient commencé le desséchement des marais de Fouras et de Rochefort. Eble, sire de Châtelaillon, voulut s'emparer de ces terres. A la suite du concile tenu à Saintes en 1096 ou 1097, les droits de l'abbé de Vendôme furent maintenus après l'excomunication d'Eble II de Châtelaillon. Geoffroy de Fouras, seigneur de ces terres nouvelles par une faveur de Dieu, *divino nutu*, donne à Saint-Maixent la moitié des droits sur les îles d'*Alantia* (Alance) et de *Liron*, à condition que les levées ou canaux (*bessæ*) soient continuées jusqu'à Sensmur (1) où ils s'empareront de la pêcherie, et qu'ils élèvent à Fouras (2) un monastère dirigé par sept moines et un prieur; le plan devait être celui

____

(1) Saint-Mur, au nord du Breuil-Magné.

(2) Dans la charte de 1080 il n'est parlé que des constructions autour du monastère des îles.

du monastère de Saint-Agnant et la construction ne
pas durer plus de cinq ans, à compter de la fête de
Saint-Michel. Les moines de Nuaillé pourront avoir
un nombre illimité d'animaux et de serviteurs. Le
donateur, sa femme ou son fils devront être enterrés
gratuitement par les religieux et l'abbé de Saint-
Maixent. Plusieurs prêtres et de nombreux guer-
riers signèrent cette pièce : le prieur *Rainaud
Grospan; Guillaume Gratum; Forton; Humbert*,
chantre; *Garnier; Pierre*, cellérier du couvent;
Jean; Giraud, diacre qui a dicté la charte; *Adémard*,
le scribe; *Pierre*, enfant; *Ademard*, enfant; *Josce-
lin*, enfant et moine, et les autres frères. Il y avait
encore *Guibert*, archiprêtre; *Arbert*, prêtre; *Rainaud David*, prêtre; *Guillaume*, ancien prêtre;
Hugo, soldat, etc. (1)

Geoffroy de Fouras, oublieux sans doute de ses
générosités passées, mais surtout fatigué par les ob-
sessions des moines de Nuaillé, dépouillait ceux-ci
pour donner à ceux de Saint-Maixent. (2)

De là, querelles et luttes religieuses !

En 1096 (3), l'abbé Garnier, de Saint-Maixent, fit
faire un acte déclarant que l'église de Saint-Gaudens

----

(1) Bibliothèque de Poitiers, n° 7. D. Fonteneau, t. xv, p. 369.
Archives des Deux-Sèvres, II. 81, publiées par M. Faye, p. 331.
Archives historiques du Poitou, t. xvi, p. 179, pièce cxlix, 1887.

(2) L'abbaye de Saint-Maixent fut plusieurs fois dévastée et
incendiée au commencement du xi° siècle par des chefs de
bandes, frappés peut-être injustement par les moines.
1011. — Gautier de Sansay, après avoir tout détruit, fait sa
soumission à l'abbé Archimbauld.
1059. — Tremblement de terre. La ville de Saint-Maixent est
abandonnée par ses habitants.
1090. — Nouvel incendie de l'abbaye. — 1093, 17 juin, l'abbé
Garnier commence à la rebâtir.
1112. — Incendie. L'abbé Geoffroy la fait reconstruire en 1114.
Peu à peu tous les seigneurs sont obligés de faire hommage.

(3) D. Fonteneau, t. xv, p. 459; Faye, p. 336, pièce iii. — Richard : *Archives historiques du Poitou*, p. 219, pièce clxxxviii.

de Fouras était possédée par le moine Mascelin,
prieur de Saint-Gildas de Tonnay-Charente, qui l'a
acquise à force d'argent et par abus d'autorité, *vir-
tute tirannica !* L'abbé de Saint-Maixent invoque la
précédente concession du père du seigneur Hugon,
seigneur de Rochefort, et déclare que Mascelin a été
condamné à rendre ce bénéfice à l'abbé Garnier,
avec indemnité de 110 sous pour travaux de construction.

Dans ce temps-là, le seigneur de Fouras, Ebulon
ou Ebles, devint infirme et dut prendre la robe ; il
mourut peu de temps après. Pour l'amour du défunt
et l'éclat de ses funérailles, sa mère Ausiria et ses
frères donnèrent à Saint-Maixent l'église de Fouras ;
Mascelin fut donc dépossédé.

La revendication de l'abbé Garnier fut confirmée,
la même année, par l'évêque de Saintes, Ramnulphe
ou Rainulfe, puis par le pape Urbain II. (1)

Dès lors, l'église de Fouras demeura la dépendance de l'abbaye de Saint-Maixent. Une bulle du
pape Pascal II, en date du 27 avril 1110 (2), cite
Fouras parmi les églises et les grands domaines de
l'abbaye de Saint-Maixent, sous la protection du
Saint-Siège.

En 1113 (3), Geoffroy Rebochet, l'oncle d'Eble,
petit-fils d'Hugon, donne encore à l'abbé de Saint-
Maixent, Garnier, le droit des dimes sur le bétail,
le quart et le dixième sur les vignes voisines de la
mer et situées sur la droite du chemin qui va de

---

(1) Pièce IV. — Ramnulfe, évêque de Saintes, 1083-1107 ? *Gallia christiana*, t. II, col 1065. *Ecclesia santonensis*, 1670.

(2) D. Fonteneau, t XV, p. 531, imprimée par Besly. *Histoire
des comtes de Poitou*, p. 431. — Richard : *Archives du Poitou*,
t. XVI, p. 258, p. CCXXX, 1887. Avec Fouras, étaient comprises
les salines de Voutron, d'Angoulins, etc.

(3) Pièce V. — Dom Fonteneau, t. XVI, p. 257. *Cartulaire de
l'abbaye de Saint-Maixent*, CCLVI, p. 281.

l'église au château. A la mort de son autre neveu Gislebert, le droit de complant (de planter) sur les vignes voisines de la forêt, reviendra encore à l'abbaye de Saint-Maixent.

Il est probable que le chevet de l'église démolie en 1883, remontait à Mascelin et à Geoffroy de Rochefort, c'est-à-dire au xie siècle ; les fenêtres étaient semblables à celles du chevet de la vieille paroisse de Rochefort.

En 1363 (1), le prieuré de Fouras figurait encore dans les aveux des biens temporels de l'abbé Guillaume de Saint-Maixent, au prince d'Aquitaine et de Galles.

*
* *

L'église de Saint-Gaudens n'était pas le seul monument religieux de l'ancienne île de Fouras : il y avait l'église de Saint-Laurent, près Charras, qui devint la propriété des frères hospitaliers de Saint-Berthomé ou Saint-Barthélemy. (2)

Cet ordre fut comblé de fortune en 1203 par Alexandre Auffrédi ou Offroy, bourgeois armateur de La Rochelle, à la suite d'un retour inespéré de ses vaisseaux qu'il croyait perdus.

Cette aumônerie comprenait 10,000 journaux de terres à Saint-Laurent de La Prée ; ce domaine fut estimé 200,000 fr. en 1798. — *(Histoire des Rochelais, t. i, p. 40. Delayant.)*

*
* *

En face de Fouras, l'île d'Aix fut possédée par des moines de Cluny. Il y a des documents écrits, datés

---

(1) Dom Fonteneau, t. xvi, p. 257 ; Faye, p. 341.

(2) Fouras, H. 129. La Rochelle, Registre. Choses litigieuses entre l'hôpital de Saint-Barthélemy, entre les religieux de la Charité et les religieuses hospitalières de la même ville, 1646.

de 814 et 1077, confirmant la générosité des sires de Châtelaillon. (1)

En 1122, Pierre le vénérable vint en Aquitaine, visiter les maisons de l'ordre. Son passage fut célébré par ces vers, conservés dans la bibliothèque de Cluny (p. 613) :

Petro Abbati Cluni IX, quando ad AIAM insulam transfretavit
Dum placet, Ayenses, pie pastor visere fratres,
Obsequium præstant ipsa elementa tibi... etc.

Il paraît que l'abbé de Cluny ne fut pas satisfait de voir un de ses solitaires cultiver la poésie. Dans une lettre publiée par Arcère, il reproche durement les inutiles recherches en philosophie et en littérature.

La bibliothèque de l'école des chartes (2) a publié un autre souvenir de la venue des prieurs de Barbezieux et de Saint-Sauveur de Nevers, en 1292.

C'était le jour du sabbat ; ils trouvèrent dans l'île d'Aix 16 moines en bon état, au moral comme au physique : Johannes de Allodio, Thomas Normannus, Johannes Franciscus, Robbertus Burgundus, Seguinus Burgundus, Hugo Burgundus, Petrus de Lataragia, Henricus dictus Tunica, Johannes Rallar, Raynaldus Burgundus, Nicholaus de Rupella, Guillelmus de Planset, Guillelmus de Mentine, Gaufredus Scolaris, Hemericus de Bétinar, Hugo de Miribello. Il est facile de traduire ces mots en français.

Dans l'île de Ré, à Saint-Vivien du Vergeroux et au Breuil, l'église n'était desservie que par deux religieux de l'ordre de Cluny.

Tels sont les rares documents légués par le clergé, intéressant l'embouchure de la Charente, durant la période agitée du moyen-âge.

---

(1) Arcère, t. I, p. 73, 580.
(2) D. V., 237.

CHAPITRE VII

Patrimoine des sires de Rochefort, Fouras semble englobé, jusqu'en 1300, dans un seul grand fief dont les limites étaient les deux bras de la Gère ; l'un se jette dans l'anse de Fouras, entre Yves et Champon, et l'autre à Fichemort, entre Tonnay-Charente et Mouillepied.

Du XIVe siècle au XVIIe siècle, cette châtellenie comprenait toute l'île de Fouras et de Saint-Laurent de La Prée avec Alance, Liron et Moins ; ses bornes étaient donc : au nord, l'Océan, le canal d'Yves, une partie de celui de Charras et celui que les moines de Vendôme creusèrent en 1080 ; à l'est, le canal de Ciré ; au sud, la Charente ; à l'ouest, l'Océan avec l'île d'Enet. Cette haute seigneurie fut divisée le 3 juillet 1675, à la mort de Louis de Polignac : la fille Marie, épouse de Josias Chesnel, fut dame de Fouras et les héritiers de sa sœur Anne, épouse de Joachim de Sainte-Hermine, se partagèrent Saint-Laurent de La Prée.

Au temps de la féodalité, le sire de Fouras était un véritable petit roi, qui avait haute, moyenne et basse justice. Ses collecteurs d'impôts percevaient les droits de navigation sur les vaisseaux chargés de vin, remontant ou descendant la Charente jusqu'à Champdolent, confluent de la Boutonne, 200 livres par an ; les droits de cens, 50 liv. de rentes et amendes ; les coutumes, 12 livres tournois ou 45 chapons ; le droit de baisage (1), 10 livres tournois ; de pêcherie d'Yves, 60 sols par an ; étang de Fouras, 7 livres ; droits de pacage, 25 livres de ferme pour la dîme des agneaux et des laines : prairies douces de Charras et Saint-Laurent, 6 livres ; rentes de blé, 15 à 16 tonneaux de froment, 5 tonneaux de gros blé ; droits de complants, 12 tonneaux de vin ; rentes de

______

(1) Les origines et même l'existence de ce droit bizarre sont diversement expliquées ; les dénombrements qui le mentionnent sont très rares : Archives nationales, P 555 1, n° v° xx, 1507. Aveu de René de Bretagne, comte de Penthièvre, seigneur de Fouras : « *Item, ung droyt appelé Baisage qui ne porte ne gaige ne amande et vault environ dix livres tournoys ung chacun an.* » Sur les autres dénombrements on a gratté, déchiré le mot. Certains auteurs donnent à ce « droit du seigneur » le nom de *jambage*, *marquette*, qui est de goûter, avant le mari, à la virginité de l'épouse : *Sponsarum omnium virginitatem prælibare.* (Boethius, lib. III et XII, *Historiæ Scotorum.*) S'il y avait violence, emprisonnement du mari sous prétexte d'ivrognerie, etc., je m'explique la révolte du peuple, mais n'est-ce pas plutôt une tolérance pour les Fourasins serfs de contracter mariage en payant une redevance, ou encore l'impôt primitif sur les gens qui fréquentaient le temple de Vénus. (Voy. Bordelage, *Dict. de l'Académie.*) Dans ce chaos de coutumes il est préférable de citer les poétiques cérémonies de la chevalerie : aux environs de Saintes, le suzerain baisait le vassal sur la joue, le jour de la déclaration de fief.

blé, à Saint-Laurent, 5 pipes de froment ; rentes de fours à Fouras, à Chevallier, etc. : un tonneau de froment et 10 livres ; dîme sur certains fiefs de Fouras, 2 tonneaux de vin ; sur le prieur d'Agère, 40 sols et un dîner ; en outre, 15 livres de ferme de la juridiction ; les corvées, 100 sols ; moulin à vent de Fouras, 10 livres, etc.

Pendant 40 jours nul ne pouvait vendre de vin à détail sans qu'il soit vendu par les soins du seigneur qui pouvait augmenter le prix du vin de 2 deniers par pinte.

Dans les garennes, on chassait les bêtes de toute sorte et, sur la côte, toute épave était la propriété du seigneur de Fouras : droit de naufrage. (Extrait des aveux de 1410, 1507, 1667.)

Ces contributions foncières, personnelles, directes et indirectes devaient rapporter au seigneur-châtelain une moyenne de 570 à 650 livres de rentes annuelles. Aujourd'hui, le seul principal des quatre contributions directes produit à l'État un revenu de 18.409 fr. 12 c. ! Il est juste de dire qu'en 1237 on avait un beau cheval noir pour 12 livres ou deux cents-vingt sous.

Le sire de Fouras, chevalier, *miles*, avait sous ses ordres les seigneurs écuyers du Treuil-Bussac (20 livres de rentes), de Saint-Marc, de Touchelonge, de Charras, de La Roche, de La Barre (?), de L'Hommée, du Fief-Jolain, le prieur d'Agère et les frères aumôniers de Saint-Barthomé de La Rochelle (100 livres de rentes), établis à Saint-Laurent de La Prée depuis le XIIIe siècle. Vassal lui-même, il devait l'hommage et le serment de fidélité au comte d'Anjou, duc d'Aquitaine, puis aux rois d'Angleterre et de France « en montrant simplement le châtel de Fouras ».

En 1470, à la convocation des nobles du comté de Poitou, le sire de Fouras, Jean de Brosse, seigneur de l'Aigle, était un des premiers capitaines avec les sires de Soubise, de Bressuire, de Jarnac, de Rochechouart. Il avait sous ses ordres 55 hommes d'armes, 25 archers, 225 à 230 brigandiniers ou soldats couverts de cottes de mailles. C'est lui qui fit bâtir le donjon actuel de 1480-1490.

*
* *

Il est difficile de dire comment les sires de Rochefort possédèrent légitimement Fouras : sous Charlemagne, ce fief devait former une châtellenie distincte et nullement dépendante de Rochefort.

Cependant, ces quelques chartes de l'abbaye de Saint-Maixent indiquent bien Fouras comme une propriété, au XIe siècle, d'Hugues et de Geoffroy de Rochefort. Cet essai de généalogie n'est pas superflu pour montrer la filiation de ces puissants seigneurs :

HUGO DE SANCTO MAXENTIO ou Hugues, sans doute le même que HUGO, dominus Rocafortis, 1049, époux de PAPIE ou PAPIA vivante en 1074.

WOFFREDUS, GAUZFRIDUS ou Geoffroy I vivant en 1049, etc., et 1074. Epoux : 1° d'OXILE dont 1 fils ; 2° d'OSIRIE, dont 5 fils.	GOFFRIDUS ou Geoffroy Rebochet qui fait à l'abbé de Saint-Maixent des donations au nom de ses neveux, 1113.

HUGON, fils d'Oxile, 1080.

1° EBULO ou EBLE, fils d'Ausirie, infirme, moine, ne vivait plus en 1096.	2° GEOFFROY, moine.

3° GUILLAUME DE MAUZÉ 4° MAURICE 5° GISLEBERT.

Sans parler de ses dons de l'église de Fouras en 1074, 1088, etc., Geoffroy de Rochefort, *Gosfridus de Rupeforti*, fut chargé par Gui-Geoffroy, duc d'Aquitaine, de régler avec l'archevêque Archambaud, *Archembaldus archiepiscopus de S. Maxentio*, le différend qui s'était élevé, à l'occasion de la terre de Saint-Aignan, entre un des prévôts du duc et l'abbé de la Trinité de Vendôme, 1068 ; en 1044 et 1049, il avait signé deux autres pièces avec l'abbé Archambaud. (Faye, *Bulletin* de la société des Antiquaires de l'ouest, p. 328, 1849.)

Il suffit de lire Arcère pour être convaincu qu'on n'a pas exagéré l'anarchie féodale, religieuse du xie siècle: Aquitains et Poitevins étaient en luttes continuelles dans la contrée. Profitant de ces troubles, Eble de Châtelaillon reprit, dans l'île d'Oleron, ses donations aux moines... Il fut aussitôt, lui et sa femme Yvette, quatre fois excommunié par Urbain II (1095-1096) et la même année Guillaume IX, duc d'Aquitaine, vint dévaster le pays et la ville de Châtelaillon.

En 1127 ou 1117, Guillaume X d'Aquitaine, héritier de la colère de son père et du pape, revint saccager Châtelaillon, *Castrum Julii*, et déposséder Isambert le Pacifique, fils d'Eble, époux d'Ameline, après un siège d'un an dans la forteresse de l'Ileau, près Muron. Après la mort du sire de Châtelaillon et de son vainqueur, le duc d'Aquitaine (1137), Geoffroy de Rochefort et Eble de Mauléon réclamèrent, comme cousins, la baronnie d'Isambert IV, mais les habitants refusèrent de payer les rentes et autres redevances. Alors les chevaliers dévastèrent encore le pays jusqu'à ce que le roi, Louis de France, qui avait épousé Eléonore d'Aquitaine, consentît à une restitution. Il y eut traité de paix : pour jouir du pays d'Aunis, Rochefort et Mauléon cédèrent au roi les fortifications de Châtelaillon et la moitié des revenus de La Rochelle. (Arcère, t. i, p. 178.)

Il est probable que ce Geoffroy de Rochefort descendait d'Hugues de Saint-Maixent.

En 1199, un chevalier Humbert de *Forum*, sans doute descendant des premiers seigneurs de *Fouras*, signe avec Ebulo et Chalon de Rochefort, comme témoin à la charte des privilèges accordés aux habitants d'Oleron par Aliénor ou Eléonore, duchesse de Normandie et d'Aquitaine, reine d'Angleterre et comtesse d'Anjou.

A cette époque, les fonctions judiciaires étaient mises en ferme : en 1259, la terre de Fouras, classée parmi les bailliages et les prévôtés de Saintonge, était affermée 22 livres. (1)

Il semblerait que Fouras fût abandonné pour La Rochelle par les descendants de ses premiers seigneurs :

De 1271 à 1276, Jean de Forras, bourgeois de La Rochelle, achète avec sa femme, Jeanne Bienvenue, des marais et plusieurs droits de cens sur le grand fief d'Aunis : « le quart d'un buef et cinc oiseaus noers et tres fromages chascun à la veille de Naau, et la meite de treis meis de poisson à tres chevalers en sement chacun an, le jeudi de la Cène, et la meite d'une maigre, antressi chascun an, la veille Roneisons » pour le prix de 30 livres tournois. (2)

En 1297, ses fils, Nicholas et Guillaume de Forras, vendent aux échevins et au maire de La Rochelle, messire Guillaume Euvrard, cinq maisons et des jardins situés rue de la Pierre pour 900 livres ou 30 livres de cens. Il y avait encore, dans cette vente, un treuil avec auberge à Lafond, terres, vignes blanches et vermeilles. (3)

L'invasion de Loys de France, dit le Lyon (1224), sous Kalo de Rochefort, eut son contre-coup fâcheux sur ce rivage. (Siège de Niort, de La Rochelle, résistance de Savary de Mauléon ; 1226, insurrection des seigneurs de l'Aunis.)

En 1230, les soldats de Savary de Mauléon pillent tout le pays depuis la Sèvre jusqu'à la Charente. (4)

Eble de Rochefort, chevalier, *miles*, signe parmi les chevaliers garants de la trêve entre les Anglais

---

(1) Archives nationales, J 1030, n° 10. *Archives historiques de la Saintonge et de l'Aunis*, t. IV, p. 194.

(2) Archives nationales, J 180, n°s 9 et 10, n° 13, n° 17.

(3) Archives départementales, La Rochelle, H 15.

(4) Arcère, p. 215, t. I ; Massiou, p. 267.

et les Français (1236). Son cachet portait : un aigle éployé, chargé d'un lambel de quatre pendants, surmonté en chef de deux croissants. Il était allié au duc d'Aquitaine et aux vicomtes de Thouars.

En 1242, invasion de saint Loys : prise du château de Thors, appartenant à Eble de Rochefort; bataille de Taillebourg, 22-24 juillet 1242.

Par le traité du 1er août 1243, saint Louis devient le suzerain des sires de Rochefort et de Fouras. Eble et Charles de Rochefort signent comme garants et arbitres de la trêve entre la France et l'Angleterre, *Dictatores et emendatores treujæ.* (1)

1243. — Lettres de Marguerite de Rochefort, veuve de Geoffroy, sire de Rochefort, promettant au comte de Poitiers de lui rendre le châtel de Rochefort, toutes fois et quand elle en sera par lui requise, et constitue, pour pleiges, Bernard Chabot, chevalier, et Aymeri Chabot, prévôt de Voutron. (Arcère, t. ii, p. 702.)

1271. — Geoffroy de Rochefort sert, en qualité de chevalier, Philippe le Hardi, dans la guerre contre le comte de Foix. Geoffroy, accompagné de trois écuyers ou vassaux, doit au roi quarante jours de service. (Arcère, t. i, p. 116 et page 220.)

En 1271, il servit à Pamiers.

De 1293 à 1297, luttes continuelles entre marins saintongeais, normands, bretons, anglais ou aunisiens. — 1294 : Descente de John de Bretagne.

De son mariage avec Isabelle de Maillebois, Geoffroy de Rochefort avait eu 5 enfants; ses deux fils, Aimery et Gisbert, ne vivaient plus en 1303; la châtelcllenie de Fouras (Foras) devint la propriété de Jeanne, veuve en 1300 de Brien Le Buef, chevalier.

Alix de Rochefort avait épousé Hugues Mégou ou Maingot, seigneur de Surgères. Comme celui-ci ne

---

(1) Arcère, p. 219, t. i.

vivait plus en 1300, ses héritiers vendirent pour
4,000 livres sa part de châtellenie avec l'héberge-
ment de Loire, etc., à Guillaume L'Archevêque,
chevalier, seigneur de Parthenay, Vouvent et Taillebourg. (1) Maingot eut un fils, Guillaume de Surgères ; Alix se remaria à Guillaume de Mareuil.

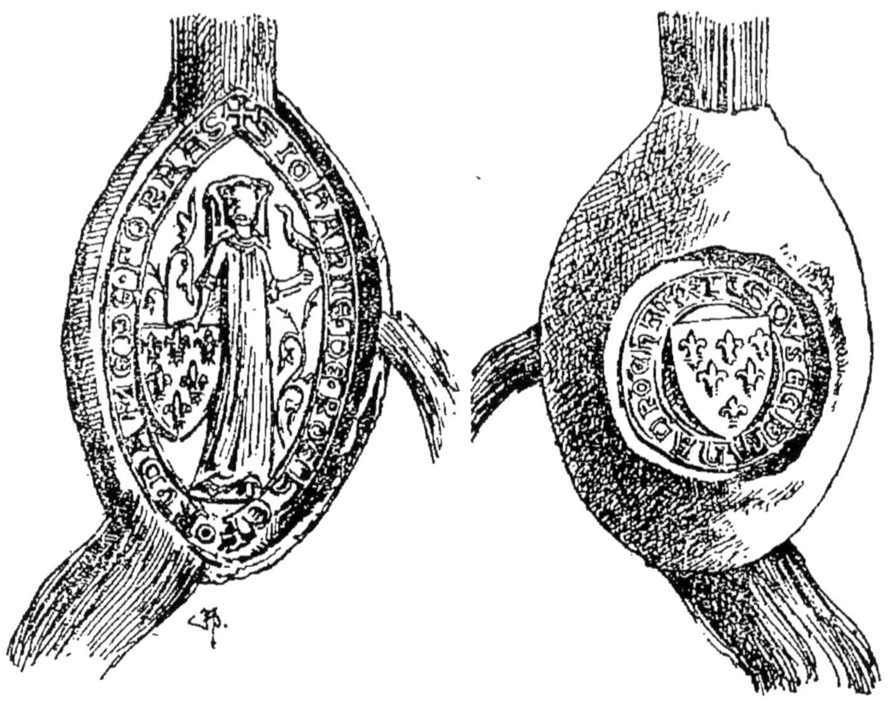

La 3me fille de Geoffroy de Rochefort, Yolande,
était femme de Pierre Bouchard, chevalier, sire de
Corneffou.

Avec sa mère, Jeanne de Rochefort, dame de
Fouras, possédait des forêts jusqu'à Senonches près
Dreux, dans l'Eure-et-Loir ; elle en vendit 620
arpents à Charles de Vallay (Valois) pour 775 livres

---

(1) Le samedi après la Saint-Luc. Archives nat., Layettes du
Poitou : J 180ʙ, cote 46.

tournois, pendant son séjour à Verneuil, en septembre 1300. (1)

La quittance de cette somme, (2) sur parchemin, est scellée aux armes d'Ysabel de Maillebois et de sa fille Jeanne de Rochefort. Le sceau de cette seconde dame, celui qui nous intéresse, n° 3422, est un des plus beaux de la collection des sceaux de France : il est ogival, en cire verte, et mesure 50 millimètres de hauteur ; la queue est en soie rouge. En voici le dessin d'après nature, juillet 1889.

La dame de Fouras est debout, vue de face, vêtue d'un surcot, coiffée d'un bonnet à 2 cornes ; elle tient un oiseau sur le poing gauche et son bras droit s'appuie sur un écu chargé de six fleurs de lis, 3, 2, 1. Dans le champ, des arbustes décoratifs avec cette légende ✠ S'IOHANNE.DE.ROCHEFORT.DAME.DE.FORRAS. Le contre-sceau porte le même écu à six fleurs de lis : ✠ S. DV SEC. IOHANNA D. ROCHEFORT ; scel du secret Johana de Rochefort.

*
* *

Le roi Philippe le Bel eut-il, 366 ans avant Colbert, l'idée de reconstituer le port des Santons à l'embouchure de la Charente en fondant à Rochefort un port militaire ? Les historiens ne le disent pas, mais les conseillers devaient instruire le monarque de l'importance stratégique des donjons de Fouras et de Rochefort, car, pendant cinq ans, sa politique fut de racheter aux divers héritiers de Geoffroy de Rochefort les deux châtellenies pour la somme totale de 6,400 livres.

Le dernier acte de vente à Pierre de Bailheus, sénéchal de Saintonge, agissant au nom du roi, est daté du vendredi avant la fête de la chaire de saint

---

(1) Archives nat., J 171A, cotes 18, 19, 20.
(2) Archives nat., J 171A, cote 20.

Pierre 1305 ; c'était une rente annuelle de 80 livres de corvées et 160 livres de rentes sur la châtellenie de Fouras, faisant partie du douaire d'Ysabeau, dame de Maillebois, veuve de Geoffroy de Rochefort. (1) On ignore comment finit cette famille de seigneurs !

1305-1315. — Philippe le Bel, roi de France, représenté par Pierre de Bailheus, chevalier, sénéchal de Saintonge. (*Archives historiques de la Saintonge et de l'Aunis*, xii, 1884, pages 208 à 213.)

1315, 29 décembre. — Guillaume de Maumont, sire de Tonnay-Boutonne et de Fouras. *(Archives hist. du Poitou*, t. xi, p. 213.) Cette dernière châtellenie fut donnée par Louis X, dit le Hutin, en compensation des terres cédées à Philippe, comte de Poitiers.

Charles le Bel confirma cette donation en avril 1323. Archives nat., Registres de la Chancellerie, J 61, n° 307, fol. 135.)

1346. — Aymard de Maumont (Malomonte), époux de Marie, fille de Jehan L'Archevêque de Parthenay. Sceau : écu portant deux fascés à la bordure, dans un trilobe : S. Aimard' Mavmo. 1349.

1365. — Guérard de Maumont, vassal du roi d'Angleterre, prince d'Aquitaine et de Galles. (2) Sceau : écu portant deux fascés à la bordure, penché, timbré d'un heaume cimé d'un oiseau à la tête humaine, dans un vol, supporté par deux oiseaux à tête humaine. Dans le champ, deux banderoles sur chacune desquelles est écrit : non autre : 1387. (*Inventaire des sceaux de la collection Clairambault*, par Demay, t. 1er, 1885, in-4°.)

Jean de Maumont, fils de Guérard et d'Anne de

---

(1) Archives nat., Layettes du Poitou, J 180ᴮ, cotes 42, 43, 45, 46, 52.

(2) *Archives historiques d'Aunis et Saintonge*, t. xi, p. 61, 62.

Thouars, eut 4 enfants : 1° Bernard, seigneur de Tonnay-Boutonne et de Saint-Crépin, marié en 1432 à Agnès de Rochechouart, mort deux ans après son mariage, laissant un fils, Jean. Tonnay-Boutonne resta le fief de cette famille jusqu'à Anne de Maumont qui porta cette première baronnie de Saintonge, en 1538, à Jean de La Cassaigne, son mari ; 2° Guillaume ; 3° Jean, chevalier de Saint-Jean de Jérusalem, commandeur de Couvrances ; 4° Anne, femme de Hector du Bouchet, seigneur de Sainte-Gemme. En 1375, les seigneurs vassaux du Treuil-Bussac et de Saint-Marc font leur hommage au roi de France. (1)

1410. — Guy La Personne, vicomte d'Acy, écuyer d'honneur de Charles VII. Aveu à Charles VI de France, le 1ᵉʳ mars 1410. (Archives nationales, P 570¹, cote iiiᵐ iiᶜ xlix *ter.*) Cette famille était très puissante au xvᵉ siècle : un Jehan La Personne était vicomte d'Aunay, châtelain de Didonne (16 septembre 1376), l'un des plus connus chevaliers du parti français. Il avait épousé Marguerite de Mortagne, veuve du maréchal de Clermont, tué à la bataille de Poitiers. (*Bulletin,* 1887, p. 49.) En 1386, un Jehan La Personne, vicomte d'Acy, chevalier, peut-être le père de Guy, était capitaine de la Bastille.

Une Jaquette La Personne avait épousé Jehan de Saumur, maire de Saint-Jean d'Angély en 1379 et 1383 ; celui-ci se rendit au camp du connétable Du Guesclin devant Surgères et reçut, en récompense de ses services, les revenus du minage, confisqués sur Guichard d'Angles et Florimond de Lespare. (Communication de M. Paul Guérin, *Archiv. du Poitou,* t. xix, p. 172.)

L'écu des La Personne portait trois pattes de lion en pal ; il était penché, timbré d'un heaume cimé

---

(1) Archives nat., P 553¹, iiiᶜxli, xlii, xliii, xliiii.

d'une tête de lion entre deux pattes de lion, champ réticulé. (*Bulletin*, 1887, 275.)

1461. — LE COMTE D'ANGOULÊME, Jean le Bon, 139?-1467, 2ᵐᵉ fils de Louis d'Orléans et de Valentine Visconti, petit-fils de Charles V et de Jeanne de Bourbon, époux de Marguerite de Rohan ; fut déterré par les Huguenots. Aveu, au roi Louis XI, de la châtellenie de Fouras, le 13 février 1461, à Saint-Jean d'Angély. (Archiv. nat., P 554¹, CLXI.)

1469. — JEHAN II DE BROSSE, seigneur de L'AIGLE, chevalier, conseiller et chambellan de Charles VII. (1)

Par lettres du 26 avril 1449, le roi lui donna la conduite du ban et de l'arrière-ban du Berry. Il se trouva à la journée de Formigny en 1450, et de là passa en Guyenne, dans la compagnie du comte de Dunois qui le fit *chevalier* à l'entrée de la ville de Bayonne, le 21 août 1451. Devenu lieutenant général des armées, il suivit le parti de Louis XI dans la guerre du Bien public.

Il était fils de Jean, seigneur de Sainte-Sévère, de Boussac, maréchal de France, et de Jeanne de Naillac. Jean de Bretagne lui fit épouser Nicolle de Blois, vicomtesse de Limoges, comtesse de Penthièvre, fille unique de Saint-Charles de Châtillon, dit de Blois et de Bretagne, 18 juin 1437. — Famille historique : Par sa mère Jeanne de Penthièvre, nièce de Jean III de Bretagne (1341), ennemie de Jean de Montfort, la dame de Fouras avait des droits sur le duché de Bretagne.

Aveu à Charles, duc de Guyenne, comte de Saintonge et seigneur de La Rochelle, le 1ᵉʳ avril 1469, à Saint-Jean d'Angély. (Archiv. nat., P 554², IIᶜLXXIIII).

____

(1) Arcère a dû commettre une erreur en donnant Fouras à Marie Furgon et à Georges Geofroi, seigneur et dame de Dompierre, 1495. C'est leur fils Charles qui acquit cette châtellenie, je ne sais comment, en 1609. (Voir page 62).

Armes : D'azur à trois gerbes ou brosses d'or liées de gueules.

1473. — JEHAN III DE BROSSE, SEIGNEUR DE L'AIGLE, COMTE DE PENTHIÈVRE, VICOMTE DE BRIDIERS, seigneur de Boussac, etc., fils du précédent, épousa, le 15 mai 1468, Louise de Laval, fille de Gui XIV, comte de Laval, et d'Isabeau de Bretagne.

Aveu à Louis XI, à Amboise, le 17 mai 1473. (Archiv. nat., P 554², iiiᶜxiii).

1503. — RENÉ DE BROSSE, fils du précédent, COMTE DE PENTHIÈVRE, etc., épousa, le 13 août 1504, Jeanne de Commines, fille unique de Philippe de La Clyte, seigneur d'Argenton, prince de Talmont, d'Olonne, de Château-Gontier, etc., homme politique et historien bien connu, 1445-1509. René de Brosse de Fouras continua les poursuites de son père pour la restitution de ses terres de Bretagne, auprès du roi Louis XII. N'obtenant aucune satisfaction, il quitta la France et suivit en Italie le connétable de Bourbon, au service de l'empereur Charles V ; il fut tué à la bataille de Pavie, le 24 février 1524.

Aveu à Louis XII de la châtellenie de Fouras, le 22 juin 1503 (Archiv. nat., P 555¹ iiiiᶜiiiiˣˣxi), le 17 septembre 1507 (Archiv. nat., P 555¹, vᶜxx), au roi François Iᵉʳ, à Amboise, le 17 décembre 1517. (Archiv. nat., P 555², viᶜxxxix.)

1524. — Son fils, JEAN IV DE BROSSE DE BRETAGNE, duc d'Etampes, comte de Penthièvre, gouverneur du Bourbonnais, époux d'Anne de Pisseleu, 1508-1576, demoiselle d'honneur de la duchesse d'Angoulême, Louise de Savoie, mère de François Iᵉʳ, fille de Guillaume d'Heilly et d'Anne Sanguin. La dame de Fouras était surnommée « la plus belle des savantes et la plus savante des belles ». Elle mourut protestante et oubliée, sans postérité. Son mari était décédé en 1565.

1548-1559-1581. — JEANNE DE VIVONNE, VICOMTESSE DE BERRY, dame de FOURAS, de Pouille et de La

Dessins de A. Duplais des Touches.

Roche-Ruffin, descendante de Germain de Vivonne, époux de Marguerite de Brosse, tante de Jean II de Brosse. Dame d'honneur de la reine, Louise de Lorraine, elle était fille d'André de Vivonne, seigneur de La Chasteigneraye, La Mothe Saint-Héraye, Esnande, Anville et Ardclay, conseiller et chambellan du roi, sénéchal de Poitou, etc., et de Louise de Daillon, fille de Jean, seigneur de Lude, et de Marie de Laval. Elle avait 5 frères et une sœur, dont François (1520-1547) tué par Guy de Chabot, seigneur de Jarnac. Mariée à Mre Claude DE CLERMONT, vicomte de Berry, seigneur de Fouras, baron de Dampierre, chevalier, capitaine de cent lances, gouverneur d'Ardres, etc., qui ne vivait plus en 1548; elle était à Fouras le 10 novembre 1559. Elle eut une fille, Claude-Catherine de Clermont, qui, veuve de Jean d'Annebaut, baron de Retz, épousa à 22 ans (4 septembre 1565) Albert de Gondi, duc de Retz, marquis de Mégnelay (1522-1602), général des galères de 1579 à 1598, maréchal de Retz. (Lire *Dampierre-sur-Boutonne*, par Louis Audiat, p. 20.)

Aveu au roi de France de la châtellenie de Fouras, le 31 août 1548, par Césalez, notaire à Bourdeille (Archiv. nat., P 560^2 XVII^{e}XXXVIII); le 22 décembre 1581, à Paris. (Archiv. nat., P 563^1, cote II^{m}CIIII^{xx}IX.)

1601. — MARQUISE DE MAIGNELAIS, dame CLAUDE-MARGUERITE DE GONDY (Claude-Catherine de Clermont), grand'mère du fameux cardinal de Retz.

Aveu daté de Paris, 10 février 1601. (Archiv. nat., P 563^2, II^{m}III^{e}XXXV.)

1609. — CHARLES GEOFFROY, écuyer, seigneur de Dompierre, Fouras, Péré, etc., fils de Georges Geoffroy et de Marie Furgon, seigneur et dame de Dompierre en 1495. Marie Furgon s'était remariée vers 1503 à Jacques de Cursay, maître d'hôtel ordinaire de la reine. (Arcère, t. II, 148; Bibliothèque de La Rochelle, 3336, 117, fol. 26.) Les archives ne disent pas comment Geoffroy de Dompierre a succédé à Claude de Clermont de Dampierre.

Armes : D'azur, au croissant d'argent, au chef cousu de gueules chargé de 3 étoiles d'or. (Delayant, notes manuscrites, bibl. de La Rochelle.)

Charles Geoffroy avait épousé Suzanne de Sallebert, dont Louis, écuyer, seigneur de Mauric et de Dompierre, décédé en 1619, et

1614. Suzanne Geoffroy de Dompierre, dame d'Argence et de Fouras, femme (4 mars 1614) de Louis de Polignac (1), chevalier, sieur d'Ecoyeux et de l'arensay. Elle eut 5 filles : 1° Marie, dame de Fouras, femme (1635) de Mre Josias Chesnel, chevalier, seigneur de Château-Chesnel et de Réaux ; 2° Magdellainę, femme d'Ozée Green de Saint-Marsault, chevalier, seigneur baron de Châtelaillon ; 3° Anne, mariée le 17 juin 1635 à Joachim de Sainte-Hermine, chevalier, seigneur de Sireuil en Angoumois ; 4° Hélène, dame de Parensay et de Machecou, mariée en premières noces en 1645 à Isaac de Lescours, baron de Nieul, et en 2es à Armand de Lescours, chevalier, seigneur de Puy-Guillaud ; 5° Dianne ou Jeanne, femme de Henry Guibert, chevalier, seigneur de Landes.

La châtellenie fut divisée le 3 juillet 1675 : Marie de Polignac eut Fouras, et les héritiers d'Anne, Saint-Laurent de La Prée. (2)

---

(1) Le 15 octobre 1635, Louis de Poulignac, chevalier, seigneur baron d'Argence, Dompierre, Fouras et Saint-Laurent de La Prée, fut choisi pour la conduite de la noblesse de la province. (Extrait des registres du ban et arrière-ban de La Rochelle, bibliothèque de La Rochelle, 286, 3336, 117, fol. 29.)

(2) Il est difficile de donner exactement le blason de cette famille: Les généalogistes des Polignac en Velay indiquent: De gueules à 3 fasces d'argent. M. de Richemond le décrit autrement : Ecartelé aux 1 et 4 d'un lion d'or, aux 2 et 3 d'un filet en barre. Dans le nobiliaire de La Rochelle par Laîné, on peut lire : N° 20,303: Ecartelé, aux 1 et 4 d'argent, à 3 fasces de gueules; au 2 de sable au lion d'or, lampassé de gueules, armé et couronné d'argent; au 4 d'argent plein.

1667. — Josias Chesnel (1613-1680), fils de Charles et de Louise de Saint-Georges, chevalier, seigneur de Château-Chesnel, Ecoyeux, Fouras et autres places, né à Cherves le 1er décembre 1613, mort le 30 novembre 1680; épousa Marie de Polignac (4 juin 1635).

Aveu au roi, fait à Paris le 15 mars 1667. (Archiv. nat., P 570, III^mVII^cVIII.)

4 enfants, dont :

1700. — Louis Chesnel (1637-1712), gouverneur de Saint-Seurin (1652), capitaine d'infanterie (1667), époux (octobre 1663) de Marie-Elisabeth de Joigny de Belbrune (1725). Vers 1700, Louis Chesnel avait quatre fils au service du roi. Le 9 septembre 1707, il fit l'aveu de sa terre de Fouras.

1718. — 15 septembre. Son fils Charles-Louis Chesnel (1666-1745), chevalier de Saint-Louis, seigneur d'Ecoyeux, Château-Chesnel, Buric, Chazottes, Mosnac, capitaine de vaisseau en 1705, chef d'escadre, représenta son frère Georges. Le 19 avril 1709, il épousa Thérèze-Gabrielle Chastaignier de Saint-Georges. Par le partage du 6 janvier 1744, Fouras était la seigneurie du frère.

Aveux de Fouras, 20 novembre 1716 (Archiv. nat., P 439). 2 juillet 1718 (Archiv. nat., P 440.)

1744. — Georges Chesnel, né au Château-Chesnel le 16 février 1676, chevalier de l'ordre militaire de Saint-Louis, capitaine de vaisseau, dont le mariage avec Anne Le Sourg fut célébré à Fouras, en septembre 1724.

Le blason est: «D'argent, à un chêne de sinople.» (1)

Georges Chesnel étant mort sans enfant, son beau-frère,

1757. — Jean Frétard de Gadeville (1686-1765), hérita de la châtellenie de Fouras, comme époux (1716) de Marie-Elisabeth Chesnel (1683-1759).

____

(1) D'Hozier, Cognac, f. 270, n° 16, Regist. 2; 7 décemb. 1701.

Les armes des Frétard sont : « De gueules, fretté d'argent. » (1)

Le sieur de Fouras eut deux fils et deux filles, dont Marie-Louise-Anne Frétard, née le 1er avril 1724 :

1790. — Femme d'Elie-François de Vassoigne, capitaine au régiment de la Sarre-infanterie, chevalier de Saint-Louis, convoqué à l'assemblée de la noblesse (1789), incarcéré, pendant la Terreur, à Brouage, avec sa femme. Il mourut à La Rochelle en 1812.

Le blason est : « D'or, au lion rampant, armé, lampassé et couronné de sable, accompagné de trois souches d'arbres, 2 et 1. »

Un descendant, Elie de Vassoigne, général de brigade, fit la campagne de Chine (1857-1861).

Cette liste, établie d'après des archives particulières et officielles, aveux et dénombrements de fiefs, registres de la Chancellerie, etc., est complète à partir de Jehanne de Rochefort (1300). Elle contredit plusieurs auteurs.

____

(1) En 1767, il fut réclamé 6,000 livres pour le droit de franc-fief, sur la seigneurie de Fouras, à l'occasion de l'acte d'affranchissement de cette terre. Sur la réclamation de M. de Frétard de Gadeville, la taxe fut modérée par la compagnie à 2,750 livres qui furent payées en 1770 par M. Frétard. (Communication de M. G. Musset.)

CHAPITRE VIII

LA TOUR DE FOURAS DU XIVme SIÈCLE AU XVIIIme SIÈCLE.
LA GUERRE AVEC LA HOLLANDE.
LES TRAVAUX DE LA FORTERESSE D'ÉTAT DE 1672 A 1720.

Pendant la guerre de Cent ans, le château de Fouras fut emporté d'assaut par l'armée anglaise, sous les ordres du comte de Derby ; celui-ci avait envahi la Saintonge, après la funeste bataille de Crécy (26 août 1346).

Peu de temps après, Fouras fut repris par les soldats de France ; mais, à cette époque, la guerre se faisait avec un tel acharnement, que la villette et le château furent absolument saccagés.

« Tant de pertes, rapporte l'historien Massiou, essuyées pour le service de Philippe de Valois, réclamaient un dédommagement ; le roi n'attendit pas qu'il lui fût réclamé, et il délégua ses pouvoirs à Jacques de Bourbon, sieur de Leuse, son lieutenant en Saintonge et Poitou. (T. III, p. 63.)

» *Sçavoir faisons*, dit ce seigneur dans des lettres données à Saintes le 27 octobre 1346, *qu'en récompensation de très grandes pertes et dommages que notre amé Aimar de Malmont, seigneur de Tonnay-Boutonne, a faits et soutenus pour cause de ces guerres et par les ennemis de monseigneur le roi, tant à la prise de la dite ville de Tonnay, comme au lieu de Fouras, qui pris a été par les ennemis, et depuis pillé, gâté et fondu par les Français ; à icelui chevalier avons donné et octroyé les portes de Champ-Dolent, et tout le cours de l'aigue (eau) des dites portes jusqu'à Tonnay-Boutonne, qui étaient aux bourgeois de Saint-Jean d'Angély, avec tous les profits, émoluments et seigneuries d'iceux à tenir, exercer et exploiter par le dit seigneur.* »

A la mort du roi de France, Fouras retomba au pouvoir des Anglais qui le fortifièrent ; pour eux, c'était la porte de la route maritime de la Saintonge !

En 1351, la trêve entre les deux nations fut si mal observée que les hostilités ne cessèrent pas sur le littoral ; à la fin de cette année, messire Jean Le Maigre, sieur de Boucicauld, qui commandait en Saintonge pour le roi Jean le Bon, et les capitaines génevois Raoul de Cours et Van de Doré résolurent d'enlever aux Anglais le château de Fouras. Ils firent appel aux Rochelais et les mirent en demeure de fournir trois machines de bois avec de nombreux pionniers, conduits par Jean Chaudrier, le maire bien connu, qui y gagna des lettres de noblesse. (1) « Ce siège contraignit La Rochelle d'entrer dans une extrême despence », dit Amos Barbot. (2) Enfin, les murs de Fouras furent battus en brèche, et le châ-

____

(1) Archives nat., JJ 90, n° 265, fol. 137.
(2) *Hist. de La Rochelle*, édition d'Aussy, p. 155.

teau pris et rendu à son seigneur Aymar de Maumont, gendre de Jehan Larchevêque de Parthenay. Neuf ans plus tard, le traité de Brétigny (1360) remit le château de Fouras sous la domination anglaise. La société des Archives d'Aunis et Saintonge (t. xi, pages 61-62) a publié l'hommage de Guérard de Maumont, sire de Fouras, à Edouard, prince d'Aquitaine et de Galles.

★
★ ★

La fin du xvme siècle est l'époque de la splendeur du château de Fouras : le donjon actuel a été rebâti vers 1480-1490, par Jehan II de Brosse, seigneur de L'Aigle, chevalier, conseiller et chambellan de Charles VII, ou son fils, comte de Penthièvre. Par un curieux hasard, j'ai découvert, sur une clef de voûte des souterrains, les portraits du sire et de sa femme, Nicolle de Blois, vicomtesse de Limoges, comtesse de Penthièvre, etc. On verra plus loin, en visitant la forteresse, la description de ces sculptures ; les armes des de Brosse, trois gerbes d'acanthe liées, au milieu d'une grosse torsade, sont fort bien détaillées ; il est regrettable que des blocages de maçonnerie aient fait disparaître les chapiteaux artistiques des piliers.

Par sa mère, la dame de Fouras était presque une duchesse : son père, Charles de Blois ou de Châtillon, fils de Guy Ier, comte de Blois, et de Marguerite, sœur de Philippe de Valois, était mort en 1364. Il avait épousé, en 1337, Jeanne de Penthièvre, nièce de Jean III, duc de Bretagne, mort sans enfant en 1341. C'était donc un droit à la succession de Bretagne. Mais Jean de Montfort, frère puîné de ce prince, revendiqua le fief : de là guerre de succession qui dura jusqu'en 1365. Les pairs s'étaient prononcés en faveur de Charles, et le roi de France dut le soutenir ; son rival eut l'appui de l'Angleterre ; en Bre-

tagne, villes et barons furent partagés. La lutte fut
terrible : fait prisonnier au combat de La Roche-Der-
rien (1346), Charles subit à la Tour de Londres une
captivité de plusieurs années. Alors sa femme continua la lutte contre Jeanne de Montfort dont le mari
venait de mourir, après avoir été captif au Louvre.
Il fut tué à la bataille d'Auray ; on le trouva revêtu
d'un cilice et il fut honoré comme un saint. Par le
traité de Guérande (1365), Jeanne de Penthièvre
renonça au duché de Bretagne et reçut le comté
de Penthièvre, le vicomté de Limoges et une forte
pension. Sa fille et son gendre pouvaient donc
facilement faire élever un donjon de 20 mètres de
hauteur !

*
* *

Perdu et reconquis par les catholiques, pendant
les guerres de religion, Fouras-Bourg obtint du roi
de France et de Pologne, Henri III, le privilège d'affranchissement, pour 9 années, et un abonnement aux
tailles, à raison de 100 livres par an (août 1576). (1)

Mais le 19 septembre 1585, le château subit encore un siège en règle : se rendant de La Rochelle à
Brouage, le prince de Condé, chef des calvinistes
de Saintonge, cerna la place avec des troupes nombreuses et de l'artillerie. Il avait avec lui Saint-
Mesme, Montgomery, de Lorges et Antoine de
Ranques. Ceux-ci s'emparèrent ensuite de Soubise,
gardé seulement par 200 papistes. (Massiou, t. v, p. 30.)

Ainsi Fouras fut longtemps un pays protestant,
et dès le commencement de l'insurrection contre
Concini, sous Louis XIII, le prince de Condé,
conseillé par de Rohan, s'était assuré du château et
de sa garnison (1615). (Massiou, t. v, p. 226.)

Il y eut quelques rencontres meurtrières vers
Fouras, pendant la période d'anarchie qui marque

---

(1) Arch. nat., P x, A 18640, col. 118-119.

les débuts du règne de Louis XIII. Le mercredi 28 juillet 1617, un vaisseau du convoi de MM. des Etats trouva un navire français forban à la rade de L'Aiguille. Ce dernier fut canonné, emporté d'assaut, et tout l'équipage, même les gentilshommes cadets du Bas-Poitou, lié par les pieds et les mains, et jeté par-dessus bord. Les Flamands, au service des protestants de La Rochelle, perdirent un seul homme, l'amiral, qui était monté à l'abordage sans sa cuirasse et sa rondache. On lui fit des funérailles honorables. (1)

En 1620, la tour de Fouras fut armée par M. de Dompierre (Louis de Polignac), et de nombreux gens de guerre y firent garde. Ces garnisons n'étaient pas superflues, car les marins de La Rochelle venaient faire des razzias. Les royalistes avaient un magasin de vivres à la maison noble de Touchelonge : Jean David, l'un des pairs de la cité rochelaise, monté dans une allège, sorte de gabare, alla débarquer, avec 60 hommes, au platin d'Yves, et s'empara de la garde, des denrées et des bestiaux. Les gardes-côtes prévenus le poursuivirent et le sommèrent de se rendre. « La mauvaise foi du duc d'Epernon est trop connue, répondit le Rochelais, pour me livrer à lui ! » Le bateau de David était à sec. Comme on allait le forcer avec des matières combustibles, la mer vint le mettre à flot et le protestant fut sauvé. (2)

*
* *

Après la prise de La Rochelle (1628), Louis XIII prescrivit dans tout le royaume la démolition des châteaux-forts ne servant pas à la défense des fron-

---

(1) *Diaire de Jacques Merlin*, 1589 à 1620, publié par Charles Dangibeaud.
(2) Arcère, t. ii, p. 172.

tières. (Ordonnance du 31 juillet 1636.) C'était un moyen d'anéantir les révoltes et les points de refuge des adversaires. Vu sa situation importante à l'entrée de la Charente, le château de Fouras fut épargné et acheté (?) aux de Polignac, qui firent bâtir, en face du donjon, une modeste maison seigneuriale. (1)

Devenue forteresse d'Etat, la tour fut placée sous les ordres d'un commandant-gouverneur. La liste de ces officiers sera à la fin du livre. (2)

On y fit des travaux de maçonnerie considérables pendant la guerre avec la Hollande. Cette puissance ne voyait pas sans inquiétudes la création du port militaire de Rochefort (1666-1669). Dès 1673, l'arsenal avait lancé et armé 26 gros vaisseaux de ligne, 6 brûlots et plusieurs autres bâtiments ; la ville comptait près de 20.000 habitants ; elle fut dès lors le but des attaques de l'ennemi. Des agents secrets ayant prévenu

-----

(1) Boulangerie Chaussat.

(2) A cette époque (1627), furent publiées chez Melchior Tavernier, graveur et imprimeur du roi, des cartes des côtes de France et d'Angleterre. Celle de la *Côte de La Rochelle à Brouaige et de l'île d'Oleron, observée par le sieur de Chattillon, ingénieur*, est fort curieuse, malgré son tracé incomparable à nos cartes de précision. On y retrouve tous les noms, à peu près exacts, des paroisses et des logis : *Foras, Le Treuil du Sacq* (pour Bussac), *Chevallier, La Fez du Bois* (Fée ou Faye), *Beauregard*, métairie disparue en face Les Valines, *La Cornerie* (id.), *L'Oubnières* (Aubonnière), *Semart* (Soumart ou Saint-Marc), *Le Haut-Bois, Maison-Neuve* (Terre-Noire), *La Roche, Touchelonge, Champtpont, Saint-Laurent, le Pont-d'Yves, île d'Ais, d'Enep* (Enet), *La Garenne* (île Madame), etc., etc. Je crois qu'il est inutile de reproduire ces documents défectueux ; l'échelle est de 0.11 centim. pour 2 lieues. Malgré ces imperfections, tous les autres géographes du siècle de Louis XIV ont copié le travail de Châtillon avec ses erreurs de dessin et de noms : en 1634. Guillaume Blaeuw, à Amsterdam (*Insulæ Divi Martini et Uliarus, vulgo l'île de Ré et Oleron*), page 417 ; en 1685. Marc-Vincent Coronelli, à Venise (*Isolæ d'Oleron, nella Piaggie occidentali Della Francia*, etc.). Isolario, page 73. — (Nos 2, 3, 4 de la collection A. Duplais des Touches, au Treuil-Bussac.)

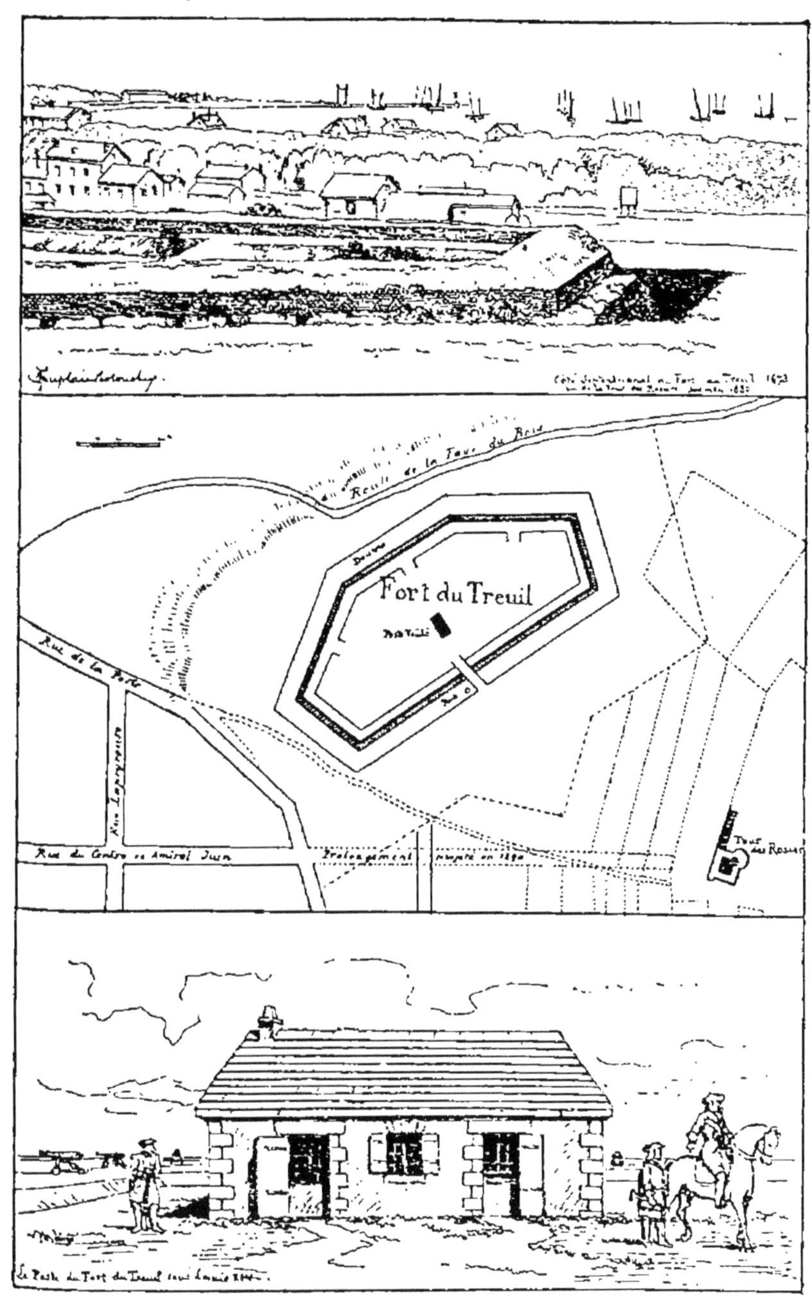

LE FORT DU TREUIL-BUSSAC, démoli en 1891.

Louis XIV que les Hollandais formaient le projet de combler la Charente en coulant des galiotes, la Cour aussitôt donna l'ordre de fortifier Fouras et l'embouchure du fleuve.

Le gouverneur de La Rochelle, M. de Gadagne, vint lui-même surveiller les travaux de retranchements exécutés autour du vieux donjon : le commandant était alors « noble et illustre Pierre de Massiac de Sainte-Colombe », écuyer, chevalier de l'ordre de Portugal. L'effectif de la garnison, composé d'une compagnie d'infanterie, fut augmenté d'une compagnie de canonniers, et un camp retranché fut établi en avant du logis du Treuil-Bussac, sous les ordres du major Barthélemy de Massiac, écuyer, frère du commandant de place.

De son côté, l'intendant de Rochefort, Colbert du Terron, s'était chargé du fort Lapointe, vis-à-vis Le Port des Barques; on y plaça 50 pièces de canons avec 400 hommes d'infanterie, sous les ordres de M. de Belle-Fontaine. M. du Terron dessina encore la redoute du Vergeroux (25 juin 1674); en souvenir de lui, ce fort s'appela la *redoute du Terron*. A l'abri des murs fut établi un camp de 600 soldats de marine, des milices de Rochefort, de Tonnay-Charente et du gouvernement de Brouage, de la noblesse et des milices de Saintonge et d'Angoumois, commandé par M. d'Almeras, lieutenant général des armées navales, et MM. de Grancé et de Château-Renaud. Ce dernier, chef d'escadre, est mort vice-amiral, maréchal de France, commandant des ordres du roi.

M. du Terron avait encore fait construire, en travers de la rivière, vers le fort Lupin, une estacade composée de mâts de vaisseaux et de chaînes, dont les deux extrémités étaient soutenues par des batteries d'artillerie.

L'anse de Fouras n'avait point été négligée; sans parler de la redoute du Cadoret, toute la côte, jus-

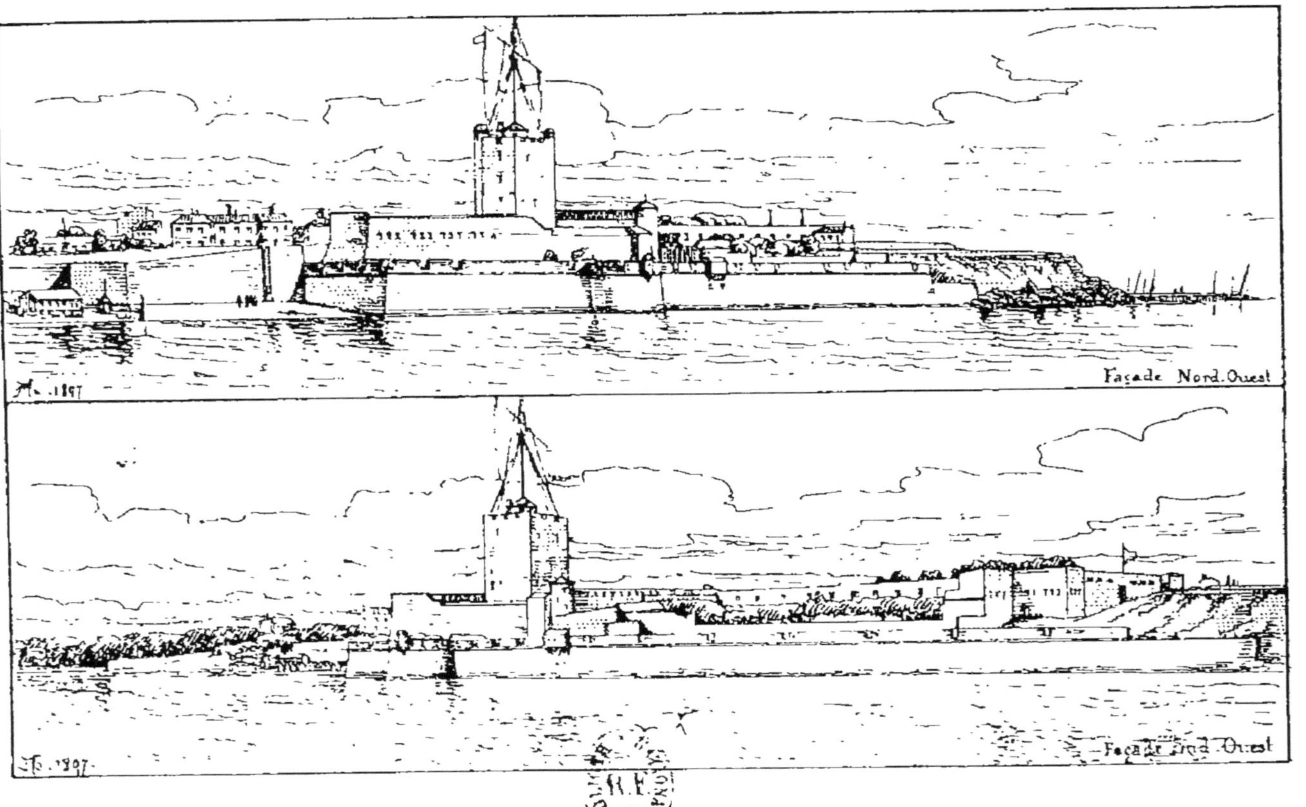

La Forteresse de Houras vue de la mer.

qu'à Angoulins, fut garnie de postes fortifiés. MM. de Châtelaillon et de La Mothe Saint-Surin y commandaient les milices de Benon, campées au rocher d'Yves et sur la falaise de Châtelaillon. A la même époque, le fort de la pointe du Chapus s'élevait sous les ordres de M. de Carnavalet, gouverneur de Brouage; M. de Clerville, gouverneur d'Oleron, fortifiait toute l'île d'Oleron et traçait les murailles de Rochefort.

Bref, toutes les mesures pour mettre la Charente à l'abri d'un coup de main furent prises avec une rapidité remarquable. Néanmoins, la population fou·rasine vécut sur le qui-vive pendant plus de deux mois; dans la crainte d'être capturés, les pêcheurs ne sortaient plus des pertuis.

Enfin, le 14 juillet 1674, la flotte hollandaise fut signalée. Elle était commandée par l'amiral Tromp, fils de l'illustre amiral, tué sur son tillac, en combattant la flotte anglaise, à la bataille de Catwick, en 1653.

Aussitôt qu'on aperçut, dans la direction de l'île de Ré, la mâture de ses 75 gros vaisseaux, la défense fut organisée sur toute la côte, notamment à l'île d'Aix et à Fouras. Prévenu sans doute de ces formidables dispositions, l'amiral Tromp préféra renoncer à ses projets de débarquement; sa flotte disparut dans la direction de Noirmoutiers, île faiblement défendue.

Malgré cette retraite, Fouras conserva sa nombreuse garnison. Peu de temps après, on y envoyait encore des dragons du régiment d'Asfeld. Seul, le camp du Vergeroux fut levé le 12 août 1674. La même mesure fut adoptée pour les autres redoutes, au commencement de 1676, lorsque la paix fut signée.

Cependant les travaux aux fortifications de Fouras n'en continuèrent pas moins, de 1682 à 1706; ils

furent poussés avec la plus grande activité en 1689 ;
l'on redoutait une descente des Anglais.

En 1684, la tradition rapporte que M. de Vauban,
lors de sa visite à l'arsenal de Rochefort, vint en
personne à Fouras, inspecter le fort et les redoutes
des environs de la Charente ; alors il rectifia certaines lignes des remparts et fit ajouter, à l'ouest,
une demi-lune.

On dit même que le grand ingénieur désirait faire
de Fouras une véritable citadelle dans le genre du
Château d'Oleron, mais l'argent vint à manquer.
Alors l'ingénieur Ferry, directeur des fortifications
depuis l'Adour jusqu'à la Loire, adopta un devis
moins coûteux en supprimant l'avant-cour et le
deuxième donjon dessinés sur le premier projet. Une
mesure encore plus économique fit tout arrêter pendant trois années, mais, en 1689, l'avènement du
hollandais Guillaume d'Orange au trône d'Angleterre fit craindre un débarquement et décida le
ministre de la marine, le marquis de Seignelay, fils
du grand Colbert, à donner des ordres formels pour
faire achever, au plus vite, les travaux des fortifications de Fouras : plusieurs tourelles menaçaient
ruine.

« Sa Majesté, écrit-il le 24 juin 1689 à l'intendant
Bégon, a aprouvé *(sic)* l'ordre que M. le maréchal
de Lorges a donné de ne faire travailler qu'à la redoute de L'Eguille et à l'enveloppe de la tour de
Fouras... Ne manquez donc pas de presser ce travail et de le faire finir en diligence. Vous sçavez que
le sieur Ferry, par son dernier projet, a réduit à
10.855 livres la dépense de la redoute de L'Eguille,
et c'est ce projet qu'il faut suivre...

SEIGNELAY. » (1)

---

(1) Archives départ., La Rochelle, C 167.

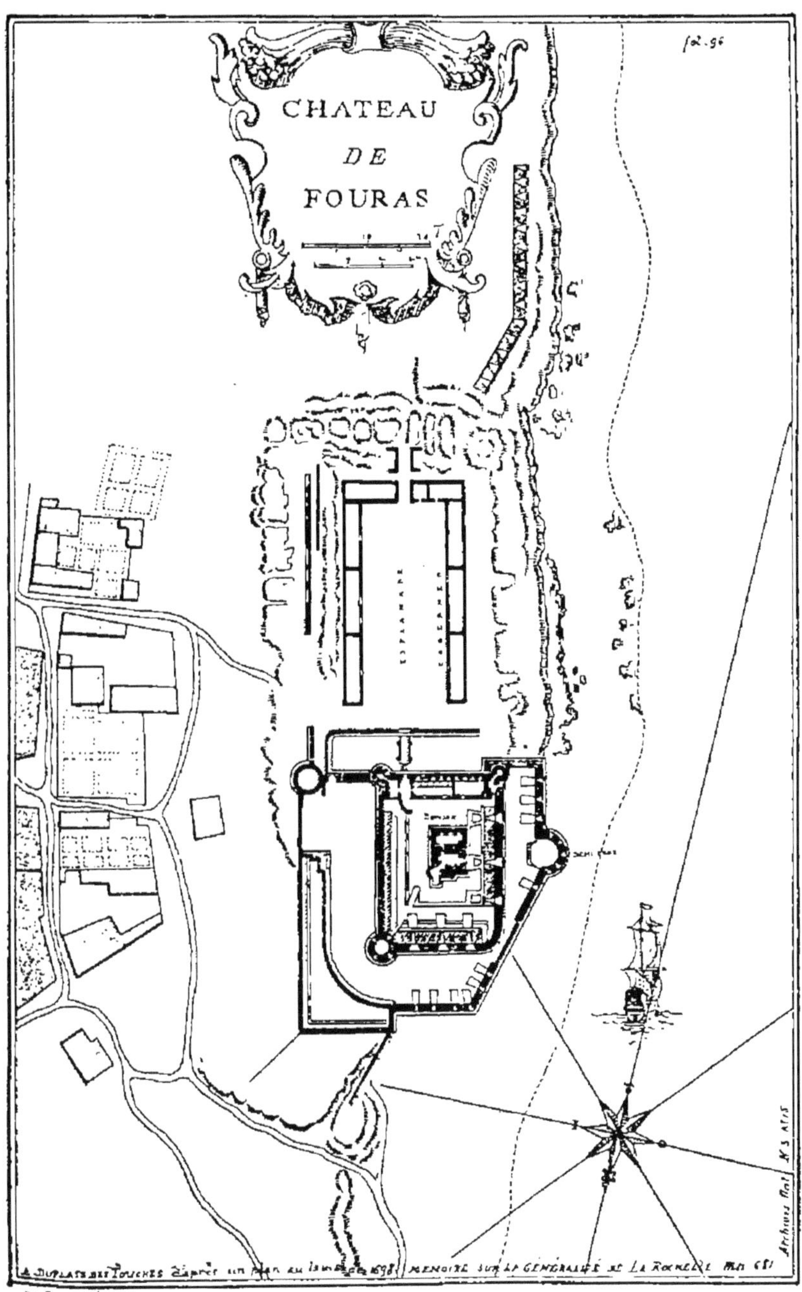

CHATEAU
DE
FOURAS
ESPLANADE
CASERNE
DEMI LUNE
A. DUPLATE DES TOUCHES d'après un plan de 1698 — MÉMOIRE SUR LA GÉNÉRALITÉ DE LA ROCHELLE MS 651
Archives Nat. MS Atlas

Cinq jours plus tard, il ajoutait :

« Versailles, 29 juin 1684.

. . . .

» J'écris pareillement au sieur de Valmont de presser l'achèvement du travail de la batterie de L'Eguille et de la tour de Fouras en la manière que je vous ay expliqué par ma dernière lettre, et de passer de suite à Médoc, pour conduire les travaux du fort que le Roy y va faire construire.

SEIGNELAY. »

« La tour de Fouras fut donc, dit Masse dans ses mémoires sur les forts d'Aunis et de Saintonge, raccommodée et voustée, puis entourée d'une fausse braye deffensive, avec batterie haute et basse, du costé de la mer, pouvant recevoir 20 pièces de canon : 14 dans la fausse braye, 6 dans l'enceinte haute ; 9 au sommet de la tour ! »

La partie la plus difficile à construire fut le rempart et la demi-lune de Vauban, qu'à chaque marée les flots venaient saper ; il y eut des éboulements et plusieurs ouvriers maçons furent tués : Jacques Allard, âgé de 45 ans, inhumé le dimanche 3 juillet 1689 ; le 7 août de la même année, Antoine N..., du Limousin, âgé de 25 ans ; le 10 août, Adam Cambret, de la paroisse de Thou, âgé de 45 ans ; le 20 du même mois, Jacques Mersier, de Marsilly, âgé de 25 ans, et enfin Léonard Bonayra, du village de Fourneau, paroisse de Vidaliat (Creuse), et Jacques N..., âgés de 35 à 36 ans, enterrés le 29 juillet et le 18 août 1692.

L'entrepreneur des travaux était alors maître Jacques Giraud, et plusieurs ingénieurs résidaient à Fouras : c'étaient MM. Louis Morel, ingénieur ordinaire, N. Gourdin et Nicolas Duvivier, ingénieurs du roi.

En octobre 1689, de nouveaux ordres faisaient suspendre les travaux de maçonnerie au fort de

Fouras, et les entrepreneurs réclamèrent des indemnités pour leurs approvisionnements de pierres. Par lettre du 10 novembre 1689, Seignelay fit savoir à l'intendant Bégon que Louis XIV, en faisant cesser les ouvrages de la place de Fouras, n'avait nullement l'intention de causer des dommages aux entrepreneurs ; qu'on devait estimer les matériaux et les employer en Oleron ou à La Rochelle. Dans sa lettre n° 3, le ministre de la marine disait encore :

« Le sieur Ferry m'escrit qu'il a trouvé quelques fondations de cette place (Fouras) dans un estat à faire craindre pour une des vieilles tours joignant le pied des nouvelles courtines. Ces fondations n'ayant pas été remplies, ladite tour est demeurée désempiettée et en l'air. Il estime aussi qu'il seroit nécessaire de continuer un bout de rempiettement au pied de la grande tour, et comme ces petits ouvrages ne se monteront, suivant son estimation, qu'à 5 ou 600 livres, Sa Majesté veut bien que vous y fassiez travailler...

Seignelay. »

Pendant ce temps, le seigneur de Fouras, Louis Chesnel d'Ecoyeux, présentait au roi un placet demandant des indemnités pour les terrains qu'on lui prenait. Le 16 novembre, Seignelay donnait des ordres pour qu'on examinât la valeur réelle de cette pétition. La suite de cette affaire n'a pas été conservée.

En 1703, furent commencés les deux corps de casernes destinés à loger les ouvriers et la garnison.

De son côté, la redoute de L'Aiguille, presque ruinée en 1680, fut restaurée en 1688, avec des corps de garde et quelques autres logements en pierres. Depuis cette époque, on y a toujours un peu travaillé pour revêtir de maçonnerie ses faces et ses douves : on craignait un débarquement par l'ile d'Enet ; le 15 juillet 1696, les flottes anglaises et

hollandaises arrivèrent jusque devant l'île de Ré,
bombardèrent Saint-Martin pendant trois jours.

En 1715, il y avait 16 pièces de canon au fort
L'Aiguille. Et l'on travailla au fort Lupin, de 1683 à
1685, à Pied-de-Mont en 1694, à l'île Madame, de
1695 à 1704.

Dès lors, Fouras fut une place importante, connue
dans toute la région par sa lune, aussi légendaire
que celle de Landerneau, en Bretagne, et lorsqu'une
personne revenait de cette localité, on lui demandait souvent, sur un ton railleur :

> As-tu vu la lune, mon gars?
> As-tu vu la lune de Fouras?

On lira plus loin l'explication de cette chanson
proverbiale.

CHAPITRE IX

PROTESTANTS ET CATHOLIQUES FOURASINS, LA RÉFORME,
PERSÉCUTIONS RELIGIEUSES,
LES CONVERSIONS ET LES DRAGONNADES,
(xvie siècle à 1685)
LA MISSION DU PÈRE GRIGNON, DIT DE MONTFORT, 1714.

Il serait difficile de dire exactement comment les doctrines de Luther (1520) et de Calvin (1530) firent des adeptes à Fouras : les annales du xvie siècle relatent simplement des violences insensées commises à Arvert dès 1546 ; l'on vit ensuite (1548), le pillage des églises, en Oleron, la révolte des sauniers, la cène évangélique et le pillage des églises à La Rochelle (juin 1562), etc. (1)

Comme toujours, la répression fut cruelle, et après les assassinats de la Saint-Barthélemy (1572), tous ces rivages furent ensanglantés : Fouras comme Sou-

---

(1) Lire article de M. Louis Audiat : *Qui a commencé?* (*Bulletin de la Société des Archives historiques de Saintonge et d'Aunis*, t. xiii, 1893, pages 445-451).

bise et Saint-Jean d'Angles, perdit plus de la moitié de sa population. Au mois d'août 1576, Henri III accorda donc aux « habitants et manants » de la châtellenie le privilège d'affranchissement avec abonnement aux tailles, comme en 1573, pour les indemniser des dégâts de la guerre et les récompenser de leur fidélité au roi de France et de Pologne. L'imposition annuelle, fixée à 100 livres, pour 9 années, devait exempter, à l'avenir, les Fourasins de toute charge financière, telle que : « tailles, crues, aydes, huitiesmes, taillon, emprunts, subsides et solde de cinquante mille hommes de pied. » (1)

Sans parler de l'obéissance et de la reconnaissance qu'elle devait au roi, la population de Fouras subissait encore l'influence catholique de la dame châtelaine, Jeanne de Vivonne, vicomtesse de Berry, femme de Claude de Clermont d'Amboise, sœur de François de Vivonne de La Châteigneraie, tué en duel par Guy de Chabot de Jarnac (1547). Inutile de revenir sur les intrigues de cour ; mais il est curieux de retrouver cette rivalité des Chabot et des Vivonne entre Fouras catholique et La Rochelle, capitale protestante : à la tête du gouvernement de cette dernière ville et au nombre des auditeurs de la nouvelle doctrine est, en effet, Guy de Chabot de Jarnac, maire de Bordeaux, le vainqueur de Vivonne de La Châteigneraie à Saint-Germain. Or, c'est de La Rochelle que partira, le 19 septembre 1585, le prince Henri de Condé, chef des calvinistes de Saintonge. Cet ami d'Henri de Béarn cerna le château de Fouras avec des troupes nombreuses et de l'artillerie.

Ce siège est peu connu. Il ne reste aucun journal détaillé de ces troubles de la fin du xvie siècle. (2)

---

(1) Donné à Paris, troisième année du règne. Signé par le roi, en son conseil ; contresigné BRULART, et scellé en double queue de cire verte, en lacs de soie rouge et verte. Visé par COMBAUD. (Archives nat., P XIA 8640, fol. 118-119).

(2) Lire Massiou, t. v, p. 30.

Mais, à partir de cette époque, le protestantisme à Fouras est un fait *historique* et des pasteurs y viennent prêcher.

Le plus connu de ces prédicateurs de la religion « réformée » fut Pierre Péris, de Pons, qui prenait la qualification de ministre du Christ à Fouras et à Saint-Laurent de La Prée (1616-1619). A cette époque, les habitants étaient en révoltes et procédures continuelles contre les curés Pierre Laroque, de Fouras, et Pierre de Salafranque, de Saint-Laurent, à propos des dîmes et autres redevances, avril 1615. (1) Depuis l'assassinat de Henri IV, les charges financières ne faisaient qu'augmenter : déjà, en 1599, l'abonnement aux tailles était porté de 100 livres à 100 écus, c'est-à-dire de 100 francs à 300 livres ou francs. (2) Ces impôts triplés et les nouveaux appointements des pasteurs, s'ajoutant aux privilèges du clergé, embarrassaient fort les bourgeois et les gentilshommes qui ne voulaient pas rompre avec les vieilles traditions.

Pour maintenir l'exercice des deux cultes à Fouras, et surtout le château à l'obéissance de la République protestante de La Rochelle, le prince de Condé, fils d'Henri Ier, s'était empressé d'envoyer dans cette localité une garnison dévouée au parti de Rohan : c'était au commencement de l'insurrection contre Concini. Malgré la présence de ces troupes, les missionnaires calvinistes n'étaient guère accueillis favorablement par certains Fourasins.

Dans une de ses lettres à Pierre Ferry, ministre de Tonnay-Charente, Péris raconte les difficultés que rencontra ici son zèle calviniste : « J'ai reçu, dit-il,

---

(1) Bibliothèque de La Rochelle, 284 (3336, 115, fol. 191, 196).

(2) Lettres de privilèges datées du camp de Gonesse, 23 nov. 1599. (Arch. nat., XIᴬ 8640, fol. 118. — E 2 A, n° 242. — Bibliothèque nat., ms. fr. 18165, f. 36.)

du dommage à plus de quinze cent livres et failli d'estre tué à Fouras..., etc. (14 janvier 1619). (1)

Quelques mois après, cette église était vacante, comme Jarnac, Jonzac, Cozes, La Rochefoucauld, Arvert et Saint-Mesme. (2)

Après le siège de La Rochelle (1628) les familles seigneuriales de Fouras étaient restées huguenotes : c'étaient les Dansays du Treuil-Bussac, les de l'Isle de Soumard, les Savignon de l'Aiguille, les Ozanneau de La Roche et le haut-seigneur suzerain, lui-même, Louis de Polignac, baron d'Argence, de Dompierre, Fouras, Saint-Laurent de La Prée et autres lieux qui, comme haut justicier, pouvait, en vertu de l'édit de Nantes, remplir publiquement les devoirs de la religion réformée dans sa maison seigneuriale ; on donnait alors, à cette permission, le nom d' « exercice de fief ».

Sur les 13 églises réformées de l'Aunis qui subsistaient, il n'y en avait que trois de fiefs : Aytré, Angoulins et Fouras. (Arcère, lib. VIII, p. 349.)

A la mort de son mari Louis de Polignac, la châtelaine, Suzanne Geoffroy de Dampierre, accorda aux ministres pasteurs de Fouras et de Saint-Laurent de La Prée, une subvention annuelle de 1.500 livres, total 3.000 livres, somme importante pour l'époque et promise par contrat passé devant Bonnet, notaire à Dompierre, 31 janvier 1666. (3)

D'après une quittance de la même année, cette dame versa encore 500 louis blancs, pour le même usage, entre les mains de son procureur fiscal, le sieur André Chauvet, en présence du pasteur Elie Constans, de J. Gaubelle, ancien et scribe de l'église

------

(1) Lettres publiées par Paul d'Estrée. (*Archives hist.*, t. XVI, p. 315.)

(2) Lettre du 17 décembre 1619.

(3) Arch. départ., C 136, n° 2. — Testament de mars 1639. Arch. départ., H 134.

de Saint-Laurent, de Pierre Guérin, et de tout le consistoire assemblé dans la maison du sieur de La Mothe, à l'issue du prêche.

En 1670 (26 oct.), c'est son petit-fils Pharamond Green de Saint-Marsault, chevalier, seigneur baron de Châtelaillon, héritier en partie de la dame de Fouras par sa mère, Madeleine de Polignac, qui s'acquitta de cette rente promise au pasteur de Fouras (1).

D'après ces documents, on peut supposer qu'il y avait à Fouras un temple, ou tout au moins une salle consacrée à l'exercice du culte réformé dans la maison seigneuriale.

A la même époque (1670), certains désordres se produisirent à La Rochelle à propos de l'exercice des deux religions. Des commissaires nommés pour examiner les droits des églises réformées de l'Aunis, les interdirent toutes à l'exception de celles de Marans et de La Rochelle (Arcère, t. ii, p. 349). — Les églises interdites furent Saint-Martin de Ré, Aytré, Angoulins, La Jarrie, Salles, Ciré, Fouras, Rochefort, Mauzé, Surgères, laquelle s'assemblait au Péré, Dompierre et Bourgneuf. Cette sentence fut confirmée par Colbert, par arrêt du conseil en date du 7 mars 1671. Après de longues procédures, Mauzé et Saint-Martin de Ré furent maintenues.

Louis XIV rêvait l'unité religieuse comme complément de l'unité politique de son royaume, et accusait les calvinistes d'entretenir des relations secrètes avec la Hollande et les ennemis de la monarchie. Il est certain que les puissances étrangères accueillaient avec empressement tous les fugitifs français et que les imprimeurs hollandais répandaient des milliers d'exemplaires de bibles, nouveaux testaments et psaumes en français, qu'on expédiait par mer aux pasteurs d'Aunis et de Saintonge.

____

(1) Arch. départ., C 136, n° 2.

Aussi les édits et les arrêts contre les protestants se succédèrent-ils sans interruption depuis 1673 jusqu'en 1685, époque où la révocation de l'édit de Nantes vient détruire l'œuvre pacifique d'Henri IV.

Pour activer les abjurations dans l'Aunis, M. de Demuin, l'intendant de Rochefort, fit exécuter les mesures coercitives dans le sens le plus rigoureux (1) : Enfermer au couvent les fillettes de qualité au-dessus de 12 ans, avec défense de communiquer avec leurs parents de la R. P.; acheter l'abjuration des protestants pauvres avec les fonds de la caisse des conversions (on payait 6 livres par tête) et offrir aux seigneurs et bourgeois l'exemption des termes arriérés de l'impôt. En revanche, les pasteurs de la *religion prétendue réformée* (telle est l'expression de l'époque) étaient poursuivis et emprisonnés pour des motifs peu graves : on alla jusqu'à interdire à leurs disciples les charges ou fonctions de procureurs, notaires, greffiers, sergents, huissiers, avocats, imprimeurs, libraires, médecins, chirurgiens et apothicaires.

« L'amour des nouveautés en religion, disait un médecin catholique, entraîne fatalement celui des nouveautés en médecine, et cela n'est pas moins dangeureux ! » (2 décembre 1680, 11 juillet 1685).

D'un autre côté, tout catholique qui se faisait protestant était condamné à la confiscation de ses biens et au bannissement perpétuel (juin 1680); les mariages entre catholiques et protestants étaient formellement défendus et les enfants déclarés bâtards (nov. 1680).

Cependant, vers cette époque, l'église et le prieuré

---

(1) Les déclarations et les édits du roi, avec les arrêts de la cour de parlement et du conseil d'état contre les protestants forment un recueil de 48 déclarations, toutes plus rigoureuses les unes que les autres : 18 novembre 1680, janvier 1688 (n° 9256 de la biblioth. Clouzot, Niort).

de Saint-Gaudens étaient presque abandonnés : l'insouciance catholique avait sans doute pour cause la pauvreté des fidèles et la simonie du clergé.

En 1626, le prieur de Fouras était Raymond de Montaigne, neveu « à la mode de Bretagne » de Michel, le célèbre auteur des *Essais*. La vie extraordinaire de ce personnage, prêtre et laïque tout à la fois, mérite d'être signalée. (1)

Reçu docteur en théologie et pourvu d'un canonicat en l'église Saint-André de Bordeaux, notre prieur était en même temps conseiller du roi au parlement de Bordeaux, lieutenant général au siège présidial de Saintes (11 mars 1606), président du présidial en 1611, abbé de Sablonceau (25 nov. 1624), prieur de Fouras en 1626 (Dangibeaud, op. cit., p. 57 ; — *Documents*, XLVI-XLVII), prieur d'Asnières en Poitou, vers 1628, de Saint-Laurent de La Perroche en Oleron (1630), curé de Saint-Savinien (1633), abbé de Notre-Dame des Alleux et de Moustiers (1630) et prieur des Essarts. En 1629, le roi le nomma évêque de Bayonne.

Entre temps il avait épousé Marie de Maulevaut, dont il eut trois enfants, parmi lesquels Nicolas, auquel il donna sa cure et le prieuré de Fouras (mai 1626). Mais sur le refus de son fils qui n'était pas tonsuré (11 mai 1626), Raymond de Montaigne fit un second acte de renonciation. Il est probable que Nicolas finit par accepter ce bénéfice qu'il garda jusqu'en 1633 ; à cette époque, Raymond de Montaigne cède de nouveau la cure de Fouras à Pierre de Salafranque, prêtre du diocèse d'Oleron, curé de Saint-Laurent de La Prée (1613-1618), moyennant 400 livres de pension (juillet 1633). Le même jour, il accordait le prieuré d'Asnières en Poitou à Jacques Soles, clerc tonsuré du diocèse de Saintes, prieur de Saint-Gaudens de Fouras. Souvent la cure semble

____

(1) *Le présidial de Saintes : Raimond de Montaigne, 1568-1638*, par Ch. Dangibeaud ; librairie J. Baur, 1881.

annexée au monastère ou à ses ruines : de là le titre de *Prieur-Curé,* que prennent ensuite certains successeurs de Raymond de Montaigne.

Or, ces échanges de fonctions ecclésiastiques devaient exciter les critiques des calvinistes ; et pendant 17 ans, de 1633 à 1650, les fidèles de l'église allaient à Saint-Laurent de La Prée où le curé Emery de Combrouze (1637-1663) prenait un soin tout particulier du monument. (1) Les fragments des registres paroissiaux de Fouras ne conservent que la signature du curé Pléziac, de 1650 au 29 janvier 1668 : ce prêtre fut remplacé plus tard par Nicolas Ferrier (du 2 avril 1669 au 21 novembre 1679). Ensuite l'église de Saint-Gaudens resta encore sans titulaire : les jours de grandes fêtes, M^re Le Roux, curé de Voutron, venait y officier.

*
* *

En 1680, l'intendant de Demuin reçut, paraît-il, du ministre de Seignelay, des ordres formels contre les protestants. Informé de l'état d'abandon du culte à Fouras, il résolut d'y remédier en faisant donner cette cure à un homme capable de convertir les hérétiques.

Le prêtre choisi par le doyen de l'église de La Rochelle, fut messire René Faucquereau, alors âgé de 61 ans. Il était né vers 1619. (2) Dès son arrivée à Fouras, ce curé mit de l'ordre dans les archives paroissiales qu'il trouva, comme il l'écrit lui-même sur une feuille du registre de 1681, « soubz les dents des rats et souris ! »

Puis il commença la conversion de quelques pro-

---

(1) Un compte de maçonnerie, daté du 10 février 1643, fait supposer que le clocher actuel, simple tour carrée, fut édifié ou exhaussé cette année-là.

(2) Sa sœur ou sa nièce, Madeleine, morte à 69 ans, fut inhumée dans l'église le 23 novembre 1704.

testants : on dit qu'il fut aidé par les *missionnaires
bottés*, c'est-à-dire les dragons de M. de Demuin.
Ces soldats entraient dans les villages, l'épée nue
ou le mousqueton au poing, descendaient chez les
calvinistes dont ils avaient la liste, et pendant que
le prêtre catéchisait, ils mangeaient et buvaient aux
frais du nouveau catholique.

C'est probablement dans ces conditions qu'eut lieu,
le 14 octobre 1681, la conversion du seigneur du
Treuil-Bussac ; l'acte suivant est encore conservé à
la mairie :

« *Le vandredy quatrième d'octobre mil six cents
quatre vingt-un, ès présance de messire René Faucquereau, prestre, curé de St-Gaudans de Fourras,
avant mydy, et des tesmoings cy-bas nommez, Je,
Pierre d'Ansays, sieur du Treuil de Bussac, demeurant en ma ditte maison du Treuil, ay fait abjuration de la Religion calviniste que j'avais cy-devant
professé, ay embrassé la Religion catolique, apostolique et romaine, comme la cougnoissant pour
véritable, protestant moiennant la divine miséricorde, d'y vivre et mourir. Fait an l'Eglise du dit
Fouras, le jour et an que dessus, ès présance de
maître Jacques Reneau, notaire et postulant en la
chastelanie du dit Fouras ; Jean Bergeron, mar-
chant ; Pierre Moreau, sacristain ; Brunet, fabri-
queur ; Jean Guilloteau ; Loran Guiboullier, et
autres qui ont desclaré ne sçavoir signé, de ce an-
quis, fors les soussignés :*

Jean Bergeron.	Dansays du Treuil.
J. Renaud.	René Faucquereau.
	prêtre ind. curé de Fouras. »

La conversion de Jean Dansays fut-elle sincère ?
Comme disaient les Jésuites, l'important était de
proscrire « les signes extérieurs de l'hérésie ! »

Trois autres abjurations avaient précédé celle du
sieur du Treuil :

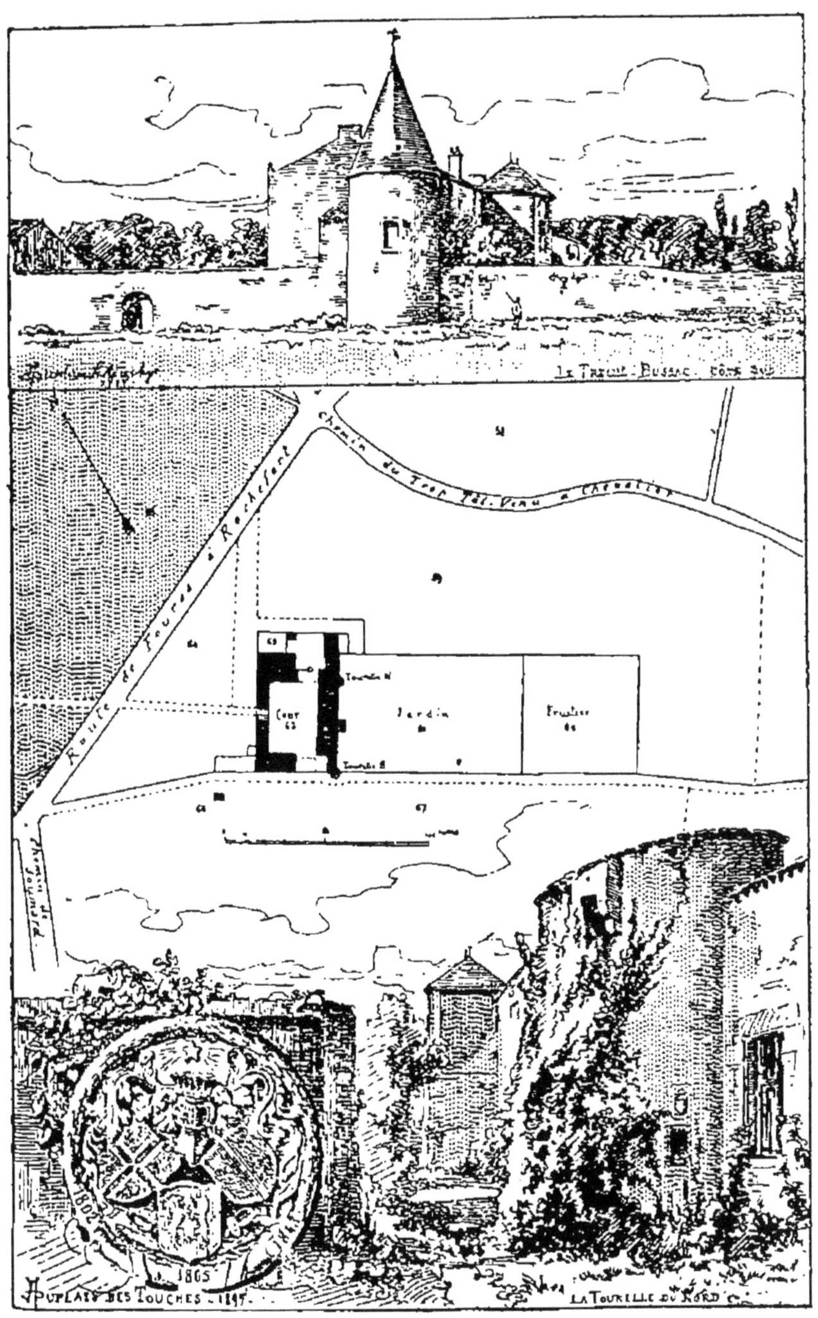

Le Logis du Treuil-Bussac, près Fouras.

Marie Lyot, âgée de 14 ans, le mercredi 17 avril 1680 ;

Sarra Lyot, sa sœur, âgée de 22 ans, le dimanche, jour de Pâques, 21 avril 1680 ; (1)

Pierre Ardouin, âgé de 18 ans, le mardi 30 avril.

Dès 1640 (12 janvier), des pères Récollets, de l'ordre de l'Immaculée Conception, étaient venus à Saint-Laurent de La Prée, aider le curé de Combrouze dans sa tâche de convertisseur : d'abord c'est le père Fr. Sébastien, qui exige l'abjuration de Jeanne Borelle, femme de Jean Fousché, ensuite le père F. Pacôme obtient la conversion de Guillaume Boissard (27 décembre 1641), fils de Jean Boissard et de Jeanne Ardouin ; en 1642, de Marie Léger, du village de La Roche ; le 7 novembre 1650, Catherine Dupuy. Plus tard, le curé Ferchaud (1663-1699) convertissait en 1665, 1er juin, Françoise Blanchet, et, le 2 mai 1666, Suzanne Guignon, de Saint-Savinien.

Sur d'autres points du littoral d'Aunis et du Poitou, à Moëze, à La Tremblade et à Mauzé, les missionnaires et les dragons commirent tant de brutalités, que Louvois, malgré sa haine contre les protestants, dut faire rappeler et envoyer en disgrâce l'intendant de Rochefort. De son côté, Colbert parvenait une dernière fois à faire défendre par le roi : « les violences qui se commettaient contre les gens de la religion prétendue réformée » et à faire suspendre « ces conversions par logements ».

Peu de temps après, les persécutions reprenaient de plus belle avec le nouvel intendant, M. Arnoul.

Et comme les protestants émigraient en grand nombre, Louis XIV s'efforça de les arrêter par la

____

(1) Cette famille demeura dans le pays : Marie, fille de Pierre Lyot et de Marie Raffeneau, âgée de 18 ans, épousa Michel Bigot (32 ans) le dimanche 24 février 1686. — Une sœur aînée, Esther, s'était alliée à Pierre Gazin, fils de Pierre G., marchand poissonnier, et de défunte Elisabeth Bonneau (5 septembre 1683).

terreur. Un édit du 18 mai 1682 décréta les galères perpétuelles pour les chefs de famille qui tenteraient de fuir à l'étranger avec leurs enfants. Cependant, les impôts devenaient exorbitants. « Ceux qui n'étaient taxés qu'à 30 livres de taille, l'an passé, raconte un émigré de 1681, sont taxés par l'intendant à 5 ou 600 livres. Tous sont obligés de déserter ! »

Alors, Mme de Maintenon écrivait, le 2 septembre 1681, à son frère Charles, comte d'Aubigné, pour lui conseiller d'appliquer à l'achat d'une terre une somme de cent huit mille livres, qu'elle venait de lui faire obtenir sur les fermes. « Les terres en Poitou se donnent *pour rien*, lui dit-elle, la désolation des huguenots en fera encore vendre... Surimeau, Saint-Pompin et plusieurs autres vont être en décret..., etc., etc. » (1)

« L'intention du roi, disaient les instructions de l'intendant, est qu'on fit entendre à tous les protestants qu'ils n'auront ni paix, ni douceur chez eux, jusqu'à ce qu'ils eussent donné des marques d'une sincère conversion. Les dragons demeureront chez les gentilshommes jusqu'à ce qu'ils soient convertis et qu'on leur fasse le plus de désordre qu'il se pourra. »

A Fouras, les huguenots durent se soumettre, se

_____

(1) La fondation de Rochefort est due aux opérations financières de la révocation de l'édit de Nantes. Colbert voulait fonder un arsenal sur la Charente. Il hésita longtemps entre Soubise, Tonnay-Charente et Rochefort. Les duc de Rohan et de Mortemart ayant refusé de vendre leurs châteaux, la cour expropria le châtelain de Rochefort, *gentilhomme calviniste*, M. de Cheusses, qui avait épousé la petite-fille d'Adrien de Lozeré, acquéreur du domaine en 1594. Ses ancêtres avaient fait des dépenses considérables pour réédifier le château, dessécher le marais, planter des futaies ; on lui promit 50,000 écus de dédommagement. Cette somme ne fut jamais versée. Comme Mme de Cheusses poursuivait ce remboursement et indemnités, la révocation de Nantes arriva. Elle et son mari eurent juste le temps de s'expatrier en Angleterre où ils moururent misérables.

montrer à l'église catholique, car les dragons y restèrent jusqu'à la fin du siècle : quelques signatures d'officiers figurent encore sur les pages des registres paroissiaux : c'était Roy de Montalle, Jacques de Grandmont, Nicolas Icobi, François Iopey, J. Morel, N. de Cadoret, etc.

Les missionnaires furent d'abord des récollets d'Oleron, puis des prêtres du Poitou : Michel More, curé-recteur des églises paroissiales de Saint-Romain de Melle et de Saint-Fascial, et Nicolas Galopin, curé de Saint-Martin de Montigny, du diocèse de Poitiers ; les conversions furent plus nombreuses qu'en 1680-1681.

1685. — Jeudi 27 septembre : Marthe Certain, âgée de 55 ans ; Daniel Sauvignon, son époux. (1)

1685. — Mardi 9 octobre : Mme Anne Delage, dame de Soumard, épouse de Lisle ; Honoré-Jacques de Lisle (2), son fils, seigneur de Soumard ; Anne-Lize, servante au logis de Soumard ; Marie Hourry, âgée de 45 ans, veuve de défunt Pierre Boteau, maréchal, et ses filles : Marie Boteau, 12 ans ; Esther Boteau, 4 ans.

1685. — Vendredi 12 octobre : Dianne Dansays, âgée de 22 ans, fille de M. Pierre Dansays, seigneur du Treuil-Bussac, et de demoiselle Jeanne Savi-

(1) Pierre Savignon, époux de Marie Ozanneau, seigneur de l'Eguille, avait son logis vers la station du casino. On lui connaît deux filles, Diane et Marie, femme de Jehan Thomas, écuyer, sieur de Chèvrerache.

(2) Les Ruban de Lisle, seigneurs de Soumart ou Saint-Marc en Fouras, ont eu leur blason enregistré par d'Hozier (Saintes, registre 1, f° 78, n° 84) : « De gueules, à 2 chevrons d'or, accompagnés de 3 croissants d'argent, celui de la pointe soutenu d'une croisette pattée d'or. » — Déjà une demoiselle de Lisle de Soumart, âgée de 16 ans, avait été enfermée, du 12 juillet 1682 au 20 novembre 1685, au couvent des Dames de la Foi. (*Nouvelles catholiques de Pons*. Recueil de la commission des arts et monuments hist. de la Charente-Inférieure, art. 30. Louis de Richemond, page 143.)

gnon, avec ses deux sœurs : Marie-Magdeleine, 14 ans ; Jeanne, 13 ans.

1685. — Mardi 16 octobre : Jean Ozanneau, demeurant en sa maison noble de La Roche, paroisse de Saint-Laurent de La Prée.

Total : 12 abjurations!

Les Dansays ont fait bâtir le logis du Treuil-Bussac dès le commencement du XVIIe siècle c'est-à-dire avant 1650. Leur écusson était : « d'azur au griffon d'or. » (D'Hozier, f° 240, n° 150. Registre 2, 9 décembre 1701.) L'une des filles de Pierre D.. et de Jeanne Savignon (toutes ces familles étaient alliées), malgré sa conversion notée à l'église de Fouras, fut enfermée trois ans au couvent des Dames de la Providence ou de Saint-Joseph de La Rochelle ; sa sortie est datée du 13 août 1695, art. 41. (1) L'aînée, Diane, épousa Abraham Gauvain, ancêtre d'une famille encore fixée à Fouras, arrière-petit-fils d'Etienne Gauvain de Beaulieu, écuyer, noble maire de La Rochelle (1621) et amiral des flottes rochelaises (1623). Jeanne devint Mme Pierre Morisseau du Pavillon, et Marie, Mme Jacques du Pérou d'Argeuille, morte de couches le 19 janvier 1700.

Les catholiques qui assistaient le plus souvent aux cérémonies religieuses étaient : Mme de Massiac de Sainte-Colombe, née Martins, femme du gouverneur militaire ; le notaire Querthon ; Robergeau, procureur fiscal ; Reneau, notaire ; les Fillou, les Télou, les Guiboullier, les Roy, les Arnotton, les Guilloteau, les Babin, les Ardouin, les Gazin, les Masson, les Delajot, les Meschain, les Bégaud, les Pasquereau, les Fruchet, pour la plupart maîtres de barques ou petits propriétaires.

Et tandis que des milliers de Français, victimes

---

(1) Voir la publication des registres par M. L. de Richemond. Recueil de la commission des arts et monuments historiques de la Charente-Inférieure, page 39.

de leur entêtement dans la foi de Calvin, réduits au désespoir, s'en allaient porter à l'étranger des âmes d'élite, le parti victorieux frappait des médailles en l'honneur de Louis XIV. Le roi très chrétien, comparé à Constantin ou à Charlemagne, est représenté en archange Michel foulant aux pieds le démon de l'hérésie.

Sur un côté de la médaille on peut lire : LVD. [OVICVS] MAG.[NVS] RELIGIONIS ASSERTOR ET VINDEX. M. DC. LXXXV. etc. Ce qui veut dire : LOUIS LE GRAND, PROTECTEUR ET VENGEUR DE LA RELIGION. 1685. — Et sur l'exergue : C. DUBOIS-GUÉRIN, DÉVOUÉ A SA MAJESTÉ, A PRIS SOIN DE GRAVER ET DE FRAPPER SUR CETTE MÉDAILLE LA REPRODUCTION DE LA STATUE DE LOUIS LE GRAND, TRIOMPHANT DE L'HÉRÉSIE, STATUE EN MARBRE PLACÉE DANS LES PALAIS PARTICULIERS. — Ce bronze mesure 63 millimètres de diamètre.

En somme, ces luttes religieuses sont profondément attristantes (1). Sous les rois, les empereurs comme en république, la liberté, je ne dirai pas de conscience, car il est des gens à la conscience trop large, mais LA LIBERTÉ DE CULTE, ayant pour base le respect des lois de Dieu, devrait être un principe universel : il doit y avoir une VÉRITÉ UNIQUE ET POSITIVE !

*
* *

Puisque ce chapitre est consacré aux églises de Fouras, il convient de citer la mission du Père Grignon, de Montfort, novembre et décembre 1714. (2)

---

(1) Les protestants se soulevèrent sous le nom de *Camisards* ou *chemises blanches,* en 1702, dans les Cévennes et battirent le lieutenant général de Languedoc (12 janvier 1703). En 1706, M. Louis Chesnel d'Ecoyeux de Fouras fut envoyé avec 50 grenadiers et un bataillon de huit compagnies de soldats de marine contre les montagnards, dont le chef, Roland, venait d'être tué par trahison.

(2) Ces lignes sont empruntées à Picot de Clorivière, page 434.

« Plusieurs paroisses demandoient avec empressement le missionnaire ; il aima mieux aller à Fouras, pauvre paroisse où il n'étoit pas demandé, parce
qu'il crut que son secours y étoit plus nécessaire
qu'ailleurs.

» Fouras n'est qu'à quatre lieues de La Rochelle,
mais il fallut y aller par des chemins de traverse,
mauvais en tous temps, que des pluies continuelles
et la mauvaise saison rendoient alors presque impra-
ticables. Ce n'étoit encore là que ce qu'il y avoit de
moins rebutant dans cette mission. Arrivé dans l'endroit, l'homme de Dieu y trouva l'église dans l'état
le plus pitoyable, de manière qu'il n'étoit pas possible d'y célébrer décemment l'office divin. La sacristie étoit dénuée de tout ce qui sert à la décoration
des autels ; le linge et les ornemens, tout y étoit
dans le plus grand désordre ; et ce qu'il y avoit de
plus digne de compassion, le peuple, depuis longtemps sans instruction, joignoit à un naturel dur et
féroce une conduite tout-à-fait déréglée. On peut
conjecturer de là combien le missionnaire et ceux
qui travailloient avec lui eurent à souffrir. Ils furent
obligés de se loger dans un vieux galetas, qu'on y
montre encore (1) ; et là, ils étoient si mal à l'abri,
et la saison étoit si rude, que souvent, au matin,
lorsqu'ils se levoient, ils trouvoient leurs lits tous
couverts de neige. De plus, ils ne trouvoient aucune
ressource dans les gens du pays ; ces hommes,
insensibles à ce qu'on faisoit pour eux, les laissoient
manquer de tout, au point que l'homme de Dieu se
vit obligé d'emprunter quelqu'argent pour subvenir
aux pressans besoins des siens. Car, pour lui-même,
quoiqu'il travaillât sans relâche tout le long du jour,
il se contentoit, au soir, d'un morceau de pain, à
peine suffisant pour entretenir la vie.

---

(1) Il m'a été impossible de retrouver ce vieux galetas. Sans
ces lignes, le souvenir de cette mission seroit sans doute perdu.

» Au milieu de tant de peines, ce qui l'affligeoit davantage, c'étoit de voir que ses paroles avoient de la peine à pénétrer dans les cœurs. La rosée du ciel tomboit sur une terre ingrate et stérile.

» Ainsi Dieu voulut éprouver, pendant quelque temps, la patience de son serviteur ; mais enfin, il se laissa vaincre par ses prières, ses larmes et ses pénitences. Il le rendit le maître de ces cœurs que rien ne paroissoit devoir toucher. Frappés, atterrés par la force de ses paroles, ils conçurent la nécessité de faire pénitence, et commencèrent à regarder l'homme apostolique comme un ange envoyé de Dieu, pour frapper dans sa justice ceux qui ne profiteroient pas de la miséricorde qui leur étoit présentée. Bientôt, il se fit dans tout ce peuple un changement miraculeux, auquel il étoit impossible de ne pas reconnoître le doigt de Dieu. Leur cœur s'ouvrit aux verités du salut ; on les instruisit surtout de ce qui regardoit les sacremens de Pénitence et d'Eucharistie, et, dès lors, on n'eut plus qu'à se louer de leur assiduité, de leur ferveur et de leur docilité à embrasser tous les moyens de salut qui leur furent suggérés.

» L'église fut réparée, la sacristie pourvue des choses nécessaires au culte divin, et le peuple vit avec admiration les saints mystères se célébrer avec une décence dont il n'avoit jamais été témoin. Pour entretenir et perpétuer dans cette paroisse les fruits de cette mission, M. de Montfort y établit, comme il le faisoit partout, la pratique de réciter le Saint-Rosaire, tant en public qu'en particulier.

» A l'issue de cette mission, l'homme apostolique passa dans l'île d'Aix. C'est une isle à trois lieues de La Rochelle, qui a une lieue de long sur une demi-lieue de large. Elle est gardée par une forteresse où il y a toujours garnison. Elle a aussi une rade où les vaisseaux de La Rochelle et de Rochefort ont coutume de mouiller. La mission qu'y fit

M. de Montfort ne dura qu'une quinzaine de jours ; c'étoit assez de temps, vu le petit nombre des habitans de l'isle, mais elle eut tout le succès qu'il pouvoit désirer . . . .

. . . .

» Lorsque M. de Montfort quitta l'isle d'Aix, le froid étoit si grand que le bâtiment sur lequel il s'embarqua étoit tout couvert de glace... » (1)

____

(1) Voir le *Bulletin des Archives historiques de Saintonge*, t. VII, p. 193. Louis-Marie Grignon, dit de Montfort, en mission en Aunis, vint prêcher à Fouras, « la plus triste paroisse du diocèse de La Rochelle » ; à Saint-Laurent de La Prée, où il est déchiré, calomnié ; à l'île d'Aix, où il enthousiasme toute la garnison et la porte à des mortifications et à des austérités inouïes. — Voir la *Vie du Père de Montfort*, p. 330, et les différentes éditions de 1724, par Grandet ; de 1785, par Picot de Clorivière ; de 1839, par le P. Dalin ; de 1874, par M. Pauvert ; de 1887, par Guérard.

CHAPITRE X

LE CHATEAU-FORT AU XVIIIme SIÈCLE
LES ANGLAIS A L'ILE D'AIX (1757). — LES CHADEAU
DE LA CLOCHETERIE DU TREUIL-BUSSAC (1731-1802).

L'hôtel des Invalides, fondé en 1670 sur les conseils
de Louvois et destiné à loger 6,000 pensionnaires,
ne pouvait plus suffire aux nombreuses victimes de
la guerre de la succession d'Espagne ; alors Fouras
devint la succursale de cet asile. En feuilletant les
registres paroissiaux on peut constater que les
casernes du fort furent occupées par une compagnie
d'invalides (1) à partir de 1717, sous le commandement de messire Jacques-Marie de Saint-Julien,

(1) Les caporaux portaient les noms bizarres de la *Force*, la
Montagne, la *Bonté*, la *Vertu*, la *Violette*, etc.

écuyer, sieur du Tiret, époux d'Angélique Lefebvre de Mouschy. (1)

Lorsque les milices chargées de la garde des côtes et du service des batteries du littoral furent organisées, Fouras fut compris dans la capitainerie de Loire ou Charente. (2)

Dans la crainte des Anglais, le gouvernement fit reprendre les travaux des fortifications de Fouras en 1753, 1755-57, sous l'inspection des ingénieurs Masse et Gibaudière (21 avril 1756). (3) Dès 1739, le corps de la ville de Rochefort adressait des observations à l'intendant sur l'abandon des batteries de l'île d'Aix et de Fouras.

Et en effet, du 20 au 22 septembre 1757, une flotte anglaise parut dans les eaux d'Aunis ; elle se composait de 17 vaisseaux de ligne, 9 frégates, deux galiotes à bombes, 92 transports et goëlettes sous les ordres de l'amiral Hawke, appuyé de Knowles et de Broderick. Jean Mordawn, lieutenant général, commandait 11,300 hommes de troupes de débarquement. Le maréchal de Sénecterre organisa la défense et le lieutenant général comte de Langeron campa sur les côtes de Fouras jusqu'au Vergeroux avec 4,000 hommes, dont 6 piquets des régiments de Bigorre et de Béarn, 300 hommes du régiment suisse de Hallmill, le régiment de Royal-dragons et 2,000 gardes-côtes. (4)

Le comte de Langeron arriva le 23 septembre ; il avait été devancé le 21 par 300 hommes du bataillon de Bigorre commandés par le lieutenant-colonel M. de Michelet ; deux bataillons du même régiment

---

(1) Cette dame fut inhumée dans l'ancienne église de Saint-Gaudens le 11 avril 1726, à l'âge de 70 ans.

(2) Arch. départ., B 97.

(3) Arch. départ., C 167, n°s 6, 7.

(4) Notes manuscrites de Pierron, ingénieur (1757). Bibl. de La Rochelle, 12.371. — Arcère, t. ii, p. 708.

gardaient le logis du Pont de la Pierre, près Angoulins et Châtelaillon.

Tandis que le capitaine de vaisseau M. du Pin du Bélugard, avec le gouverneur Louis de Beaumont, établissait en toute hâte les plates-formes du fort, Langeron se rendit au Bois-Vert et fit élever la redoute maçonnée du bourg, celles du Cadoret et du quai, et plusieurs retranchements en bois avec chemin couvert en avant du fort de L'Aiguille. Ces travaux furent exécutés du 23 au 24 ; on travailla jour et nuit. Comme le profil du fort L'Aiguille n'est pas assez élevé pour empêcher l'escalade (il était armé de 16 pièces de 24), Langeron fit ajouter un chemin couvert à 5 toises du fossé ; les batteries reçurent 22 pièces de 6 et un camp fut établi dans le Bois-Vert.

Le 23 septembre, les Anglais parurent : dès 8 heures du matin, Knowles avait détaché de son escadre le capitaine Howe et deux vaisseaux, le *Magnanime* (1) et le *Barfleur*, qui, guidés sans doute par un pilote du pays, vinrent raser la pointe Sainte-Catherine.

Les fortifications de l'île étaient insuffisantes, inachevées. Le donjon, œuvre de Vauban, renfermait 300 ou 500 hommes des milices de Poitiers ; les remparts étaient garnis de 24 pièces de canon et de 8 mortiers ; suivant la *Relation du Volontaire*, la batterie ne se composait que de 8 canons, commandés par le lieutenant M. de La Boucherie-Fromenteau. Celui-ci fit tirer sur le *Magnanime* toute sa bordée, mais le vaisseau anglais continua sa marche et vint faire feu à 200 mètres environ ; ce fut foudroyant : les murs furent éventrés ; les canonniers, effrayés par la mitraille, se jettent à plat ventre et refusent de servir malgré les imprécations de leur chef ; on compte un mort et 8 blessés dont M. de

______

(1) Ce navire français avait été capturé par les Anglais le 11 février 1748.

Puybernier, enseigne de vaisseau. Le commandant du fort amène aussitôt le pavillon et demande à capituler : les miliciens, les canonniers, les matelots, les maçons sont faits prisonniers de guerre et embarqués sur la flotte ; les officiers d'artillerie et les bombardiers restent libres, à condition de ne pas servir pendant les hostilités ; ainsi l'île d'Aix fut prise en une heure ! (1)

Du 24 au 28, quelques embarcations anglaises firent des sondages devant Angoulins, bombardèrent la pointe des Minimes, capturèrent un canot où se trouvaient des dames de La Rochelle ; on les renvoya à terre fort galamment.

Pendant ce temps, Hawke occupait le mouillage de la rade des Basques avec toute sa flotte.

Le jeudi 29, à 10 heures du matin (2), une galiote anglaise s'avance par l'île d'Enet jusque sous le fort de Fouras et lance cinq bombes qui tombèrent dans la mer, à plus de 30 toises des murs. Aussitôt deux de nos chaloupes carcassières, montées d'un canon de 24 à l'avant, arrivent sur elle et tirent quelques volées qui l'endommagent, mais une frégate force nos chaloupes de rentrer dans la Charente.

Le conseil de l'amiral anglais hésita à s'aventurer dans les contours de la Charente, mais Knowles ne voulut pas abandonner ces eaux charentaises sans donner à ses troupes le plaisir d'un débarquement après la victoire facile du 23 septembre : cette promenade à terre dura deux jours, du 29 au 1er octobre : les Anglais débarquèrent à l'ancienne jetée, en face les premières maisons de l'île qui à cette époque n'étaient pas protégées par le rempart (voir ma carte

____

(1) *Les Anglais à l'île d'Aix en 1757*, par M. de La Morinerie. *Bulletin des Archives historiques*, 1889, pages 115-128.

(2) Arcère, additions, t. II, p. 709. *Journal* d'un capitaine de Béarn. — Dans M. de La Morinerie, il est question de la nuit du 29 au 30.

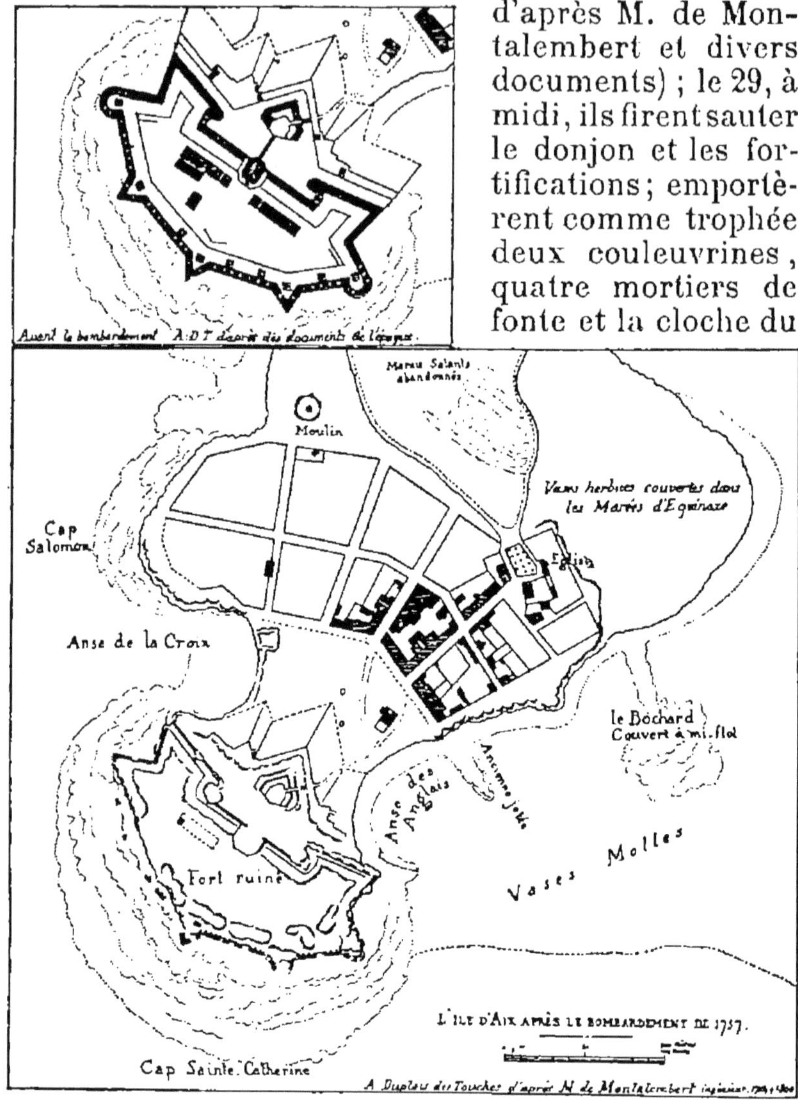

Avant le bombardement. A. D. T. d'après des documents de l'époque.

L'ILE D'AIX APRÈS LE BOMBARDEMENT DE 1757.

A. Duplou des Touches d'après M. de Montalembert ingénieur 1704-1800

d'après M. de Montalembert et divers documents) ; le 29, à midi, ils firent sauter le donjon et les fortifications ; emportèrent comme trophée deux couleuvrines, quatre mortiers de fonte et la cloche du fort ; brûlèrent les casernes et le domaine de Beauséjour (Bois joli ?) ; dévastèrent les caves de la villette, ensuite coururent à l'église : le tableau du maître-autel fut mis en lambeaux, le tabernacle brisé, la stalle de la chapelle de la Vierge renversée, les livres déchirés ; les matelots ivres prirent les soutanes du curé, la bannière et la croix, puis jetèrent le tout à la mer après une cavalcade digne de la fête des fous. Le clocher fut abattu, la cloche emportée. A côté de ces orgies qui rappellent toute invasion, mais principalement les descentes des Normands de 843 à 865, il y a des traits de délicatesse remarquable chez les officiers : ainsi on les voit se cotiser et donner 50 écus à une pauvre femme, qu'un matelot a insultée et dont la maison a été brûlée ; ils donnent 2,000 livres aux habitants, à titre de réparation, et vont jusqu'à payer les provisions trouvées dans les magasins de l'Etat, ou les raisins qu'on a coupés et emportés à pleins canots.

Cette expédition terminée, Knowles rejoignit l'amiral à sa ligne de bataille, devant Angoulins.

Et tandis que tout le littoral s'attendait à une attaque formidable, les Anglais disparaissent et gagnent la pleine mer. C'était fini !

Trois jours après, chants d'allégresse à Rochefort, à Fouras, à La Rochelle, à Angoulins ; en France, on rit de tout, quand le danger est passé, et un jésuite, le P. Bonaventure Giraudeau, poussa l'ironie jusqu'à composer un poème épique en vingt chants, c'est-à-dire vingt vers :

L'AIXIADE

ou l'Isle d'Aix conquise par les Anglois,
poème héroïque en vingt chants,
Dédié à M. le maréchal de Sénecterre.

Je chante d'Albion la fameuse entreprise
Si longtemps annoncée à l'Europe surprise, *etc.*

. . . .

Que dis-je ? Je les vois : déjà Mordaunt et Hauke
Ont pris de l'isle Daix l'importante bicoque ;
Après un si beau coup et de si grands efforts,
Glorieux, triomphans, ils rentrent sur leurs bords,

Retournent à Portsmouth, annoncent leur conquête, *etc.* (1)
Aix est pris et rendu ; le poème est fini. (2)

Cependant tout le littoral était dévasté par nos troupes. Alors le seigneur de Fouras, Jean Frétard de Gadeville, adressa un placet au marquis de Paulmy, ministre de la guerre, pour réclamer une indemnité. Ses plaintes furent écoutées et l'intendant Baillon nomma une commission d'enquête composée de Pierre-Charles Fichon, conseiller du roi, maître particulier de la maîtrise des eaux et forêts de Rochefort, de Moutier et Champion, marchands de bois, de Nicolas Guilloteau et Jean Gaultier, entrepreneur d'ouvrages militaires. Ceux-ci, réunis le 19 mai 1758, comptèrent, dans le Bois-Vert, 3.000 baliveaux coupés à 3 livres pièce ; 1.500 livres pour taillis coupés ; 1.800 livres pour bois défriché ou brûlé ; dans la Garenne, 1.500 pieds de chênes coupés, 4.500 livres ; 1.500 livres pour les cépées dévastées ; 1.125 livres pour les dégradations du Pré du quai (levée de gazon pour les batteries) : Total : 19.425 livres.

Les archives consultées ne disent pas si M. de Gadeville reçut cette indemnité. (3)

A cette époque, Fouras comptait 118 feux et payait 2.000 livres de taille, 266 livres d'ustensiles, 6 livres

-----

(1) M. de La Morinerie a publié une curieuse série de chansons, de calembourgs, à propos de cette expédition qui était le prélude de l'écrasement de la flotte française à Belle-Isle.

(2) Je me suis formé une curieuse collection de cartes et de plans de l'embouchure de la Charente au moment du bombardement de 1757. Les gravures anglaises, assez inexactes, sont de trop grandes dimensions pour être reproduites dans ce volume. En voici les titres : Fort de L'Aiguille; Fort Fouras; A view of the fort in the island of Aix, demolished by the English ; A prospect of the Land about the mouth of the river Charante, from fort de l'Aiguille to l'isle Madame, taken about 5 miles distant ; engraved by thos deffrys, 1760, 0,62 c. × 0,019.

(3) Archives de M. de Saint-Marsault, au château du Roullet, t. c, p. 10.

de chambre de commerce, 52 livres pour les milices gardes-côtes, 34 livres pour le logement du curé, 75 livres pour le maître d'école (1), 5 livres pour un commissaire des guerres et un ingénieur (2), 832 livres pour la capitation. Total : 3,270 livres. Aujourd'hui les impôts directs et communaux produisent plus de 50.000 francs.

Une brigade d'employés des tabacs fut établie à Fouras en 1758.

*
* *

Puisque je parle des grandes luttes maritimes de la France et de l'Angleterre au xviiie siècle, il est juste de consacrer quelques pages à une famille d'officiers célèbres, aux *Chadeau de La Clocheterie*, qui possédèrent, par alliance, la seigneurie du Treuil-Bussac, paroisse de Fouras, de 1731 à 1802. Elevés à Rochefort, ces enfants venaient passer leurs vacances dans le vieux logis restauré par les parents de l'auteur de ces lignes ; c'est là qu'ils célébraient leurs fêtes de famille ; c'est là qu'ils embrassaient leur vieille mère au retour des expéditions périlleuses. Ils y ont passé les meilleurs jours de leur vie et on peut voir encore, sur une pierre du petit porche, le dessin d'un cutter, gravé au couteau par un de ces marins de naissance ! Fouras est donc leur pays ! !

A dire vrai, leur famille était de Saintes : le père du premier officier, Nathanaël, était chirurgien dans cette ville, au commencement du xviie siècle ; ce

---

(1) Voir à la fin du livre l'étude sur *l'Instruction primaire à Fouras avant et après 1784.*

(2) Arch. dép., C. l. 75. En 1758, toutes les paroisses de l'élection de La Rochelle furent imposées de 500 livres d'impôt supplémentaire pour le logement d'un commissaire provincial des guerres (400 livres) et d'un ingénieur en chef à Fouras (100 livres). En 1756, Fouras, art. 31, paya 2,350 livres de taille ; en 1763, 972 livres. En 1756, Saint-Laurent de La Prée, 181 feux, donnait 3,800 livres de taille ; en 1763, 2,040 livres.

nom de *La Clo-
cheterie* venait
d'une terre qu'il
possédait dans la
paroisse d'Ecu-
rat. (1)

Isaac-Louis Ier,
fils de Nathanaël
et de Jeanne Fleu-
risson, né à La
Rochelle vers
1625 (?), avait été
nommé par la
compagnie des
Indes, en 1665,
commandant de
la frégate l'*Aigle-
Blanc* et fit la tra-

____

(1) Communication
de M. de La Morinerie.

versée de Madagascar. Avec ce seul navire, il enleva aux Espagnols deux grands bâtiments chargés de piastres, d'esclaves, et rentra peu de temps après dans la rade de Brest, avec 16 navires capturés, à la queue du sien. Après de pareils exploits, le roi le nomma capitaine de frégate en 1666, puis capitaine de vaisseau en 1671. En 1670, il fit le voyage de

l'Acadie à bord du *Saint-Sébastien* ; en 1672, il commandait le *Sans-Pareil*. Envoyé aux iles d'Amérique (1675-76), il fit, malgré les ordonnances, le commerce du sucre et de l'indigo ; à son retour, il fut arrêté, interdit et enfermé dans les tours de La Rochelle (1). On le relâcha la même année ; mais, comme il était protestant, il fut encore emprisonné en 1689. A la fin il se convertit et reçut 1.000 livres de pension. En 1693, il commandait le vaisseau *Le*

---

(1) Archives de la marine, B2, 17 à B2 72.

Palmier, de l'escadre de M. de Pointis, pour l'expédition de Tabago, dans les Antilles. (1) Il mourut le 24 août 1696, dans son logis de La Clocheterie.

De son mariage avec Esther Dat, protestante, il eut un fils, Isaac II, qui servit l'Etat en qualité de lieutenant des gardes-côtes de l'île de Ré, capitaine de flûte, puis comme capitaine de brûlots, jusqu'à sa mort (1733). Il avait épousé Suzanne Favreau, fille de Jacques Favreau, sieur de La Pascaudière. Sa femme abjura le protestantisme le 29 décembre 1697, à Soubise. (2)

Pendant son séjour à Rochefort comme capitaine de brûlots, Chadeau de La Clocheterie fit connaissance des Daniaud, négociants de Soubise, et des Morisseau du Pavillon, officiers de marine; le 23 février 1708, il fut même parrain de Catherine Daniaud, celle qui devait être la femme de son fils. Timothée Daniaud (1664-1742), négociant (3) riche et instruit, fut maire de Rochefort en 1722, 1724 et 1728. Il avait acheté à Fouras, en 1717, la métairie de Chevallier et la seigneurie du Treuil-Bussac dont il fit hommage au roi, le 31 mars 1718 ; il avait épousé une jeune fille de 15 ans, Jeanne Vrignaud (16 juin 1689), dont les parents faisaient aussi le commerce de la soierie.

Donc, Isaac Chadeau de La Clocheterie et Suzanne Favreau eurent un fils, Isaac III, qui, après avoir été reçu dans la compagnie des gardes de la marine, le 30 juillet 1713, sous-brigadier le 9 avril 1725, brigadier le 1er janvier 1730, chef de brigade le 1er octobre 1731, aima la filleule de son père, Catherine Daniaud, au Treuil-Bussac, et l'épousa. La cérémonie eut lieu dans l'église de Fouras et toute la noblesse et la bour-

---

(1) Louis de Richemond et Feuilleret, *Biographie de la Charente-Inférieure*, 1877, t. I, p. 131.

(2) E. Lételié, *Marennes et la côte saintongeaise*, p. 190, 1890.

(3) Il faisait le commerce des draps de soie. (Arch. nat., P 440.

geoisie signèrent l'acte de mariage (4 décembre 1731).
Dès lors, les Chadeau de La Clocheterie devinrent
les habitants du Treuil, et à la mort de Timothée
Daniaud (17 janvier 1742), sa fille, Mme de La Clocheterie, devint dame du Treuil-Bussac, après le
partage avec ses deux sœurs, Mme Lambert (1) et Mme
Chauvet du Breuil. On verra plus loin sa nombreuse
progéniture.

Isaac III, l'époux de Catherine Daniaud, opta pour
la marine et devint enseigne de vaisseau le 18 février 1733, lieutenant le 1er mai 1741. Il comptait
17 campagnes et mourut en 1747, dans le combat
livré contre les Anglais, par l'escadre de M. de La
Jonquière. C'était au mois de mai : l'escadre française, composée seulement de cinq vaisseaux de
ligne, avait reçu l'ordre d'escorter un riche convoi
marchand ; elle fut rencontrée, à la hauteur du cap
Finistère (Galice), par seize vaisseaux de ligne
anglais, que commandaient l'amiral Anson et le
contre-amiral Waren. Les Français sauvèrent la
plus grande partie de la flotte marchande par l'opi-
niâtreté de leur résistance ; mais le chef d'escadre
de La Jonquière, accablé par le nombre, fut forcé
de se rendre avec ses vaisseaux et sept navires de la
Compagnie des Indes. M. de La Clocheterie était
alors commandant en second du vaisseau le *Sérieux*,
dont le capitaine, M. d'Aubigny (2), avait été mis
hors de combat dès le début de l'affaire. Quelques

----

(1) Marie Daniaud, v^e de M. Honoré-Henry Lambert, lieutenant général au S. R. de Rochefort. Date du contrat, 15 juin 1710.
Marie Daniaud, v^e de M. Chauvet du Breuil, conseiller, avocat
du roi au bureau des finances de La Rochelle (1712). Elle se remaria, le 26 juin 1745, à Jean-Jacques-Paschal d'Abadie, seigneur
en partie de Taugon-La Ronde, conseiller du roi, commissaire
de la marine au département de Rochefort, veuf de Marianne de
La Coste. (Registres paroissiaux de Fouras, papiers de famille
et communication de M. de La Morinerie.)

(2) D'après Léon Guérin, *Histoire maritime*, t. II. page 241, ce
vaisseau était commandé par M. de La Jonquière lui-même.

instants après, La Clocheterie était lui-même ren-
versé par un coup de canon qui lui coupait les deux
jambes. Ne voulant pas quitter son poste ni per-
mettre qu'on le transportât dans l'entrepont pour le
panser, il se fit relever sur ses tronçons de jambes;
appuyé sur la lisse du fronton du château d'avant,
il continua à donner des ordres, à encourager les
officiers et les équipages jusqu'au moment où il fut
enfin écharpé par une salve de mitraille.

Le souvenir de cette mort héroïque resta longtemps dans la mémoire des gens du pays. Non seulement le deuil était au logis du Treuil-Bussac, mais
encore bon nombre de mères pleuraient leurs fils,
dans les chaumières. La Clocheterie avait, autour
de lui, des matelots fourasins, et on lit sur une page
des registres paroissiaux cette déclaration à la date
du 26 décembre 1750 : « Aujourd'hui... a été inhumée... Jeanne Martinaud, épouse de Nicolas Doyen,
matelot, embarqué sur le vaisseau le *Sérieux*, il y
a environ 3 ans, lequel Doyen est dit mort dans les
prisons d'Angleterre. »

Le roi accorda à ses fils des lettres de noblesse
publiées par Arcère, tome II, p. 710. (Versailles,
octobre 1749.)

Chadeau de La Clocheterie, dont je viens de ra-
conter la mort héroïque, avait eu neuf enfants de
Catherine Daniaud : 1° et 2° deux jumeaux, nés à
Rochefort le 22 décembre 1732 et baptisés le lendemain, Isaac et Timothée. Le premier fut parrain de
la vieille cloche de l'église de Saint-Gaudens de
Fouras, le 23 février 1739, avec Mlle Madeleine
Dières, fille de Pierre Dières, écrivain principal de
la marine au port de Rochefort; 3° Suzanne-Bénigne,
née à Rochefort le 11 juin 1734, inhumée en cette
ville le 11 février 1740; 4° Honorée, née à Rochefort le
17 novembre 1737, inhumée à Fouras le 25 décembre
1738 sous le nom de Marie; 5° Pierre-Honoré, né à
Rochefort le 19 février 1739; 6° Jean-Isaac-Timothée,

né à Rochefort le 23 février 1741, qui va suivre ; 7° Timothée-Isaac, né à Rochefort le 16 juin 1744 ; 8° Suzanne-Esther-Honorée ; 9° Louis-Laurent, né à Rochefort le 28 février 1747, deux mois avant la mort de son père.

Jean-Isaac-Timothée (n° 6), marié à Jeanne-Louise de Chavagnac le 17 novembre 1779, garde de la marine le 4 juillet 1754, enseigne de vaisseau le 17 avril 1757, fait prisonnier de guerre lors de la prise du vaisseau le *Belliqueux*, 1758, repasse en France en avril 1759, lieutenant d'artillerie le 15 janvier 1762, lieutenant de vaisseau le 18 août 1767, lieutenant en 1er d'apprentis canonniers 1er janvier 1768, capitaine de fusiliers 1er janvier 1770, capitaine en 2e d'apprentis canonniers 1er janvier 1775, chevalier de Saint-Louis le 28 juin 1775, capitaine en 1er de bombardiers 1er juillet 1777, commande la frégate la *Belle-Poule* au fameux combat du 17 juin 1778, contre la frégate anglaise l'*Aréthuse*, étant à la découverte à 4 lieues de Brest.

A toutes les interprétations des historiens, je préfère citer textuellement le rapport (1) du chevalier de La Clocheterie au vice-amiral Louis Guillouet (2), comte d'Orvilliers :

---

(1) Ce document a déjà été publié dans *Les marins rochelais*, notes biographiques par L. de Richemond, 1870.

(2) Le comte d'Orvilliers, né à Moulins en 1708, servit d'abord dans l'infanterie, entra dans la marine en 1728, devint capitaine de vaisseau en 1754, lieutenant général en 1777, reçut le commandement de la flotte de Brest et livra une bataille indécise et sanglante à l'amiral Keppel, à la hauteur d'Ouessant, le 27 juillet 1778. Il avait épousé, le 31 août 1747, une nièce du seigneur de Fouras, Marie-Madeleine Chesnel (1711-1780), fille de Charles-Louis, seigneur d'Ecoyeux, capitaine de vaisseau, chef d'escadre, et de Thérèse-Gabrielle Chasteignier de Saint-Georges. Son fils étant mort en 1779 et sa fille en 1774, M. d'Orvilliers se retira au monastère de Saint-Magloire, à Rochefort, en 1783, et quitta la France à la Révolution. On ignore ce qu'il est devenu. (Notes diverses communiquées par M. P. de Lacroix, bibliothécaire à Cognac).

« Mon général,

Les vents du nord qui m'ont fait partir de Brest le 15 de ce mois (juin 1778) ont régné jusqu'à mardi, à minuit, très faibles ; ils ont passé alors à l'ouest-sud-ouest, et j'ai mis le cap au nord-nord-est, ce qui me portait entre le cap Lézard et Plymouth.

Mercredi, le 17, à dix heures du matin, j'ai eu connaissance, du haut des mâts, de quelques bâtiments exactement de l'avant à moi ; je les ai signalés sur le champ à la *Licorne* et à l'*Hirondelle* que j'avais laissées assez loin derrière moi. A dix heures et demie, j'ai commencé à soupçonner que ce pouvait être une escadre, et j'ai fait signal aux bâtiments qui me suivaient de tenir le vent, les amures à bâbord, et je les ai prises moi-même. J'ai compté peu d'instants après vingt bâtiments de guerre, dont quatorze au moins de ligne. J'ai fait le signal de virer de bord ; j'étais établi au même bord que les Anglais à onze heures du matin : ils étaient alors à environ quatre lieues dans le nord-est 1/4 et les vents à l'ouest-sud-ouest.

A une heure et demie après midi, j'ai doublé la *Licorne* (1) au vent, et j'ai dit à M. de Bélizac, son commandant, que je le laissais le maître de la manœuvre qu'il jugerait la plus convenable pour échapper à la poursuite des Anglais, et j'ai fait signal à l'*Hirondelle* de relâcher où elle pourrait.

Je voyais alors qu'une frégate et un sloop me joignaient ; j'ai gardé le lougre avec moi. A six heures, j'ai été joint par le sloop qui porte dix canons de 6 ; il m'a hêlé en anglais, je lui ai dit de parler français ; il a reviré et a été joindre la frégate.

A six heures et demie, cette frégate est arrivée à

---

(1) Invitée, avec toute l'honnêteté possible, suivant l'expression de Keppel, à se rendre à poupe du *Victory*, monté par cet amiral, la *Licorne* succomba devant la supériorité des forces anglaises.

COMBAT DE LA FRÉGATE LA BELLE-POULE COMMANDÉE PAR M. JEAN-ISAAC-TIMOTHÉE CHADEAU DE LA CLOCHETERIE, CONTRE LA FRÉGATE ANGLAISE L'ARÉTHUSE A LA VUE DE L'ESCADRE DE S. M. BRITANNIQUE, 17 juin 1778

Fac-simile d'un dessin à la plume de A. Duplais des Touches, d'après une peinture de Jugelet.

portée de mousquet dans ma hanche, sous le vent : le vaisseau de l'escadre le plus près de moi en était alors éloigné d'environ quatre lieues. Cette frégate a cargué sa grand'voile ; j'en ai fait autant et j'ai même arrimé mes perroquets et mis celui de fougue sur le mât, afin de ne pas rester dans une position tout à fait désavantageuse. La frégate anglaise a manœuvré comme moi ; alors j'ai amené brusquement ; elle en a fait autant et nous nous sommes trouvées par le travers l'une et l'autre, à portée de pistolet.

Elle m'a parlé en anglais, j'ai répondu que je n'entendais pas ; alors elle m'a dit en français qu'il fallait aller trouver son amiral. Je lui ai répondu que la mission dont j'étais chargé ne me permettait pas de faire cette route. Elle m'a répété qu'il fallait aller trouver l'amiral ; je lui ai dit que je n'en ferais rien.

Elle m'a envoyé alors toute sa volée (1), et le combat s'est engagé : il a duré depuis six heures et demie du soir jusqu'à onze heures et demie, toujours à la même portée, par un petit vent qui permettait à peine de gouverner. Nous courions l'une et l'autre grand largue sur la terre : j'ai lieu de présumer qu'elle était réduite alors, puisqu'après être arrivée vent arrière, je lui ai donné plus de 50 coups de canon dans sa poupe, sans qu'elle en ait riposté un seul.

Cette frégate est de la force de la *Fortunée* et porte, comme elle, vingt-huit canons de 12 en batterie ; il m'a été impossible de la poursuivre, parce que la route qu'il fallait faire pour cela me menait au milieu des ennemis. J'ai donc pris le parti de courir à terre, sans savoir à quel point je pouvais atteindre. J'ai mouillé très près de terre à minuit et

---

(1) Quelques historiens ont écrit que le capitaine Marshall, commandant de la frégate l'*Aréthuse*, avait envoyé un seul coup de canon.

demi ; au jour, je me suis trouvé entouré de roches, à un endroit qu'on appelle Camplouis, auprès de Plouëscat ; j'ignore encore si je pourrai m'en tirer.

Le combat, mon général, a été très sanglant. J'ai 57 blessés ; je ne sais pas encore au juste le nombre des morts, mais on croit qu'il dépasse 40. M. *Green de Saint-Marsault* est du nombre de ces derniers ; M. *de La Roche-Kerandraon*, enseigne, a un bras cassé (fut décoré de la croix de Saint-Louis), et M. *Bouvet* (devenu l'un des plus illustres officiers généraux de la marine) est blessé moins grièvement.

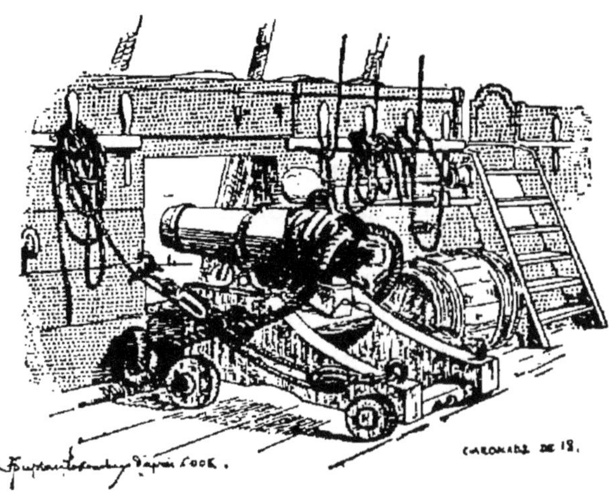

Je ne saurais trop louer, mon général, la valeur intrépide et le sang-froid de mes officiers. M. le chevalier *de Cappelis* a su inspirer toute son audace aux équipages dans la batterie qu'il commandait ; M. *de La Roche*, blessé après une heure et demie de combat, est venu me faire voir son bras, a été se faire panser et est revenu reprendre son poste.

En général, le combat s'est très bien soutenu jusqu'à la fin ; MM. *Damard* et *Sebirre*, officiers auxiliaires, se sont comportés avec toute la bravoure et le sang-froid qu'on a le droit d'attendre des militaires les plus aguerris. M. *Bouvet*, blessé assez grièvement, n'a jamais voulu descendre; mon équipage est digne de partager la gloire que se sont acquise mes officiers.

M. *Green de Saint-Marsault* a été tué après une heure et demie de combat; le roi a perdu l'un de ses meilleurs officiers et je regrette un ami bien cher. (1)

Je crois la *Licorne* prise ainsi que le lougre, mais je me flatte que l'*Hirondelle* a échappé aux ennemis.

Deux vaisseaux de guerre anglais sont à deux lieues de moi; ils paraissent vouloir entreprendre de venir me chercher; je doute qu'ils y réussissent, parce que je suis fort entouré de roches, mais je n'ai qu'une très faible espérance de sauver la frégate. Le lieu où je suis n'étant éloigné que de trois lieues du Folgouët, je prends le parti d'y envoyer mes blessés. Mon chirurgien-major vous portera cette lettre, mon général. Je l'expédie parce que personne n'est plus propre que lui à leur faire donner tous les secours dont ils ont besoin, et que c'est un exprès sûr.

Deux contusions, l'une à la tête et l'autre à la cuisse, me font souffrir actuellement, de manière que je n'ai guère la force d'écrire plus longtemps, ce qui m'engage à vous prier, mon général, de vouloir bien faire passer ma lettre à M. de Sartine, ministre de la marine, si vous le jugez à propos.

Mes blessures ne sont pas dangereuses.

J'ai oublié de vous parler de M. *de Basterot* et du chevalier de La Galernerie, gardes de la marine. Ils se sont comportés en gentilshommes français.

Je suis tout dégréé, mes mâts ne tiennent à rien;

____

(1) Mlle de Saint-Marsault, sœur de l'officier, reçut une pension sur les fonds des Invalides, ainsi que les veuves et les enfants des marins qui avaient succombé dans le combat.

le corps de la frégate, les voiles, tout, en un mot, est criblé de coups de canon, et je fais de l'eau.

Je suis avec respect, mon général, etc.

Le lieutenant de vaisseau commandant
la Belle-Poule,

Signé : CHADEAU DE LA CLOCHETERIE.

A bord de la *Belle-Poule*, le 18 juin 1778. » (1)

On m'a communiqué un bon signé par l'illustre marin ; en voici le texte avec le fac-simile de sa signature :

« LA BELLE-POULE

Article de l'armurier : à changer un grand étoc, un marteau.

A Brest, le 27 mai 1778.

GREEN DE SAINT-MARSAULT.

Bon : FRABOULET. »

Ensuite, La Clocheterie, malgré ses blessures et ses avaries, se retira dignement devant deux vaisseaux de ligne tout frais, qui ne purent le poursuivre à cause des roches qui environnent la côte et le hâvre d'Abervrach, et rentra à Brest aux acclamations de la rade.

Le duc de Chartres s'est transporté à bord, a embrassé La Clocheterie, a complimenté tout l'état-major, ainsi que l'équipage extrêmement sensible

______

(1) Archives de la Marine, dossier La Clocheterie.

à cet honneur et encore plus à une bourse de louis qu'il a distribués.

Ce n'était là qu'une passe d'armes, mais elle avait

été si belle et si sanglante que l'enthousiasme populaire eut autant de part que la politique de Versailles dans le bruit qu'elle fit : le nom de La Clocheterie fut sur toutes les bouches. Les femmes adoptèrent la coiffure à *La Belle-Poule,* vaste machine qui représentait un navire de guerre avec ses mâts, ses voiles et ses agrès. (1)

Ce qui releva encore toutes ces faveurs fut la longue lettre que le ministre Sartine adressa à La Clocheterie :

« Versailles, 23 juin 1778.

» M. le comte d'Orvilliers m'a envoyé, monsieur, le récit que vous lui avez adressé du combat que vous avez soutenu, le 17 de ce mois, contre une frégate anglaise de 28 canons, à la suite de l'insulte qu'elle avait dû faire au pavillon du roi. Votre récit a été mis sous les yeux de S. M.; elle me charge expressément de vous témoigner combien elle est satisfaite de la fermeté et de la valeur avec lesquelles vous avez défendu la frégate et soutenu l'honneur de son pavillon. (2)

» Il ne lui a pas échappé que la frégate anglaise, combattant à vue de son escadre, avait sur vous, par cette circonstance, un avantage de position qui ajoutait à sa force, et qu'il ne fallait pas moins que la bravoure et l'intrépidité dont vous avez donné l'exemple à vos officiers et à votre équipage, pour parvenir à obliger à la fuite un ennemi qui se sentait appuyé et qui était assuré de pouvoir, à tout événement, se réfugier sous le canon de son escadre.

---

(1) *Dict. général des lettres, des beaux-arts,* etc., par Bachelet, p. 556. Ch. Delagrave, éditeur.

(2) Louis XVI, dit l'historien Amédée René, dont les scrupules tournaient souvent en illusions, crut sa conscience déchargée, parce que le capitaine anglais avait tiré le premier. Le roi avait raison : deux navires, de nations prétendues civilisées, ne devaient pas se bombarder sans motif, comme des pirates.

» S. M. a vu avec intérêt le détail dans lequel vous êtes entré ; elle a bien voulu me marquer le regret de la perte de M. de Gréhan (1), dont elle connaissait le mérite, et de celle de tous les braves gens qui combattaient sous vos ordres.

» Elle a été très satisfaite du courage... de M. de La Roche de Kerandraon... de la fermeté de M. Bouvet... (etc.)

» Je ne doute pas que vous mettiez tout en usage pour retirer votre frégate du mouillage que vous avez été obligé de prendre. C'est le théâtre de votre gloire, et je suis assuré que la *Belle Poule*, sous votre commandement, ne démentira jamais la célébrité que votre valeur vient de lui acquérir. J'ai l'honneur d'être... »

Non content de cette lettre officielle, le ministre avait ajouté ce post-scriptum de sa propre main : « Le roi est parfaitement content de vous ; votre combat vous fait honneur ; il est de bon exemple ; votre bravoure sera toujours de même ; je vous procurerai les moyens de l'exercer. Vous avez bien justifié le choix que j'ai fait de vous pour commander ; votre réputation l'avait décidé, et aujourd'hui vos actions parleront pour vous. Vous avez été bien secondé par votre état-major et votre équipage. S. M. en est aussi très satisfaite, et je vous charge de leur transmettre cette satisfaction et mon estime.

» Le roi a perdu un bon officier dans la personne de M. de Gréhan, je le regrette comme tel, et partage votre douleur sur sa perte. » (2)

La façon dont La Clocheterie apprit sa nomination de capitaine de vaisseau est assez originale ; elle est contée dans l'*Histoire maritime de France* de Léon Guérin (t. ii, p. 410), d'après l'« Histoire des

---

(1) Faute d'orthographe pour M. Green de Saint-Marsault.
(2) *France maritime*, par Amédée Gréhan, 2ᵉ vol., page 237, 1852. Dutertre, éditeur.

événements militaires et politiques de la dernière guerre dans les quatre parties du monde », par de Longchamps, 3ᵉ édition, Amsterdam et Paris, 1787. Le brave commandant faisait une partie de piquet chez le comte de Maurepas; le roi entra et ne voulut point qu'on se dérangeât. Alors, quelqu'un des assistants ayant dit que M. de La Clocheterie avait beau jeu, S. M. prit la parole et ajouta : « M. de La Clocheterie a beau jeu partout. » Un moment après, le roi, s'adressant à cet officier, lui dit : « J'ai des reproches à vous faire, monsieur de La C..., je ne vous croyais pas si inconstant. — Comment, sire, ai-je pu mériter ?... — Oui, oui, je sais que vous êtes infidèle à la *Belle-Poule*. — Moi, sire...? — Ne cherchez pas à vous défendre ; il est sûr que vous la quittez pour un vaisseau de 64 canons. » A ces mots, M. de La Clocheterie se jette aux pieds du roi qui le relève avec bonté.

*
* *

Afin de perpétuer dans la famille de La Clocheterie le souvenir de ce succès, qui commençait la guerre d'Amérique avec éclat, Louis XVI envoya au logis du Treuil-Bussac un tableau représentant l'action de la *Belle-Poule*. Sur le cadre on lisait cette inscription :

DONNÉ PAR LE ROI EN 1790 A M. LE CHEVALIER DE LA CLOCHETERIE.

« *Combat rendu dans la Manche, le 17 juin 1778, par la frégate la* BELLE-POULE *de 26 canons, commandée par M. de La Clocheterie, lieutenant de vaisseau, contre la frégate anglaise l'*ARÉTHUSE, *de 28 canons, à la vue de l'escadre de S. M. britannique commandée par l'amiral Keppel.* »

Ce tableau, ajoute Rainguet (1), appartient aujour-

---

(1) *Biographie saintongeaise*, p. 140, 1857.

d'hui à M. Jacques de Saint-Légier de La Sausaye, un des petits-neveux du chevalier de La Clocheterie. Le même motif, peint par Jugelet (1), fait partie de la Galerie historique de Versailles (n° 425) : il a été gravé par Chavanne, et une troisième copie est conservée au musée de la ville de Rochefort (n° 102 du catalogue) : elle a été donnée par l'Etat en 1876.

Malheureusement, le héros de cette rencontre célèbre, après avoir commandé le *Jason*, escadre de M. de Ternay, au combat du 16 mars 1781, devait trouver la mort le 12 avril 1782, sur le vaisseau l'*Hercule*, au funeste combat des Saintes, livré contre les Anglais par l'amiral de Grasse dans la mer des Antilles. Ce vaisseau l'*Hercule*, de 74 pièces, devait être sorti des chantiers de Rochefort en 1778.

La veuve de La Clocheterie, Louise de Chavagnac, 34 ans, reçut une pension de 1.500 fr. sur le trésor royal ; elle épousa en secondes noces Louis Froger, chevalier, seigneur de l'Eguille, capitaine de vaisseau, chevalier de Saint-Louis. (2)

Timothée Isaac, le n° 7, garde de la marine, 18 sept. 1762, enseigne de vaisseau, le 15 novembre 1771, 3ᵉ sous-aide major d'infanterie 1ᵉʳ décembre 1773, lieutenant de vaisseau 14 février 1778, aide-major de la marine 1ᵉʳ juillet 1779, chevalier de Saint-Louis le 3 novembre 1781, major de vaisseau le 16 décembre 1786, en congé de 6 mois le 4 mai 1791, ne figure plus sur les listes de la marine en 1792. (Disparu.)

L'autre officier de marine de ce nom, Louis-Laurent, le n° 9 (1747-1795), garde de la marine en 1762, enseigne en 1772, lieutenant en 1778, major en 1788, comptait vingt embarquements en 1790 : La *Monique*, la *Diligente*, la *Garonne*, la *Coulisse*, l'*Ajax*, le *Sphinx*, le *Fier*, l'*Aurore*, le *Rossignol*,

____

(1) Né à Brest en 1805.
(2) Communication de M. de La Morinerie.

la *Diligente*, le *Réfléchi*, la *Charmante*, le *Lorient*, le *Neptune*, le *Magnanime*, le *Censeur*, l'*Eveillé*, le *Saumon* (1786), le *Néréide* et l'*Orion*. A la chute de la monarchie, il se trouva parmi les émigrés et fut tué à la fatale descente de Quiberon (juillet 1795). (1) Il avait épousé à Jonzac, le 17 mai 1781, Marie-Suzanne Maillet de Montlouis, fille de Louis, receveur général des domaines à La Rochelle, et de Marguerite Gilbert, parente de la femme du commandant des forts de Fouras et de l'île d'Aix, Antoine de Beaumont. (Voir page 141.)

Leur mère si cruellement frappée, Mlle Catherine Daniaud, eut une longue vieillesse, malgré ses chagrins ; elle mourut au Treuil-Bussac, le 29 fructidor an v (15 sept. 1797), âgée de 90 ans. En avril 1795 (floréal an III), elle eut des ennuis graves avec la municipalité : on avait placé dans le logis 4 gendarmes et 5 chevaux ; ensuite, on l'accusa de cacher chez elle des « individus suspects ». (Fructidor an III, août 1795.) (2)

Sa fille, Esther-Honorée Chadeau de La Clocheterie, veuve elle-même de Guillaume de Basterot de La Barrière, capitaine de vaisseau, hérita de ses frères et vendit le domaine du Treuil-Bussac à Pierre-Louis-René, marquis de Saint-Légier de La Sausaye, un cousin, époux de Marie-Paule-Bénédictine de Sartres (25 ventôse an x, 15 mars 1802).

Ainsi disparut de Fouras le nom célèbre de Chadeau de La Clocheterie.

Je m'étonne que nos édiles l'aient oublié dans les noms de rues pour chercher des illustrations étrangères.

Il a été donné à un croiseur en bois de 3ᵉ classe, ancien croiseur à barbette, lancé en 1872. Longueur à la flottaison : 78ᵐ60 ; largeur extrême : 11ᵐ ; creux :

---

(1) *Les débris de Quiberon*, par M. de La Gournerie.
(2) Archives de Mme E. Sorin, à Chevret, près Saujon.

6ᵐ65 ; tirant d'eau moyen du plan : 4ᵐ80 ; arrière du plan : 5ᵐ60 ; déplacement du plan : 1.943 tonneaux. Surface de voilure : 1.223 mq.; canons VIII, 14 ; revolvers VIII ; machine horizontale à bielle renversée : 4 chaudières, 18 foyers, 1.985 chevaux, 94,34 tours ; 13,73 nœuds à l'heure. Equipage : 204 hommes.

Aucun armorial n'a conservé le blason des Chadeau de La Clocheterie. Au logis de Chevret, près Saujon, chez **M.** Louis Sorin, on conserve deux belles assiettes du commencement du XVIIIᵉ siècle qui me permettent de combler cette lacune ; elles appartenaient à Suzanne-Marie Maillet de Montlouis, femme de Louis-Laurent Chadeau de La Clocheterie, grand'tante de Mˡˡᵉ Dusault, mère de M. Sorin.

La grande assiette (0ᵐ52 de diamètre) en faïence à émail blanc, à peintures bleues en camaïeu, représente une chasse au loup : sous de grands arbres, un écuyer armé d'une fourche, perce la gorge du fauve ; à droite, un cavalier caracole.

La seconde assiette (0ᵐ35) représente un sujet champêtre esquissé à la sépia et ombré en bleu.

Sur les deux plats, un blason est dessiné : *D'... au chevron d'..., accompagné de 3 étoiles, 2 en chef et 1 en pointe avec une clochette ; casque d'écuyer.* (Voir la planche de la page 62.)

Les émaux ne sont pas indiqués ; et bien que les pièces rappellent le blason des Nicolas de Voutron, autre famille seigneuriale des environs de Fouras, il n'est pas douteux que ce soit là un souvenir des Chadeau de La Clocheterie du Treuil-Bussac.

*
* *

Pour revenir à Fouras, le 24 juin 1780, ce petit pays reçut la visite de Louis-Joseph de Bourbon, prince de Condé, et de Louis-Henri-Joseph de Bourbon-Condé, duc de Bourbon, son fils. La veille, il y avait eu grande réception avec fête, souper, bal à

La Rochelle ; le père coucha à l'intendance et le fils à l'évêché. Ils partirent le 24, à 5 heures du matin, et se rendirent à Fouras par terre. De là ils allèrent en rade de l'île d'Aix visiter le vaisseau l'*Invincible*, de 110 canons, où ils dinèrent. Après s'être reposés, la nuit, à Rochefort, ils continuèrent leur route pour Bordeaux. (1)

(1) *Journal de Jean Perry, directeur de la chambre de commerce de La Rochelle*, 1757-1793, publié par L. de Richemond ; *Archives historiques de la Saintonge et de l'Aunis*, t. III.

CHAPITRE XI

1789

LA CONVOCATION DES ÉTATS GÉNÉRAUX. — LES ROUAGES
DU CORPS ÉLECTORAL : LES TROIS ORDRES A FOURAS.
LE CAHIER DES DOLÉANCES DE LA COMMUNE. (1)

Louis XVI, conseillé d'un côté par la reine Marie-Antoinette et les ultramontains, de l'autre par les progressistes-libéraux, était absolument débordé. Ses finances épuisées ne lui permettaient plus de gouverner. Pour sortir de cette crise, on parlait de créer de nouveaux impôts, mais la mesure était comble... le peuple murmurait.

---

(1) Article lu, en partie, au banquet de la fête du Centenaire, le 5 mai 1889.

Alors le roi et son ministre Necker se décidèrent à consulter la nation. Le premier était loin de se douter, en convoquant par lettres patentes du 24 janvier 1789 les Etats généraux pour le 5 mai, qu'il allait conduire la monarchie à sa ruine et décréter, pour ainsi dire lui-même, la Révolution française!

En vertu du règlement de cette convocation, la nation tout entière, alors divisée en trois ordres : le clergé, la noblesse et la bourgeoisie ou tiers-Etat, fut consultée. — Il est intéressant de connaître l'engrenage de cette consultation nationale :

Les trois ordres s'assemblèrent d'abord séparément: nobles et prêtres votaient par tête; les membres du tiers ou les notables, beaucoup plus nombreux, délibéraient par petits groupes, composés chacun des hommes de la même profession, du même métier, formant ce qu'on appelait une corporation, un corps d'état.

Exemple : Les employés des finances, ceux de la marine, les ingénieurs, les médecins, les huissiers, les notaires, les drapiers, les épiciers, les bouchers, les tanneurs, etc. Alors tout Français, âgé de 25 ans révolus, exposait ses doléances, donnait son avis, puis nommait des délégués pour les rédiger. Le cahier de chaque groupe, de chaque communauté, était transmis de la paroisse au bailliage, où de nouveaux délégués élus fondaient toutes ces doléances en un seul cahier, devant être porté à la capitale de la province.

Là se formait ensuite une sorte de petite assemblée nationale, où des délégués d'une troisième catégorie rédigeaient enfin les cahiers définitifs et nommaient les députés qui avaient mission de soutenir les conclusions aux Etats généraux.

« Ainsi se formèrent ces fameux cahiers de 89, où l'on trouve, dit M. Philippe Rondeau, tant de patriotisme et de lumières, d'où est sorti ce qu'il y

a de meilleur dans notre organisation politique,
financière, administrative et judiciaire. » (1)

En somme, cette façon de connaître la volonté du
peuple avait peu de ressemblance avec les élections
modernes, surtout maintenant que la Révolution de
1848 a conquis l'égalité de tous les Français avec le
suffrage universel et direct!

C'était alors une consultation *distillée*.

Il y avait si longtemps que les communes et les
seigneurs n'avaient pas été appelés à l'exercice de
leurs droits (les derniers Etats généraux remon-
taient déjà à 1614 et 1615, c'est-à-dire à plus de
170 ans), que ce fut par toute la France comme un
long cri de délivrance : on croyait qu'on allait faire
parvenir jusqu'aux pieds du souverain, ses plaintes,
ses demandes de réformes en même temps que ses
subsides pour les besoins de l'Etat.

Pour accomplir cette mission, 1,214 députés devaient être nommés : 308 pour le clergé, 285 pour la
noblesse, 621 pour la bourgeoisie.

Comme dans toutes les paroisses du bailliage de
Rochefort (sénéchaussée de La Rochelle ou province
d'Aunis), les électeurs fourasins des trois ordres
furent convoqués par ordonnance du lieutenant
général Philippe-Joachim-Ferdinand Rondeau, seigneur des Daviotières, maire de Rochefort, conseiller
du·roi, commissaire enquêteur, examinateur au
bailliage de Rochefort et des salines d'Aunis et de
Saintonge. Cette ordonnance, en date du 21 février
1789, fut lue, avec la lettre du roi, au prône de la
messe paroissiale, puis affichée à la porte de l'église,
afin que nul n'en ignore la teneur.

A Fouras, le corps électoral était ainsi composé :

____

(1) Cahiers de doléances des communautés de Rochefort-
sur-mer en 1789, publiés par M. Philippe Rondeau, ancien
conseiller à la cour d'appel de Poitiers. (*Archives historiques
de la Saintonge et de l'Aunis*, tome xvi, page 311.)

I. *Clergé*. — Messire Etienne Thalamy, ex-curé du Vergeroux, nommé à Fouras en juin 1766. (1)

II. *Noblesse*. — 4 électeurs :

1° Noble et puissant messire Elie-François de Vassoigne, ancien capitaine d'infanterie, chevalier de l'ordre militaire de Saint-Louis, seigneur châtelain de Fouras ; (2)

2° Mme Catherine Daniaud, veuve Chadeau de La Clocheterie (voir chap. x) ;

3° Messire Louis-Charles Carré des Varennes, écuyer, conseiller-secrétaire du roi près la chancellerie du parlement de Grenoble, seigneur de Saint-Marc ou Soumard ;

4° Messire François Delpy de La Roche, chevalier de l'ordre militaire de Saint-Louis, capitaine de vaisseau, seigneur de Beauregard, du Magnou (1769) et de La Richardière, paroisse de Fouras.

III. *Tiers-État*. — Il y avait une cinquantaine d'habitants notables, petits propriétaires, riches fermiers, patrons de barques ou gardes-côtes. 16 seulement signèrent le cahier des doléances, c'était : Jean Guilloteau, Jean Prévost, Antoine Branthôme, Gaucher, Augustin Martineau, Pierre Masson, Pierre Rivet, Aréard, David, syndic, Pierre Fradet, Jean Pacraud, Deneury, François Texier, Allibert, Roy et Naud, greffier.

Ce cahier, formé de 16 pages in-4° de papier bleuté, écrit fort lisiblement, est déposé aux archives communales de Rochefort. Il y a des plaintes

---

(1) Ce prêtre, né à Saint-Pierre de Soubirous (diocèse d'Agen), avait marié sa sœur, Marie Thalamy, à Simon-Paul Gauvain, d'une vieille famille huguenote, officier de l'hôtel de la monnaie à La Rochelle (11 septembre 1769), aïeul de M. Paul Gauvain, ancien adjoint, le doyen du Conseil municipal en 1889. Veuve en 1781, Marie Thalamy se remaria (25 juin 1789) à Jean Prévost, veuf de Marie Pain, agriculteur, maire de Fouras, 1791, 1798-1799, 1799-1804. (Voir page 138.)

(2) Voir la liste des seigneurs de Fouras.

exagérées et des vœux fort sensés, classés en quatre chapitres dont voici l'analyse : (1)

1° La paroisse de Fouras, située à l'embouchure de la Charente, ne contient qu'une petite quantité de terres sablonneuses, de vignes ingrates, dont la majeure partie peut être submergée par la mer, au temps d'équinoxe ; les droits seigneuriaux se payent au six et septième des fruits. Sans les ressources de la pêche, qui manquent quelquefois, les habitants auraient peine à vivre ;

2° Cette malheureuse paroisse est imposée annuellement de 5.645 livres. La taille seule s'élève à 3.493 livres et il n'y a que 125 contribuables. Les nobles possèdent un tiers de ces biens, sans payer de taxe. Il est juste et humain de répartir l'impôt sur les nobles et les roturiers indistinctement ;

3° La manière de nommer les répartiteurs d'impôts est abusive comme partout :

Tous les ans, le syndic est obligé de porter la liste des habitants au greffe de l'élection ; on prend souvent les trois premiers de la liste pour collecteurs, sans s'informer de leur capacité ou de leur vertu. A l'avenir, ces répartiteurs devraient être élus parmi les notables. Il y aurait un collecteur-chef, astreint de faire le rôle et de recevoir les impôts de la communauté au salaire de *un sou par livre*. Ceux qui possèdent des biens dans une autre paroisse devraient payer dans cette paroisse et ne pas réunir toutes les impositions dans la paroisse où ils habitent ;

4° La corvée en nature est vexatoire pour les habitants des campagnes. Les entrepreneurs de routes font des fortunes scandaleuses ; cela s'appelle, parmi ces messieurs : *bien faire son chemin.* (Je cite textuellement le jeu de mot.) Or, le chemin de Fou-

____

(1) Je supprime les fautes, les longueurs de phrases et les plaintes ridicules.

ras à Touchelonge, commencé depuis six années, n'est pas tracé en entier ; on s'est contenté d'en faire 60 à 80 toises aux deux extrémités et de travailler à la route secondaire de Saint-Laurent. Cependant, le chemin n° 9 de Touchelonge est très utile, non seulement pour les habitants, mais encore pour les forts de Fouras et de l'île d'Aix.

L'adjudicataire ne devrait être payé qu'après acceptation de l'ouvrage, en présence du syndic et de 6 habitants de la paroisse.

Il y aurait encore bien d'autres plaintes à porter à Sa Majesté, disent les pétitionnaires, mais il faut se borner.

Le remède aux abus est d'établir, dans toutes les provinces, des Etats provinciaux, comme en Dauphiné.

Ces espèces de conseils nationaux, composés de citoyens patriotes et éclairés, seraient, il faut le croire, « toujours disposés à écouter les plaintes du » pauvre peuple et à les porter ensuite jusqu'au » pied du trône de Sa Majesté, en franchissant ainsy » l'espace immense qui la sépare des habitans de » la campagne, qu'elle ne peut, comme elle le dit » elle-même, atteindre que par son amour, et qui » se fient à la protection de sa justice et aux soins » prévoyants de sa bonté ! »

Tels sont les vœux que les bourgeois fourasins, assemblés dans l'église le 1er mars 1789, rédigèrent avec enthousiasme.

Six jours après, les 16 notables partirent pour Rochefort avec leur cahier, au milieu des cris répétés de : « Vive le Roi ! » Ils allaient nommer les délégués du bailliage, qui, à leur tour, se rendraient à l'Assemblée générale de La Rochelle, fixée au 16 mars, afin d'élire les députés, devant enfin se réunir à Versailles le 5 mai 1789.

Quatre ans plus tard, ce bon roi, très chrétien, si aimé, devait être traîné à la guillotine !!!

LA RÉVOLUTION. — AFFAIRE DES BRULOTS.

Il eût été curieux de connaître la marche de la Révolution dans ce bourg de 620 habitants, mais une main stupide ou criminelle a pris soin d'arracher les premiers feuillets du registre municipal, depuis l'époque de la formation de la commune (1790) jusqu'au 4 pluviôse an II (24 janvier 1794), jour où il est officiellement décidé que le *courrier* entre Fouras et le district de Rochefort sera fait régulièrement par Marie Chandeau, femme de François David, moyennant 30 livres par an !

Le maire de Fouras n'était pas moins original que notre premier facteur-citoyenne : c'était Antoine Chemineau, ex-curé d'Yves, né à Saint-Martin de Ré le 12 septembre 1756. Ce prêtre jeta le froc aux orties pour se faire nommer premier officier de la commune ; il épousa la fille d'un maître charpentier, Adélaïde Charron (7 ventôse an II — 26 fév. 1794). Suivant l'exemple de beaucoup de ses collègues, il avait abjuré « les grimaces du culte » (formule textuelle des serments de cette époque) pour prêcher désormais le seul amour de la Liberté, de la République et de l'Egalité !

Cependant, lorsque l'agent national du district de Rochefort, le maçon Noleau, juré près le tribunal de la Terreur, vint à Fouras procéder à l'épuration de la municipalité, en vertu des ordres du représentant du peuple Léquinio, le ci-devant curé Chemineau fut obligé de donner sa démission de maire, et malgré tout son dévouement à la République, il lui fallut remettre les archives (décrets, registres des livraisons de grains, convois militaires, etc.) entre les mains de son successeur, Jean Prévost. Comme consolation, le conseil *général* de Fouras (c'est le nom du conseil formé par le maire, les quatre officiers municipaux : Jean Béquet, François Pontois, Pierre Friconneau, Jean Arréard ; Pierre Fradet, l'agent national Maisonneuve, officier de santé, et 10 notables), le conseil général, dis-je, décida que le citoyen Chemineau restera dans la maison curiale jusqu'au 30 septembre 1794 (vieux style), à la charge de remplir les fonctions de secrétaire-greffier de la commune! Jusqu'à sa mort (9 pluviôse an VII — 29 janvier 1799), 43 ans, l'ex-curé travailla pour la commune et l'instruction de la jeunesse.

Durant la Convention (1792-1795, 24 messidor an III), l'église, surnommée TEMPLE DE LA VÉRITÉ, servit de mairie et de lieu de réunion à la société populaire de Fouras : on y faisait les élections, on y chantait des hymnes patriotiques, on y lisait les lois et les décrets, on y célébrait les fêtes de la République, comme celle du 20 germinal an II (10 avril 1794), où toute la population fourasine, hommes, femmes et enfants, fit la procession, la cène civique, et prêta le serment devant la veuve Chapelle, statue vivante de la Raison. A la fête de l'Etre suprême (20 prairial an II — 9 juin 1794), le capitaine Pijon, de la compagnie du Loiret, prononça un discours vibrant de patriotisme, et les troupes aidèrent la municipalité à planter « l'arbre de la Liberté et de la Fraternité ». Ensuite vinrent les fêtes de la mort du dernier roi des Français (4 pluviôse an IV — 24 janvier 1796), celles des Victoires (10 prairial—30 mai 1796), de la Souveraineté nationale (30 ventôse an VI — 20 mars 1798), de la Loi (18 fructidor — 6 septembre 1798), etc.

Tous les objets du culte, dont l'inventaire est des plus modestes, avaient été saisis et portés à Rochefort pour être vendus ou employés au service de la nation. (Arrêté du district en date du 2 ventôse an II — 20 février 1794.)

Sous le Directoire (1795-1799), Mme Chadeau de La Clocheterie, veuve et mère de célèbres officiers de marine, morts au service de la France (voir chapitre X), se plaignit d'avoir cinq chevaux et quatre cavaliers nationaux installés dans son logis du Treuil-Bussac (floréal an III — avril 1795). Alors le commandant de place Dufour désigna l'église pour servir de gendarmerie ; mais l'idée ne fut pas acceptée et le procureur-syndic de Rochefort ordonna que le TEMPLE DE LA VÉRITÉ soit conservé aux réunions de la société populaire. Peu après, une vingtaine de catholiques réclamèrent, par pétition, le rétablissement du culte romain et la messe fut dite par Jean-Jacques Coudret, ci-devant curé de Saint-Laurent de La Prée, le 24 messidor an III (13 juillet 1795). Ce prêtre, autorisé par délibération du conseil en date du 17 messidor an III (6 juillet), dut faire encore le serment de soumission et d'obéissance aux lois de la République le 30 brumaire an IV (21 novembre 1795).

Toutes les terres de l'ancien prieuré avaient été vendues aux enchères, le 4 vendémiaire an III (26 septembre 1794), (1) à Jean Prévost et à d'autres particuliers, par les administrateurs du district de Rochefort, André Rignac, vice-président, et Gabriel Faurie-Leloup, substitut. Grâce aux nombreuses réclamations d'Antoine Chemineau, le presbytère fut gardé quelque temps comme bien national, et le 5 brumaire an IV (28 octobre 1795), le conseil de Fouras, sur un avis du comité de Salut public, décida que ce bâtiment serait occupé par un nommé Gadolle, brasseur-distillateur, envoyé par le président Cambacérès : cet industriel promettait de donner aux marins une boisson salubre en distillant les eaux de la mer avec une machine qu'il avait perfectionnée.

Les expériences du distillateur ne furent pas, sans doute, de longue durée, car son logement de la maison curiale fut adjugé, vers la même époque, au

---

(1) **Archives de M. Paul Gauvain.**

UN PONTON, TYPE DU WASHINGTON

citoyen Augustin Roy, cultivateur, pour le prix de 6.300 livres. Il y eut des plaintes, des protestations adressées au conseil des Cinq-Cents, mais le marché ne fut pas annulé, et il faudra que le préfet, en 1805, autorise de nouveaux crédits pour loger le desservant de la paroisse.

Or, tandis que bourgeois et paysans de Fouras se partageaient les biens des émigrés et du clergé, 827 prêtres, arrêtés un peu partout pour refus de serment à la République (25 janvier 1794), priaient et gémissaient en rade de l'île d'Aix, à bord des navires les *Deux-Associés*, le *Washington*, l'*Indien* et le *Bonhomme-Richard*. Entassés comme des animaux, 543 de ces malheureux trouvèrent la mort sur ces prisons flottantes, au milieu des souffrances les plus horribles. Quelques survivants obtinrent, en 1795, la faveur d'établir une sorte d'ambulance dans l'est de l'île Citoyenne (île Madame). 275 ont été enterrés dans ces sables. (1)

A ces misères s'ajoutaient la famine et la guerre civile : tandis que la République des conventionnels immolait Celui que les députés proclamaient, en 1789, *inviolable, adoré par le peuple* (21 janvier 1793), des fonctionnaires royalistes, des officiers et des nobles, poursuivis et dépossédés, se réfugièrent en Angleterre ; là, ils songèrent à venger le roi, l'ancienne société, et débarquèrent à la pointe de Quiberon (juillet 1795). Mais le général Hoche veillait avec 80.000 hommes. Les anglo-émigrés, nullement d'accord, furent cernés, mis en déroute, et les officiers faits prisonniers, ensuite impitoyablement fusillés par ordre du comité de Salut public. C'est avec une douloureuse compassion que les soldats de Hoche frappèrent de leurs balles ces anciens ser-

---

(1) Lire les deux volumes de l'abbé Manseau : *Les prêtres et religieux déportés sur les côtes et dans les îles de la Charente-Inférieure. 1886.*

viteurs de la France, gentilshommes vétérans de la guerre d'Amérique. Parmi ces milliers de victimes du drapeau blanc, je relève le nom célèbre d'un enfant de Fouras : Louis-Laurent Chadeau de La Clocheterie, chevalier, commandant de vaisseau en 1788, fils de la dame du Treuil-Bussac et frère du célèbre commandant de la *Belle-Poule* (1778) et de l'*Hercule* (1782).

Sans parler des soulèvements de la Vendée qui répondirent à ces luttes fratricides, les Fourasins cherchèrent la révolte en accusant la 14ᵉ compagnie du bataillon de La Rochelle, en garnison dans le fort, d'accaparer toutes les denrées, sans marchander. Au bal comme dans les rues, les rencontres sanglantes entre soldats et indigènes étaient fréquentes. Alors les notables s'assemblèrent avec émotion : « pour soulager l'humanité souffrante », le Conseil proclama la fondation d'un *marché* où les Frères d'armes pourront s'approvisionner sans être accusés d'accaparement. Le chef de bataillon Pasteur, le commandant de place Pérille, et le commandant du 14ᵉ, Césaire Goguet, plaidèrent facilement la cause de leurs troupes jalousées, et d'un commun accord, on obligea les boulangers à cuire le pain au prix de 3 deniers par livre. (8 germinal an ii — 29 mars 1794.)

Mais, un mois après, la farine faisait défaut, et le Conseil se réunissait encore pour faire appel aux greniers de subsistances de la commune voisine, Saint-Laurent de La Prée. (3 floréal — 23 avril.) La députation revint avec peu de grains, et une demande aux représentants du peuple étant restée sans réponse (8 floréal), il fallut recourir aux souscriptions publiques : on alla jusqu'à Niort, acheter 140 quintaux de froment et 70 quintaux de menus grains, pour 2.590 livres. La liste des donateurs, conservée aux Archives municipales, permet de juger la fortune ou le dévouement des citoyens de Fouras ; à cette époque, la crainte d'une dénonciation faisait accomplir de grands sacrifices : on recueillit ainsi 4.153 livres 10 sous. (Voir à la fin du volume.)

Lorsqu'on parcourt les procès-verbaux du Conseil municipal ou des Assemblées populaires, on est étonné de la note haineuse de la Révolution : le simple refus d'un certificat de civisme, pièce signée par le maire et les notables, pouvait conduire un grand esprit, un vrai patriote, à la guillotine ou, châtiment plus terrible, dans les cachots humides et enfiévrés de Brouage. Le dernier gouverneur militaire, Antoine-Pierre de Beaumont, chevalier de l'ordre militaire de Saint-Louis, né à Sedan le 6 mars 1727, époux de Louise-Julie Gilbert, morte le 28 sept. 1789, à l'âge de 60 ans, comptait 55 ans de service et 8 campagnes ; il fut mis à la retraite en 1790 et poursuivi comme ci-devant noble le 20 floréal an II (10 mai 1793). Ses états de service furent saisis, et il eût été exécuté sans la complaisance du Conseil municipal, qui fit disparaître sa particule. Il était propriétaire de la maison Coudert, rue Jean-Bart. Et dire que toutes ces barbaries s'accomplissaient au nom de la philanthropie du niveau ou de la justice de Dieu !

Une anecdote assez amusante vient égayer ces pages souvent ennuyeuses ou tachées de larmes et de sang : un jour (30 floréal an III — 19 mai 1795), en pleine délibération du Conseil, un nommé Bilbaud, menuisier, osa pénétrer dans la salle commune, monté sur un âne, qu'il prétendait avoir trouvé détaché sur la route du Treuil-Bussac ! C'était le coursier à Pierre Chaussegros. Pour son insolence, Bilbaud fut condamné à 50 livres d'amende et à 24 heures de prison. Quel curieux tableau devait former cette réunion furieuse avec le cavalier, escorté d'un caporal et de deux fusiliers chargés de l'arrêter !

Cette affaire est le digne pendant de la lettre circulaire du maire Jean Prévost ; l'orthographe de ce

document, daté du 28 nivôse an XI (19 janvier 1803),
est en effet « remarquable » : « Leutre sirculaire
pour les manbre du Conseil de la commune :

Citoyen,

Je ne puis m'anpescher de vous dire que les dépance
de ceute commune sont an sous france, tant quas la
recete que jes an main, je vous promeu dans rendre
infidelle compte à quis de droit, comme je suis
homme é l'émis juré des contentasions, je vous pré-
vien à se que vous ayé à vous pourvoir juseque au
promier vendémieure prochain, d'une maison commune prope à y recevoir les titre, papié, registre de
la commune, et qu'il iet des servitude nécessaire
pour à soir les cor consctitué et autre, de plus d'a-
voir la bonté à me faire conestre ceului par mis vous
quis seras chargé de faire les savance des fres de
buraud, soit dans une table, servant buraud pour
écrire, papié, ancre, plusme, ganife, soie, lumieure,
sis le cas legusige, comme je dis sit dessus, je suis
l'émis juré de la contentasion, je me rapelle que le
14 courant que je promis au conseil de faire la ré-
partisions des 350 livres seur les persone quis pacages leur bessetiaud dans les terren communaud,
et insis que seux quis araches et coupes du bois,
mes je rapelle ausis de se que in manbre a dit que
sas ne me regarde pas, alor je vous jure que je ne
le feres pas, et je suis toujour votre concitoyen.

Prévost, maire. »

Tous les registres de cette époque « progressiste
et instruite » sont rédigés dans le même style.

Les conseils d'un secrétaire-instituteur n'auraient
pas été superflus à ce maire qui préférait rendre
« infidelle compte » de sa gestion et laisser piller les
propriétés que de perdre sa place ! Dans ce temps-
là, les dépenses de la commune se montaient à 908
francs, en comptant même la dépense des chemins

vicinaux, le loyer du presbytère, le traitement du garde, etc.

Je ne puis conter ici tous les détails de l'histoire communale d'un village sous le Consulat (1799-1804) et l'Empire (1805-1815)..... (1) Des lâchetés rapaces ont été commises, approuvées par le pays ; d'obscurs penseurs ont travaillé pour Fouras ; la liste des maires suffira (voir à la fin du volume) pour conserver les noms des plus influents. L'important est de connaître encore les grands faits de l'histoire locale, comme le désastre des brûlots, affaire terrible, que je résume d'après les Archives de la marine et un manuscrit du capitaine de frégate E. Salneuve, déjà publié par M\ue Léonie Duplais. (*Figures maritimes*, page 133, t. ı.)

*
* *

L'escadre française, commandée par l'amiral Lallemand, s'était rangée sur trois lignes en rade de l'île d'Aix ; il y avait 11 vaisseaux, 4 frégates, 76 embarcations. L'escadre anglaise, commandée par lord Gambier, comptait 12 vaisseaux, 7 frégates, 7 corvettes, 4 cutters et 46 brûlots.

Le 11 avril 1809, les Anglais vinrent mouiller à l'ouest de l'île d'Aix, à un mille du rocher de Tridoux. Les canons des forts de l'île d'Aix et des Saumonards essayèrent en vain de les bombarder. Au milieu de la nuit la plus obscure (9 heures du soir), des embarcations chargées de bombes, de fusées, etc., furent lancées sans bruit sur les lignes françaises ; bientôt la panique s'y répandit avec les flammes.

L'*Indienne*, frégate de 46 canons, commandée par

____

(1) Le lecteur retrouvera, sous les titres : Une visite au fort, l'église, le port, les forts de L'Aiguille, d'Enet, Lapointe, etc., tous les détails historiques et complémentaires de ces constructions.

le capitaine Proteau, voulut éviter le choc d'un de ces navires incendiaires : en reculant, elle vint s'échouer sur un fond de vase de la pointe de L'Aiguille, territoire de Fouras. Les trois brûlots qui l'entouraient se consumèrent à Enet et à L'Aiguille.

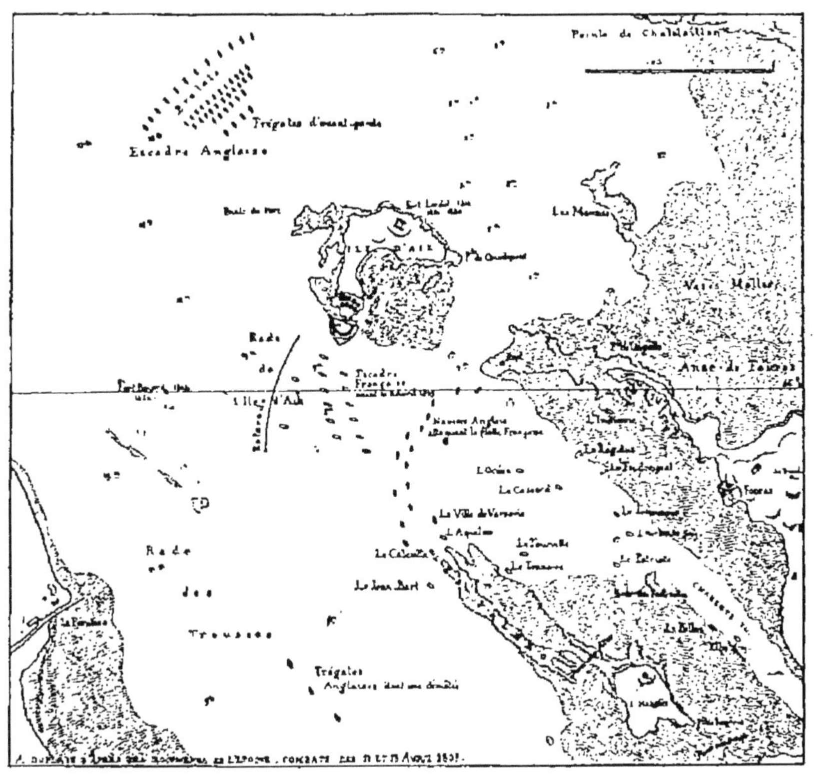

Les autres navires français étaient également en déroute : l'*Océan*, le *Foudroyant,* le *Régulus* dérivaient sur Fouras, les autres sur l'île Madame. Jusqu'au 20 avril, le *Régulus*, commandé par Lucas, bien qu'échoué à 700 mètres environ de l'*Indienne*, put seul riposter avec trois ou quatre pièces aux 400 boulets de l'ennemi. Le capitaine Proteau, après avoir mis le feu à l'*Indienne*, avait gagné Fouras avec son équipage. Sans les batteries de l'île d'Aix, de l'île Madame, de L'Aiguille, etc., dont le feu maintenait les distances de l'escadre anglaise, il est probable que l'amiral Gambier eût occupé le littoral ; on s'étonne qu'il n'ait pas tenté l'envahissement de Rochefort, au lieu de gagner presque aussitôt le large.

Cependant les Anglais bloquaient toujours la rade, et souvent la baie de Fouras-Châtelaillon fut le théâtre de rencontres, peu importantes par la grandeur et le nombre des navires, mais remarquables par la bravoure des combattants.

Le 13 février 1810, deux chasse-marées français furent capturés par 13 péniches anglaises, au moment où ils sortaient du port de La Rochelle. Comme l'ennemi vainqueur regagnait sa division, il rencontra sept embarcations françaises, envoyées par la *Pallas* et l'*Elbe* pour surveiller un convoi de vivres. Les deux chasse-marées furent délivrés ; mais, au milieu de la lutte, l'aspirant Potestas, âgé de 17 ans, eut la poitrine traversée et le bras gauche fracturé par un coup de feu. Fait prisonnier et conduit avec son équipage à bord du *Christian VII*, ce jeune brave fut traité avec la plus grande courtoisie ; le commandant anglais lui rendit même la liberté, ainsi qu'à cinq matelots. L'empereur lui accorda ensuite la croix de la Légion d'honneur. (1)

Le 27 décembre 1811, un convoi de caboteurs sortait de La Rochelle poursuivi par plusieurs péniches anglaises, qui vinrent naviguer dans les eaux de Fouras-Châtelaillon. Pour les arrêter, le commandant de la station française expédia trois canonnières sous les ordres du lieutenant Duré, et 4 canots

_____

(1) Peinture de Garneray. Galerie historique de Versailles, n° 926.

armés, commandés par l'enseigne Constantin. Tandis qu'un brick et deux frégates arrivaient au secours des péniches anglaises, Constantin engagea le combat avec une péniche montée par 30 hommes. A la première décharge il eut le bras gauche fracturé, mais il poussa l'abordage avec tant de violence qu'il fit chavirer ses adversaires : 26 furent retirés des flots. Pendant le sauvetage, la canonnade éclatait entre toutes les autres embarcations et le brick anglais. Le lieutenant Duré captura une chaloupe et l'aspirant Gorgy, qui montait le canot du *Régulus*, cribla tellement de boulets trois autres péniches que les survivants des équipages, 70 marins, 5 élèves et un officier durent se jeter à la mer et gagner la côte où ils furent faits prisonniers. Au lieu de poursuivre le combat, le brick vint rallier les deux frégates britanniques. Par décret du 3 janvier 1812, l'empereur accorda des grades, des aigles d'honneur aux officiers et aux patrons des canots français. (Voir *Histoire de Rochefort*, par Viaud et Fleury, t. II.)

Le 5 juin 1812, Jean Pichez, né à Fouras le 10 mars 1769, enseigne commandant la *Dorade*, navire de l'Etat, se croyait en sûreté dans la baie de La Teste, quand une flottille de péniches anglaises de la *Médusa* vint l'envelopper. Pichez est le premier tué, au moment où il commande le feu, et les Anglais, plus nombreux, emmènent prisonnier l'équipage. Tout-à-coup les marins français, quoique déjà descendus dans les péniches, reviennent de leur stupeur, se révoltent, fondent sur les agresseurs et, à leur tour, conduisirent les vainqueurs prisonniers à Rochefort. La fille de Pichez épousa le capitaine de corvette S.-L. Meschinet de Richemond, père de l'érudit archiviste de la Charente-Inférieure.

Le fils est devenu capitaine de frégate, chevalier de la légion d'honneur (Jean-Baptiste Pichez, 6 mai

1798-25 septembre 1854). Son petit-fils, médecin de la marine, chirurgien en chef des hospices civils de La Rochelle, a un fils également dans la médecine navale. (1)

____

(1) Vattier d'Ambroyse, dans *Le littoral de la France de La Rochelle à Hendaye*, classe Pichez parmi les marins rochelais (page 39). Il est né à Fouras et a été baptisé, avec son frère jumeau, André, le 10 mars 1769.

CHAPITRE XII

LA DERNIÈRE ÉTAPE DE NAPOLÉON Ier — FOURAS
DE 1814 A 1815 — RETOUR DES BOURBONS — WATERLOO
RETRAITE DE NAPOLÉON A ROCHEFORT (1)

On sait que le gouvernement légitime de France fut rétabli par les actes du Sénat en date des 1er, 3, 6 et 14 avril 1814.

Le maire de Fouras, comte de Saint-Légier de La

---

(1) Au mois d'août 1895, dans les vitrines d'un magasin de la place Colbert, à Rochefort, fut exposée une grande toile de M. Gaston Roullet, peintre au département de la marine et des colonies ; ce tableau représentait *L'embarquement de Napoléon Ier à Fouras, 8 juillet 1815.*

La mer est haute... L'empereur, avec ses officiers, s'est avancé sur une digue (?) en bas de la plage des bains ; trois baleinières ou chaloupes attendent l'illustre passager et sa suite, pendant que sur le coteau de la forteresse se presse la foule des curieux... c'est la dernière étape de Napoléon sur le continent français !

Malheureusement pour la vérité de l'histoire, cette peinture repose sur une erreur : l'embarquement eut lieu sur une autre

Sausaie, réunit au Treuil-Bussac, son habitation, les membres du Conseil municipal, pour les informer de cette grande nouvelle. Le 15 mai 1814, il leur lut la déclaration suivante : « *L'auguste famille des Bourbons, qui a fait si longtemps le bonheur et la gloire de la Nation, est encore appelée à gouverner ; les plus petites communes de France doivent manifester leur satisfaction !...* » Les conseillers Bertin, Fradet, Chapelle, Barbarin, Fétiveau et l'adjoint Etienne Gauvain signèrent le procès-verbal constatant la joie des habitants : ceux-ci ont spontanément allumé des feux et organisé des danses.

Une circulaire du sous-préfet, datée du 18 septembre 1814, vint, en outre, exiger le serment de tous les fonctionnaires ; la formule de ce serment est aussi sévère que sacrée : « *Je jure et promets à Dieu de garder obéissance et fidélité au roi, de n'avoir aucune intelligence, de n'assister à aucun conseil, de n'entretenir aucune ligue qui seraient contraires à son autorité ; et si, dans mon arrondissement ou ailleurs, j'apprends qu'il se trame quelque chose à son préjudice, je le ferai connaître au roi !* »

Bien des fonctionnaires oublièrent ce serment... qui n'était que prêté ! Trois mois après, le Conseil, qui avait acclamé la Révolution, votait une dépense extraordinaire de 100 francs pour la statue du roi Henri IV, *de glorieuse mémoire, dont la bonté et les grandes qualités sont imitées par son auguste fils Louis XVIII !* (15 janvier 1815.)

---

plage de Fouras, au *Port sud*, autrement dit *La Coue ;* le décor n'est donc pas celui choisi par M. Roullet !

J'ai déjà raconté ces détails dans les *Tablettes des deux Charentes*, en 1893 (jeudi 31 août) ; mais il est intéressant de compléter cette page importante de l'histoire de Fouras et de Napoléon Ier avec des croquis et de nouveaux documents ; car, suivant Béranger,

> On parlera de sa gloire
> Sous le chaume bien longtemps !

A Paris, c'était la messe expiatoire de l'exécution de Louis XVI qu'on célébrait avec un cérémonial extraordinaire, le 21 janvier.

*
* *

Cependant, un cri de terreur retentit tout à coup : « Napoléon vient de débarquer..... il marche sur Paris ! »

C'était vrai, Bonaparte, parti de l'île d'Elbe (26 février 1815), débarquait à Cannes, au golfe Jouan (1ᵉʳ mars), soulevait les troupes depuis Grenoble (8 mars), rentrait à Paris avec le maréchal Ney (20 mars), tandis que Louis XVIII s'enfuyait à Gand. Alors commença la période surnommée les Cent Jours.

Par arrêté du comte Miot, commissaire extraordinaire de l'empereur, le maire de Fouras, Pierre-Louis-René de Saint-Légier de La Sausaye, fut obligé de remettre l'écharpe à l'adjoint Etienne-Marie Gauvain (26 avril). Tous les fonctionnaires, lieutenants de douane, préposés, gardes, receveurs, etc., prêtèrent de nouveau le serment d'obéissance aux constitutions de l'Empire (7 mai, 11 heures du matin), et le 21 mai, les principaux bourgeois et habitants de Fouras étaient convoqués pour l'élection de la municipalité. En vertu de la Constitution de 1791, le suffrage était accordé à tout citoyen payant une contribution équivalant à trois journées de travail. Par 39 voix sur 44 votants, M. Gauvain fut élu maire.

Pendant ce temps, l'Europe monarchique envahissait les frontières du nord, et dans l'ouest, les Vendéens reprenaient les armes sous le commandement de Louis de La Rochejaquelein, frère d'Henry. Avec ce chef, revenu, par mer, d'Angleterre, ils s'emparèrent de Bressuire, combattant les Bleus et les généraux Lamarque et Dufresse à Champdeniers et à La Roche-Servière.

La mort de La Rochejaquelein au village des Mathes (4 juin) anéantit bientôt cette insurrection, mais la journée de Waterloo devait niveler aussi la fortune de l'Empereur. Vaincu par le nombre (1), Napoléon revint à Paris, s'enferma à l'Elysée, repoussant les conseils de Lucien, qui l'engageait à recommencer un 18 brumaire ; les Chambres étaient hostiles. Après avoir abdiqué une seconde fois en faveur de son fils, il résolut de se rendre à Rochefort, d'où il pourrait gagner l'Amérique. Un arrêté de la Commission du Gouvernement, daté du 26 juin 1815 et signé du duc d'Otrante, mettait deux frégates de ce port à sa disposition.

DÉPART DE NAPOLÉON. — SON ITINÉRAIRE : NIORT, ROCHEFORT, FOURAS

Napoléon, accompagné du général Becker, quitta la Malmaison le 29 juin, à cinq heures du soir.

Revêtu d'un habit de ville, il embrassa la reine Hortense, sa fille d'adoption, ainsi que les officiers pressés autour de lui. Tous éclataient en sanglots... Visiblement ému, l'Empereur recommanda le courage et l'union, puis s'enfonça dans une allée du parc où l'attendait sa voiture. (J.-J. Bourassé, *Châteaux historiques de France*, passim, 405-406.)

Le soir, il couchait à Rambouillet, le 30 juin à Tours, le 1er juillet à Niort, où il demeura deux jours. Les notables de cette ville conseillaient la résistance... « Je ne peux plus rien ! » répondit Napoléon, et, malgré l'enthousiasme d'une foule qui voulait le retenir, il arriva, le 3 juillet, à Rochefort.

____

(1) A Waterloo, 70.000 conscrits français luttèrent contre 140.000 ennemis renforcés de 50.000 Prussiens.

Il s'établit à la préfecture maritime, où le capitaine de vaisseau, baron Casimir de Bonnefoux, remplissait les fonctions de préfet depuis le 27 avril 1812. Dès lors, beaucoup de monde demeurait groupé dans le jardin public, acclamant l'hôte illustre...

l'Empereur se montra deux ou trois fois, au balcon, en habit civil.

Pendant qu'on attendait et qu'on commentait les ordres de Paris, des hommes dévoués tentèrent de sauver la liberté du proscrit : l'amiral Pierre Martin, ancien préfet de Rochefort (1800-1810), proposait de gagner Royan, d'où la corvette du commandant Baudin, officier dévoué, franchirait les croisières anglaises. M. Ponée, capitaine de la frégate la *Méduse*, offrit de se sacrifier en combattant le vaisseau anglais le *Bellérophon*, qui était en rade des Basques, pour donner à la frégate la *Saale* le temps de gagner la haute mer. Cette combinaison avait encore l'assentiment de l'amiral Martin ; celui-ci projetait d'accompagner l'empereur. (M. Bouchet, inspecteur de la marine, *Ports militaires de la France, Rochefort*, page 23.) D'autres officiers, avec M. Doret, second du commandant Baudin, conseil-seillaient de faire voile pour les Etats-Unis sous un déguisement de navire de commerce, et de s'embarquer à Royan ou à Bordeaux sur la corvette la *Baya-dère*, qui avait été envoyée pour la police de la rivière de Bordeaux. Comme la Saintonge était royaliste, on aurait passé la Seudre en canot et traversé à cheval la campagne de La Tremblade et de Breuillet. Partout, les maires avaient arboré le drapeau blanc; pour que Napoléon ne s'exposât pas sur un terrain aussi périlleux, le général Lallemand fut envoyé en explorateur ; afin de lui rendre cette mission plus facile, un officier de marine, Desbordes, qui s'était battu en duel avec lui, s'empressa de lui prêter son uniforme. Le général arriva sans trop de difficultés à Bordeaux ; mais au retour, reconnu aux environs de Royan, il reçut une grêle de pierres et de balles, et n'échappa que grâce à la vigueur de son cheval. Toutes ces aventures n'étaient pas faites pour faire reprendre à Napoléon, dont les traits étaient si connus, les épaves du général. (*Souvenir d'un homme de lettres*, par Jal.)

Le capitaine Besson, commandant un brick danois, promettait, lui aussi, de manœuvrer pour tromper la surveillance des royalistes et des alliés; le général Bertrand et le comte de Las Cases signè-rent même un marché fictif sous les yeux du préfet maritime, afin d'indemniser les armateurs du navire sacrifié. (*Mémorial de Sainte-Hélène.*) Le bateau descendit la rivière et vint jeter l'ancre vers Fouras. (J.-T. Viaud et E. Fleury, *Histoire de Rochefort*, t. II, p. 512, passim.)

Napoléon préféra se fier au commandant de la

Saale, Philibert, en observant l'arrêté de la commission gouvernementale, daté du 4 juillet :

« Vous devez, disaient ces instructions au général Becker, employer tous les moyens de force qui seraient nécessaires, en conservant le respect qu'on *lui* doit. Faites qu'*il* arrive sans délai à Rochefort et faites-le embarquer aussitôt. Quant aux services qu'*il* offre, nos devoirs envers les puissances alliées ne nous permettent pas de les accepter et vous ne devez plus nous en entretenir. Enfin, la commission voit des inconvénients à ce que Napoléon communique avec l'escadre anglaise. Elle ne peut accorder la permission qui est demandée à cet égard. »

J'emprunte au manuscrit de M. J. S., publié par les *Tablettes des deux Charentes* — (samedi 27 juillet 1895, n° 88) — ces curieux détails du départ de Rochefort :

« Aussitôt que le général Bertrand l'eut prévenu du désir qu'avait Napoléon de se rendre en rade de l'île d'Aix, le préfet maritime s'empressa de donner les ordres nécessaires. Son canot, sous le commandement de l'enseigne de vaisseau David Allègre, fut envoyé à Fouras, ainsi que d'autres embarcations, avec des officiers chargés de veiller à l'embarquement et au transport ; on fit préparer des voitures pour l'Empereur et sa suite, et l'escorte de chasseurs, qui l'accompagnait depuis Niort, monta à cheval.

La nouvelle s'en répandit bien vite dans la ville. Depuis l'arrivée de Napoléon à Rochefort, la population n'avait cessé d'emplir les rues avoisinant la préfecture et surtout le jardin public, acclamant l'Empereur jusqu'à ce qu'il se montrât, et lorsqu'il apparaissait du côté du jardin, saluant de la main à la fenêtre de la galerie vitrée, préservée dans l'incendie du 5 mars 1895, une immense clameur enthousiaste s'élevait dans la foule. Aussi, quand le cortège sortit de la cour de la préfecture maritime, à quatre heures du soir, et s'engagea au grand trot dans la rue Saint-Charles (rue Audry de Puyravault), pour gagner la porte de La Rochelle, la population, en masse, se tenait sur le parcours, emplissait la place Colbert, garnissait les fenêtres, respectueuse, et le saluait des cris de : *Vive l'Empereur!* Il faut bien reconnaître, pourtant, que les émotions qui agitaient cette foule étaient bien diverses : nul, sans doute, ne savait se défendre d'un attendrissement réel et profond, en présence d'une si grande infortune ; mais les regrets de bien des gens étaient très atténués par le sentiment que ce départ délivrait la France des périls d'une guerre écrasante, menée contre nous par l'Europe tout entière, et des horreurs de la guerre civile. Cependant, on vit des femmes élever leurs enfants au-dessus des têtes, pour leur faire voir une dernière fois l'*Empereur...*

Comme les stores de plusieurs voitures étaient baissés, l'escorte de chasseurs à cheval précédant le cortège auquel on rendait les honneurs, on ne doutait pas que Napoléon ne s'y trouvât ; quand voitures et cavaliers eurent disparu sous la porte de La Rochelle, les uns demeurèrent affaissés sous le coup d'une profonde émotion, tandis qu'un grand nombre d'enthousiastes s'élançaient au pas de course derrière le cortège, qu'ils accompagnèrent jusqu'à Fouras. On se trompait, l'Empereur n'était pas là. Pendant que les voitures officielles quittaient la préfecture maritime et filaient à travers la foule, une calèche isolée avait été amenée par la porte nord du jardin jusque devant la terrasse.

Après quelques minutes d'attente, les curieux qui s'étaient approchés virent avec surprise apparaître Napoléon lui-même. L'air triste et sévère, il s'avança d'un pas rapide vers la voiture, suivi de M. de Bonnefoux. Au moment de gravir le marchepied et sans avoir prononcé une parole, incapable, sans doute, de maîtriser les sentiments qui l'agitaient, il se retourna vers le préfet maritime et lui fit comme un geste d'adieu. La portière se referma et la voiture se dirigea rapidement à travers le jardin, vers la porte nord ; de là, contournant le bâtiment des subsistances de la marine, elle prit la direction de la porte de Charente. Une vive inquiétude s'ajouta alors à la surprise des spectateurs : la porte de Charente menait à la route de Saintes. Où prétendait aller l'Empereur? A Saintes? Des événements récents, survenus au passage du roi Joseph et d'une partie de la suite de Napoléon, faisaient craindre les plus grands dangers pour sa personne. (1) Voulait-il donc se rendre à Bordeaux? Mais Bordeaux avait appelé les Anglais en 1814, et avait accueilli à bras

---

(1) Dans cette ville, MM. de Las Cases, père et fils, de Montholon, Planat, Résigny furent arrêtés par la population, le lundi 3 juillet, vers onze heures du matin. Garantis par la garde nationale, ces partisans de Napoléon restèrent prisonniers jusqu'au soir, dans une auberge... On les accusait d'emporter le trésor de l'Etat. « C'était un jour de foire, raconte M. Van Tenac, dans la biographie de M. Filleau de Saint-Hilaire, conseiller d'Etat, directeur de l'administration des colonies. La voiture est entourée par une foule compacte et menaçante. M. de Saint-Hilaire accourt ; il réussit à apaiser l'agitation et facilite le départ des fidèles amis de Napoléon. Quelques heures après, une troisième voiture, dans laquelle se trouvait Joseph Bonaparte sous un déguisement, éprouve le même sort que les deux autres. Le prince est reconnu, arrêté, forcé de dire son nom. Des vociférations se font entendre ; Joseph est retenu prisonnier ; on veut s'emparer de ses bagages. M. de Saint-Hilaire donne encore une nouvelle preuve de sa puissance morale. Il prend le prince sous sa sauvegarde et le conduit à la sous-préfecture. Durant vingt-quatre heures, la cour de l'hôtel est envahie par une foule tumultueuse. Cependant, après avoir vainement proposé à Joseph de vêtir un nouveau déguisement et de fuir avec Mme de Saint-Hilaire, le sous-préfet s'arrête à une détermination décisive : il fait annoncer publiquement que le prince partira à midi ; il l'accompagne jusqu'à sa voiture, et à la voix du magistrat, le passage devient libre Après les Cent Jours, M. de Saint-Hilaire fut révoqué. »

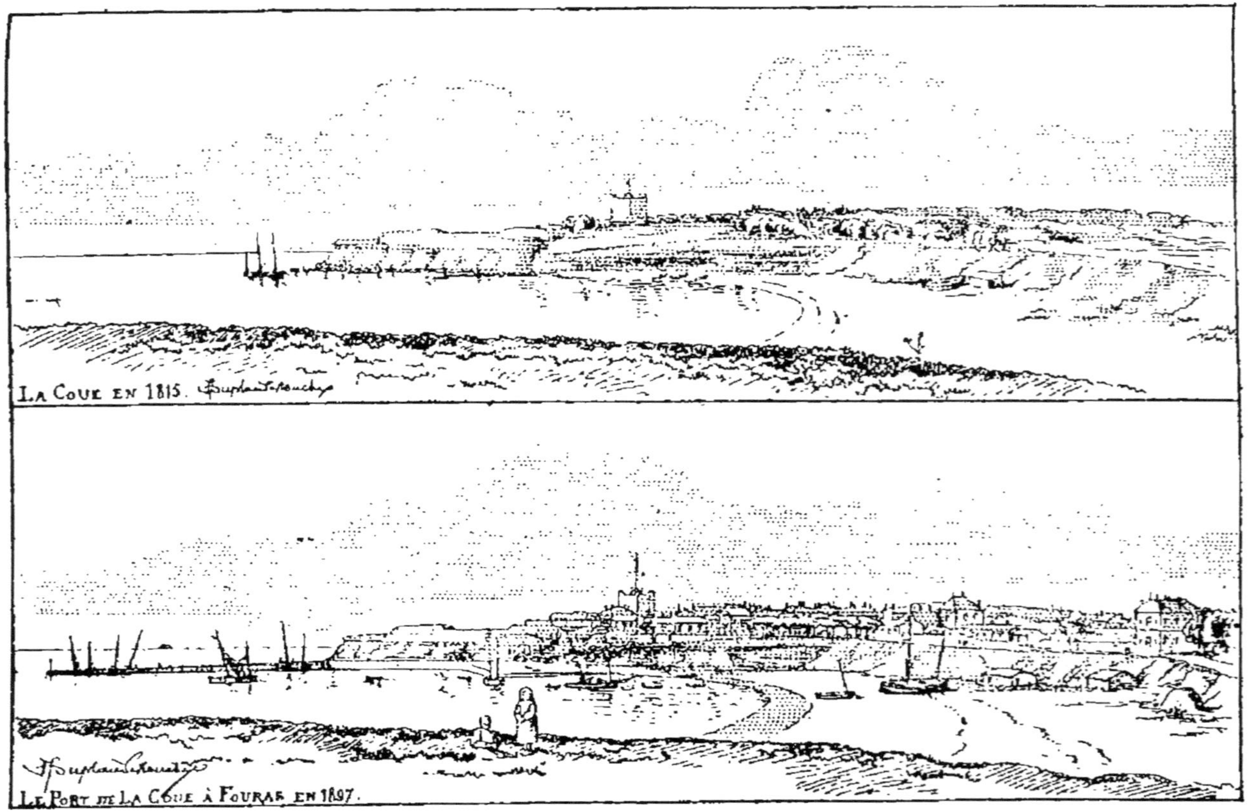

LE PORT DE LA COUE EN 1815 ET 1897

ouverts la duchesse d'Angoulême en 1815. Bordeaux était manifestement royaliste.

Les personnes qui avaient suivi la voiture, en courant jusqu'à la porte de Charente, la virent alors tourner à gauche, dès la sortie de la ville, et prendre la route qui longe les fossés du rempart. Napoléon, pour éviter l'affluence et les manifestations de la foule, s'était séparé du cortège et ne le rejoignit que sur la route de La Rochelle, à quelque distance du faubourg. »

Donc Napoléon gagna Fouras, en voiture, suivi par de nombreux partisans de Rochefort et des environs, le 8 juillet 1815, à quatre heures du soir.

En avant galopait un piquet de chasseurs, et de tous côtés des gens accouraient grossir le cortège. (Massiou, t. vi, p. 476.)

Il devait être 5 heures et demie lorsqu'on arriva sur la place de Fouras... L'histoire ne dit pas si l'Empereur prit quelques aliments à l'auberge du bourg ; déjà le canot de la *Saale* et les embarcations de la *Méduse* étaient rangés en bas de la falaise de La Coue, avec le canot du préfet.

A cette époque *la jetée de La Coue*, au port sud, dite *grave Raimbeault* (1834-1836), n'existait pas ; les marins pêcheurs s'embarquaient, dans leurs yoles, sur de gros rochers éboulés, ou sur un appontement faiblement établi, à l'endroit où descend le petit chemin du Fort, en face le chantier de construction.

Le samedi 8 juillet 1815 (1), vers six heures du

______

(1) Un article de M. Léon Hilaire, dans l'*Investigateur* (novembre-décembre 1882), transcrit le procès-verbal dressé le 20 septembre 1861 par Cortiès, major de cavalerie, commandant de place, faisant fonction de sous-intendant militaire à l'île d'Aix. Ce procès constate, par *10 témoins alors vivants*, les divers incidents du séjour de Napoléon Ier à l'île. Dans ce document, on affirme que l'Empereur n'a pas quitté l'île du 7 au 15 juillet ; c'est une erreur d'un jour. — Il était à Rochefort et à Fouras le 8.

soir, des officiers, des soldats, des campagnards couvraient tout le rivage, depuis les rochers de La Grand'Plante et du Terrier jusqu'au sommet des batteries de la forteresse. L'embarquement, dit le manuscrit de M. F. S., se fit avec ordre ; *à dos d'hommes*, ajoute la tradition populaire, car il n'y

avait pas assez d'eau pour que les baleinières aient pu accoster le rivage : le marin qui porta Napoléon sur ses épaules était un nommé Baud, ancêtre d'une famille de Fouras. Quelques officiers, avec les bagages, prirent place dans les autres embarcations : c'étaient les généraux Bertrand, Savary, Gourgaud, Montholon et Lallemand, les aides de camp, le docteur Maingault et une quarantaine de personnes. (Manuscrit de M. F. S.)

Le comte de Las Cases conduisait Mme Bertrand dans un canot parti d'un autre point. (*Mémorial de Sainte-Hélène*).

— Sire, aurait dit un vieil officier de marine, ancien capitaine au long cours, M. Villedieu, parti du groupe des indigènes, craignez la trahison... Mon chasse-marée vous conduira plus sûrement en dehors des lignes des croiseurs anglais !

—Nous verrons, répondit le vaincu de Waterloo... Adieu, mes amis !

Lorsque les avirons s'abaissèrent, un grand cri s'éleva de Fouras : *Vive l'Empereur !* Lui salua encore une fois de la main... et peu à peu on le perdit des yeux. « Nous pleurions comme des filles ! » m'a dit, dans mon enfance, un vieux douanier, témoin de ce triste départ, celui-là même qui a gravé sur la pierre de la jetée le mot NAPOLÉON. Ce mot, effacé par la mer, a été gravé de nouveau en 1890.

Il était huit heures du soir lorsque Napoléon monta sur le pont de la *Saale*.

⁎
⁎ ⁎

SÉJOUR A L'ILE D'AIX. — LA MAISON HISTORIQUE.

Le dimanche 9 juillet, l'Empereur débarqua de bonne heure à l'ile d'Aix, visita toutes les fortifications et revint déjeuner à bord.

Dans la nuit du 10 au 11 juillet, Napoléon expédia en parlementaires, à bord du vaisseau anglais le *Bellérophon*, mouillé en rade des Basques, le comte de Las Cases et le général Savary, pour s'informer si les sauf-conduits, attendus d'Angleterre, étaient arrivés. Le capitaine Maitland, commandant de ce vaisseau, feignit d'ignorer les événements de France ; il déclara qu'il ne laisserait sortir aucun bâtiment de guerre ou de commerce, même neutre, sans combattre ou capturer.

En apprenant cet ultimatum, Napoléon fit donner l'ordre d'appareiller aux deux frégates, mais le ca-

pitaine Philibert répondit froidement qu'il lui était
défendu de tenter le passage, *si les bâtiments devaient courir le moindre danger*. (Viaud et Fleury,
Histoire de Rochefort, p. 513.)

Sur ces entrefaites (du 11 au 12 juillet), Napoléon
apprit, de son frère Joseph, la dissolution des
Chambres et la rentrée du roi à Paris. Son rôle était
fini !!

Le 12, il descendit à l'île d'Aix avec sa suite et ses
bagages.

Pendant trois jours, il occupa la maison que l'on
montre aux visiteurs, à l'extrémité septentrionale
de la rue Napoléon, tout près du rempart. Ce logis,
construit en 1809, dit le procès-verbal du major
Cortiès (pavillon D, service du génie), le plus beau
logement de l'île en 1815, est facile à reconnaître :
deux colonnes soutiennent le balcon du premier
étage, de chaque côté de la porte d'entrée.

Depuis 1862, un aigle en pierre, aux ailes éployées,

tenant dans ses serres la foudre avec la couronne de feuilles de chêne et de laurier, surmonte les lucarnes cintrées du grenier, au-dessus d'une grande plaque de marbre noir, où ces lignes dorées rappellent l'enthousiasme religieux du préfet Boffinton et d'une centaine de souscripteurs (1) :

A

LA MÉMOIRE

DE NOTRE IMMORTEL EMPEREUR

NAPOLÉON Ier

15 JUILLET 1815 !!!

—

TOUT FUT SUBLIME EN LUI : SA GLOIRE, SES REVERS,
ET SON NOM RESPECTÉ PLANE SUR L'UNIVERS !

—

Le vestibule est assez vaste et forme cage à l'escalier en bois ; la chambre où coucha le héros est au premier étage éclairée par deux fenêtres ouvrant au couchant, sur un jardinet planté d'acacias. Pardessus les murs et les toitures des bâtiments de servitude on aperçoit, après le rempart, la mer, la vaste mer du pertuis d'Antioche. Le petit lit, en bois, est placé dans une alcóve, entre la porte d'entrée et celle d'un cabinet de toilette ; deux autres portes communiquent avec de grandes salles occupées, maintenant, par des officiers d'artillerie, aux époques des exercices de tir. La cheminée en pierre,

_____

(1) Leurs noms sont conservés dans l'album de la chambre. Si l'on ne partage pas « le culte napoléonien », on devrait respecter la mémoire d'une aussi grande personnalité et ne pas mettre ou laisser mettre des plaisanteries aussi absurdes que celles que j'y ai lues. En somme, le général français, victorieux de l'Europe, n'a rien de grotesque, et la patriotique admiration de Louis-Philippe est bien excusable !

LA MAISON HISTORIQUE EN 1815

LA MAISON HISTORIQUE EN 1897

ornée d'un beau buste en marbre blanc de Napoléon,
est peinte en faux marbre... Le buste, les candé-
labres, le tapis, les rideaux de lit, le plafond, les
tapisseries, tout est moderne dans cette demeure,
complètement restaurée en 1862. Seuls les quatre
fauteuils d'acajou, garnis de velours vert, ainsi que
la table, paraissent contemporains de Bonaparte.

Bref, oublions ce décor transformé, pour songer
au grand drame du sacrifice expiatoire : c'est là que
la lutte suprême fut sur le point d'être livrée en 1815,
car la garnison, les habitants et les équipages des
navires n'auraient jamais voulu livrer aux ennemis
Celui qui les avait si souvent conduits à la victoire
au nom de la Patrie !

Le jeudi 13 juillet 1815, le prince Joseph Bonaparte (1768-1844), frère aîné de Napoléon, vint voir
l'ex-empereur dans l'île d'Aix. Deux bateaux à
demi-pontés, montés par des aspirants, devaient

gagner, à la nuit, le brick du capitaine Besson. Napoléon fut sur le point de s'y embarquer vers onze heures du soir. (*Mémorial* de M. le comte de Las Cases.) Réellement il dut peu reposer sous l'alcôve de la maison historique, car, le vendredi 14 juillet, dès 4 heures du matin, le comte de Las Cases et le général Lallemand partaient en parlementaires à bord du vaisseau anglais *Le Bellérophon*, mouillé dans la rade des Basques ; ils demandaient la paix et des sauf-conduits pour l'Amérique. Le capitaine Maitland ne voulut rien promettre ; c'était une glorieuse aubaine de faire prisonnier la « Terreur de l'Europe » ! A leur retour (1 heure du matin), le général Becker prévint le duc de Rovigo qu'un émissaire chargé de faire arrêter l'ex-souverain venait d'arriver à Rochefort : il n'y avait plus de temps à perdre !

Alors Napoléon réunit tout son entourage dans un dernier conseil : on peut se figurer cette scène, après déjeuner, dans une des grandes salles du rez-de-chaussée...

Voici le résumé de ces discussions, texte écrit à Sainte-Hélène, sous la dictée même de l'Empereur, par le comte de Las Cases. Bien que ce document ait été publié, sa place est indiquée dans une étude complète de cette page intéressant Fouras et l'île d'Aix :

« La croisière anglaise n'était pas forte : deux corvettes étaient devant Bordeaux ; elles y bloquaient une corvette française et donnaient la chasse à des Américains qui sortaient tous les jours en grand nombre. A l'île d'Aix nous avions deux frégates bien armées (*La Saale* et *La Méduse*) ; la corvette *Le Vulcain*, de premier échantillon, était au fond de la rade ; enfin, un gros brick (*L'Epervier*) : tout cela était bloqué par un vaisseau de soixante-quatorze, des plus petits de la marine anglaise, et par deux mauvaises corvettes (*Le Mirmidon* et *Le Slany*). Il est hors de doute qu'en courant risque de sacrifier un ou deux bâtiments, on serait passé. Mais le capitaine commandant (Philibert) était faible ; il refusa de sortir. Le second, tout à fait déterminé, l'eût tenté : probablement le commandant avait reçu des instructions de Fouché, qui déjà trahissait ouvertement et voulait livrer l'empereur. Quoi qu'il en soit, il n'y avait rien à attendre du côté de la mer ; l'empereur alors débarqua à l'île d'Aix.

Si cette mission eût été confiée à l'amiral Verhuel, disait l'Empereur, ainsi qu'on le lui avait promis lors de son départ de Paris, il est probable qu'il eût passé. Les équipages des deux frégates étaient pleins d'attachement et d'enthousiasme.

La garnison de l'île d'Aix était composée de 1.500 marins formant un très beau régiment ; les officiers, indignés de ce que les frégates ne voulaient pas sortir, proposèrent d'armer deux chasse-marée du port, de 15 tonneaux chacun ; les jeunes aspirants voulurent en être les matelots ; mais, au moment de l'exécution, ils déclarèrent qu'il était difficile de gagner l'Amérique sans toucher sur quelque point de l'Espagne ou du Portugal. Ainsi l'on courait risque d'être pris, en pleine mer, par les Anglais, ou de tomber entre les mains des alliés.

Il ne restait plus, dès lors, que deux partis : celui de rentrer dans l'intérieur, pour y tenter le sort des armes, ou celui d'aller prendre un asile en Angleterre. Pour suivre le premier, on se trouvait à la tête de 1.500 marins, pleins de zèle et de bonne volonté ; le commandant de l'île était un ancien officier de l'armée d'Egypte, tout dévoué à Napoléon ; il eût débarqué avec ces 1.500 hommes à Rochefort ; on s'y fût grossi de la garnison de cette ville dont l'esprit (bonapartiste) était excellent ; on eût appelé la garnison de La Rochelle, composée de 4 bataillons de fédérés qui offraient leurs services, et l'on se trouvait en mesure de joindre le général Clausel, si ferme à la tête de l'armée de Bordeaux, ou le général Lamarque, qui avait fait des prodiges avec celle de la Vendée ; tous les deux attendaient, désiraient Napoléon ; on eût nourri facilement la guerre civile dans l'intérieur de la France. Mais Paris était pris, les Chambres étaient dissoutes : cinq à six cent mille ennemis étaient dans l'intérieur de l'empire ; la guerre civile ne pouvait avoir d'autre résultat que de faire périr tout ce que la France avait d'hommes généreux et attachés à Napoléon. Cette perte eût été irréparable ; elle eût détruit les espérances des destinées futures, sans produire d'autre avantage que de mettre l'empereur dans le cas de traiter et d'obtenir des arrangements favorables à ses intérêts.

Napoléon avait donc renoncé à être souverain ; il ne demandait qu'un asile tranquille ; il répugnait, pour un si mince résultat, à faire périr tous ses amis, à devenir le prétexte du ravage de nos provinces... L'Amérique était le lieu plus convenable, le séjour de son choix (d'homme privé) ; l'Angleterre même, avec ses lois positives, pouvait lui convenir encore, et il paraissait que le capitaine Maitland pourrait conduire Napoléon et sa suite dans ce pays pour y être traités convenablement. Le peuple britannique aimait trop la gloire pour manquer une occasion qui se présentait naturellement et devait former les plus belles pages de son histoire. On résolut donc de se rendre à la croisière anglaise sitôt que Maitland aurait exprimé positivement l'ordre de le recevoir. »

Ainsi, certains amis de Napoléon, après avoir révolutionné, ensanglanté la France et l'Europe, comptaient sur la courtoise hospitalité du gouvernement anglais : folles illusions ! Ce fut pourtant la dernière décision du vaincu de Waterloo. Alors, dans cette maison où j'entends aujourd'hui la conversation d'un mess d'officiers d'artillerie, il écrivit cette lettre fameuse au prince régent d'Angleterre :

« Altesse Royale,

» En butte aux factions qui divisent mon pays et à l'inimitié des plus grandes puissances de l'Europe, j'ai consommé ma carrière politique. Je viens, comme Thémistocle, m'asseoir sur le foyer du peuple britannique ; je me mets sous la protection de ses lois, que je réclame de Votre Altesse Royale comme celles du plus puissant, du plus constant, du plus généreux de mes ennemis ! »

Il pouvait être trois heures de l'après-midi. Vers quatre heures, le comte de Las Cases, son fils et le général Gourgaud portaient cette lettre à bord du *Bellérophon*. Malgré ces otages de marque, le capitaine Maitland, prévenu de la combinaison avec le capitaine Besson, devint très soupçonneux :

— On me dit que Napoléon vient de s'échapper ! s'écriait Maitland sur un ton furieux.

— Cela n'est pas possible ! répliqua le comte de Las Cases ; j'ai laissé l'empereur à l'île d'Aix, vers quatre heures.

— Me l'affirmez-vous ?

— Oui, je vous en donne ma parole !

La cause de cette panique était un nommé Adrien-Lazare Goupil, qui, prévenu des projets d'évasion en Amérique, n'avait pas hésité à se rendre à bord du *Bellérophon* pour dénoncer les bonapartistes ou les *Noirs*, car lui était *Blanc* ou royaliste.

Un peu tranquillisé par l'air de bonne foi de M. de Las Cases, le capitaine Maitland demeura pacifique ; mais il aurait désiré faire prendre de suite Napoléon dans l'île avec ses embarcations.

Jacques-Marie-Adolphe Bouyer (1812-1884), archiviste à Paris, avait trouvé sur les quais un document bien curieux prouvant cette haine et les nombreuses intelligences que la croisière anglaise avait sur nos côtes ; c'est une lettre de ce Goupil, secrétaire de la mairie de Saint-Georges d'Oleron en 1828. (1) Elle vaut la peine d'être publiée en partie, car elle complète le dossier de cette mémorable affaire :

« A Son Excellence le Ministre de la marine et des colonies.

» Monseigneur,

» Adrien-Lazare Goupil, secrétaire de la mairie de Saint-Georges (île d'Oleron), a l'honneur de vous supplier respectueusement de prendre en considération les faits qu'il soumet à votre justice.

» En juillet 1815, lorsque Bonaparte tentait de passer aux Etats-Unis sur les frégates de l'île d'Aix, il jugea aussitôt son embarquement de l'impossibilité dans laquelle il était de pouvoir partir, étant surveillé par une croisière anglaise. Le 10, il lui fit demander passage, ce qui fut refusé ; il fut, au contraire, bloqué de très près par le vaisseau *Le Bellérophon* et la corvette *Le Mirmidon*, qui mouillèrent dans la rade des Basques.

» Mais, comme il avait prévu ce refus, il avait fait fréter et disposer un bâtiment danois, pour s'échapper, la nuit suivante, par la passe de Maumusson, si le temps était propre. La nuit ayant été calme, l'escapade ne put avoir lieu ; il fallut attendre à la nuit suivante.

» Ce projet ne fut connu que le lendemain (11 juillet 1815), à 7 h. 1/2 du matin, et vers midi du même jour, je montais à bord du *Bellérophon*, où étant, je dis au capitaine et à celui de la corvette, qui arriva

(1) Elle est aujourd'hui conservée à la Bibliothèque de la ville de La Rochelle. (Recueil 607, pièce 46.)

au même instant, ce que j'avais entendu dire, ce que
j'en pensais et ce qu'il fallait faire pour empêcher
l'exécution de ce projet sinistre. Ils appareillèrent
de suite pour boucher ce passage... etc Les pages
37 et 38 de la relation du capitaine Maitland en font
mention ; malgré que mes révélations ne soient pas
rapportées exactement, il démontre cependant combien elles lui furent utiles pour se fixer d'une manière assurée, pour ne point laisser échapper
l'homme dont la liberté ne pouvait qu'être funeste à
la France.

(Je supprime le récit de longues démarches pour
obtenir une récompense, démarches restées infruc-
tueuses.)

» ... Vous avez tout récemment, Monseigneur,
proposé, au nom du monarque, une loi qui doit récompenser la malheureuse sœur de l'enseigne de
vaisseau Bisson, qui a trouvé, par son dévouement
et son intrépidité, une mort si glorieuse pour lui et
si digne d'exemple pour la marine française... etc.
Si cette action a eu une si grande publicité, c'est
qu'elle a été donnée pour exemple. Il n'en est pas de
même de la mienne, Monseigneur ; elle est restée
secrète, vu qu'elle ne pouvait servir d'exemple à
personne. La France se trouvant à l'abri des persécutions de son plus cruel ennemi, elle n'en a pas
moins fait le plus grand bien en procurant une paix
si désirée, et si Bonaparte, après mes démarches
auprès du capitaine Maitland, fût parvenu à s'échapper, j'étais un homme perdu. Grâce donc au capitaine, qui voulut bien suivre mes conseils, j'obtins
de lui ce qu'il n'était pas obligé de m'accorder, et je
ne puis obtenir du ministère français ce que le monarque m'a promis.

» Veuillez, je vous supplie, Monseigneur, consi-
dérer mon action comme appartenant à la marine.
En mettant sous les yeux de S. M. les faits qui la

constituent, Monseigneur, vous rendrez justice à un vieillard qui a perdu la majeure partie de sa petite fortune durant la guerre de l'usurpation et qui, avec les sentiments les plus respectueux et le dévouement le plus sincère, de Votre Excellence, Monseigneur, est le très humble, très obéissant et très soumis serviteur.

» GOUPIL.

» Saint-Georges (île d'Oleron), le 19 avril 1828. »

Le samedi 15 juillet 1815, à 4 heures du matin, l'Empereur, en uniforme de garde national et en redingote verte (note de M. Pelletreau, enseigne de vaisseau), se rendit sur le brick *L'Epervier*, commandé par le lieutenant Jourdan ; sur ce navire était embarqué l'enseigne Gédéon-Henri Pelletreau et l'agent comptable Bonnau, auteurs de petites notices publiées par la *Nouvelle Revue rétrospective* (N° 12, 10 juin 1895). Napoléon ne pouvait se lasser de regarder ce rivage pour la dernière fois ; — à 8 heures, toujours sur le pont, il demanda du café ; on lui en servit dans une petite tasse de vermeil, sur la tête du cabestan. (Relation de M. Bonnau.) Le vent était contraire. — Tandis que le navire courait des bordées vers la division anglaise, sous pavillon parlementaire, le capitaine Maitland, impatient, envoyait son second dans un canot au-devant de *L'Epervier* ; l'officier anglais monta à bord, et après quelques renseignements sur le temps qu'il fallait pour arriver en Angleterre (8 jours ou 48 heures, suivant le vent), Napoléon et sa suite descendirent au milieu des matelots anglais : il y avait avec lui : le maréchal comte Bertrand, sa femme et trois enfants ; le comte de Montholon, sa femme et un enfant ; le général Savary ; le général Gourge (Gourgaud) ; le comte de Las Cases et son fils ; le général Lallemand ; le page de Sainte-Catherine ; Planat, chef d'escadron, officier d'ordonnance ; An-

L'EMBARQUEMENT DE NAPOLÉON A BORD DU BELLÉROPHON

trée et Résigny, même grade ; Cantiny, gardien du portefeuille ; Cyprien, maître d'hôtel ; Lepage, cuisinier ; neuf domestiques, trois femmes de chambre. (Liste publiée par la *Nouvelle Revue rétrospective,* 10 juin 1895, directeur Paul Cottin.)

Du haut de son vaisseau, Maitland, armé d'une lunette, attendait avec la plus grande anxiété l'arrivée de ses voyageurs : à chaque instant il demandait au comte de Las Cases si l'Empereur était dans ce canot... Enfin, il n'y eut plus de doute : l'Empereur, entouré de ses officiers, aborda *Le Bellérophon.* Ensuite le comte présenta le capitaine à Napoléon qui lui dit : « Je viens à votre bord me mettre sous la protection des lois d'Angleterre ! »

Il était écrit, sans doute, que le César français devait partir en exil devant le château du César latin !

On peut lire la suite dans le *Mémorial de Sainte-Hélène.*

Dix jours après ces événements, le comte de Saint-Légier revenait comme maire à Fouras et, par ordonnance royale du 7 juillet, exigeait le serment d'Etienne-Marie Gauvain, redevenu adjoint (6 août). Une proposition de suppression d'octroi (11 novembre) signale l'administration de ce maire très estimé. Son adresse à Louis XVIII, signée par cinquante notables, montre un entier dévouement à la famille du roi-martyr (1816). Il est à remarquer que la municipalité libérale des Cent-Jours ne fit aucun acte officiel relatant le passage de Napoléon à Fouras. Une pierre commémorative, placée au port de La Coue, ne serait pas superflue !

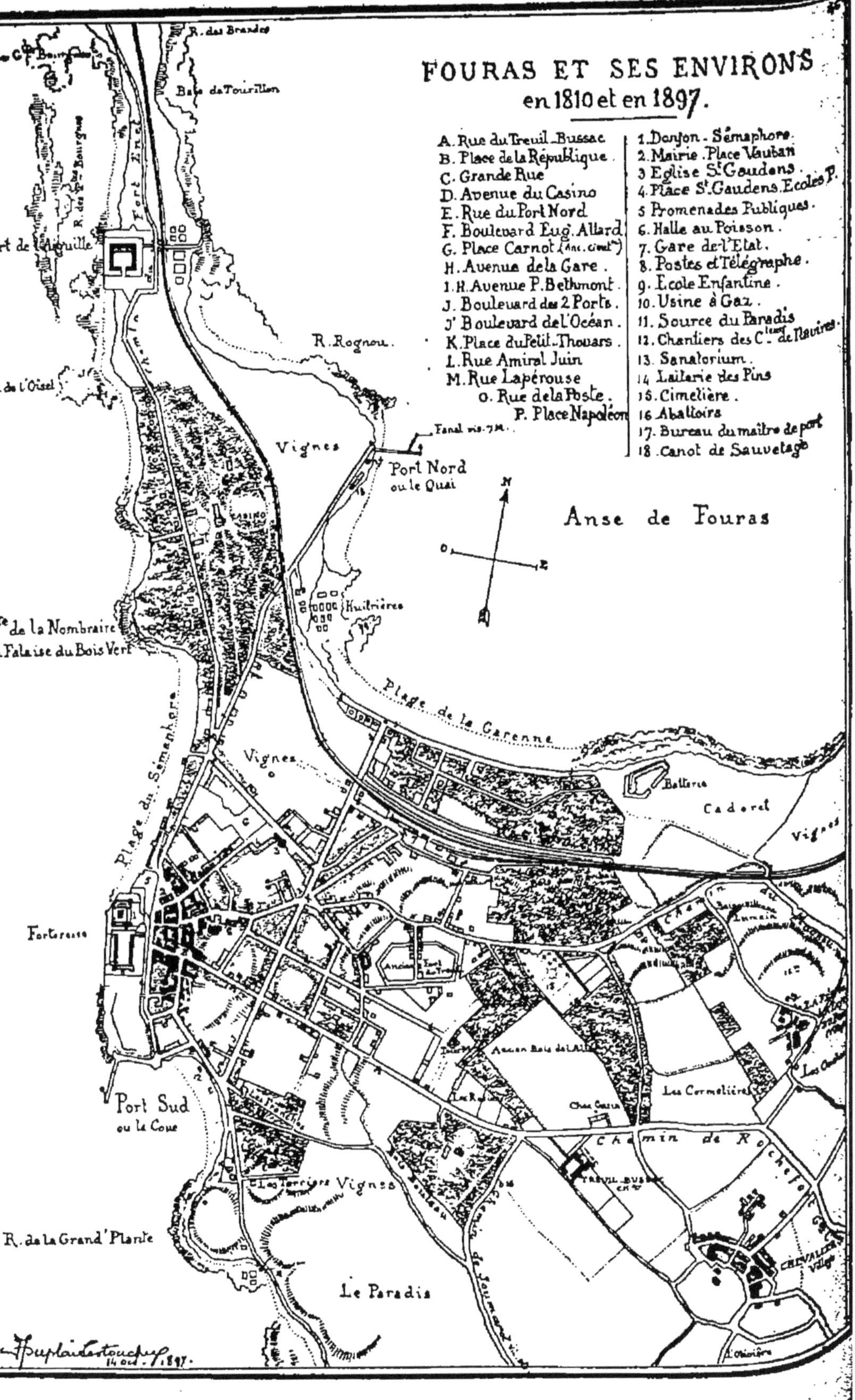

J. Duplaix Destouches
14 Oct. 1897.

CHAPITRE XIII

NAISSANCE D'UNE VILLE. — STATISTIQUE. — LA STATION
BALNÉAIRE. — LES RÉGATES.

Au commencement de ce siècle, c'est-à-dire en
1800, Fouras n'était qu'une bourgade de 636 âmes,
dont la majeure partie, marins-pêcheurs, cultivateurs, canonniers et gardes-côtes, occupait des maisonnettes basses, encaissées dans le sol, irréguliè-
rement groupées autour de la forteresse. (1)

De la place centrale, ornée d'un grand arbre de la
liberté, partaient trois petites rues : à gauche, on
descendait au port sud, vulgairement la Coue ; par
la voie d'en face on allait au fort ; à droite, la *Grand'
Rue* conduisait à la plage, au quai et à la pointe de

____

(1) Situation géographique : 45° 55' de latitude nord ; 3° 26 de
longitude occidentale de Paris. — A 3 kilomètres au nord de
l'embouchure de la Charente.

l'Aiguille. Partout des routins ombreux, des coins pittoresques. L'église, située au nord du bourg, était complètement isolée, au milieu du cimetière : c'était une pauvre chapelle dont on peut voir encore le clocher, campanile du XVIIIe siècle, bien modeste à

PORTRAIT D'UNE VIEILLE FOURASINE PAR G. MERCERAU, 1846.

côté de la flèche de 1889. Les deux ports, sans môles, recevaient une dizaine de barques, dont cinq traversiers ou chasse-marée. Limitée à l'ouest, au sud et au nord par l'Océan et la Charente, cette presqu'île se trouvait en dehors des grandes lignes de communication : le commerce était celui de quelques marchandes de poissons faisant le trajet de Rochefort et de La Rochelle. Les Fourasines, tel était le nom des femmes de cette localité, voyageaient toujours par groupes de plusieurs montures, trottinant, cahin-caha, avec des charrettes et des mannequins en selle ; les unes tricotaient, les autres contaient les nouvelles de la région. Elles portaient des coiffes aussi hautes, aussi larges que les *Hennins* des

TYPES DE FOURASINES EN 1810 ET 1878.
L'ANCIEN COURRIER DE SAINT-LAURENT-FOURAS EN 1878.

femmes du XVe siècle ; pour les grandes cérémonies, elles ajoutaient des barbes de mousseline, garnies de dentelles, tombant par derrière comme un voile. Souvent, elles dormaient en arrivant en ville, au point du jour ; de là certaines mésaventures qui faisaient dire par plaisanterie : « Fouras est le pays des ânes. » Il est certain que le nombre de ces quadrupèdes broutant les bruyères du Cadoret était extraordinaire pour 636 habitants : presque chaque foyer avait son bourriquet.

Sans la mode des bains de mer, Fouras serait encore l'unique « séjour des ânes et des bâts », comme dit la chanson populaire : mais, vers 1850, quelques familles du pays y vinrent passer les vacances ; elles attirèrent leurs connaissances, on fit bâtir. L'ombrage des chênes verts, la vue magnifique de la rade de l'île d'Aix et la proximité de Rochefort entraînèrent d'autres propriétaires ; dès lors, la métamorphose de Fouras a été aussi complète, aussi rapide que celle de Royan.

L'essor de la construction était surtout entravé par les zones de servitudes militaires. L'administration du génie des fortifications interdisait les travaux de maçonnerie dans une première zone de 250 mètres environnant la tour, les casernes et les batteries. Dans la seconde zone, à 487 mètres, la construction était tolérée, avec défense d'élever un premier étage, de creuser un puits dans sa cour ou une cave sous sa maison. Pour la troisième, 974 mètres, on permettait tous les détails d'une bâtisse, avec réserve du droit de tout combler et de tout niveler, à la première sommation. En 1890-91, la vente de la Lunette du Bourg (fortin déblayé en 1894), de la batterie des Châtaigniers, de la Gaulière et du fort du Treuil-Bussac est venue compléter l'œuvre d'émancipation pacifique ; maintenant tout citoyen peut faire construire maison ou tour à quatre étages, sous la condition de l'impôt direct.

Le projet du maire Eugène Allard (1), 1875-1876, en créant un port d'escale et de refuge à Enet, acheva la transformation du pays. Ce projet nécessitait le tracé d'un chemin de fer stratégique, reliant Fouras à Rochefort, préfecture maritime, par la ligne

______

(1) Voir chapitre xviii consacré aux ports de Fouras.

LA PLACE VAUBAN EN 1878,

LA VIEILLE DILIGENCE, HABITUELLEMENT ENCOMBRÉE, FIT PLACE AUX OMNIBUS.

de Nantes à Bordeaux, dont la station de Saint-Laurent-de-La-Prée existait depuis 1873. La vieille diligence, habituellement encombrée, fit place aux omnibus ; les baigneurs ne furent plus confondus avec les marchandises de marées... C'était déjà le progrès. Après bien des luttes locales (1), la ligne de fer fut enfin établie et la gare de Fouras, desservie par 12 trains, est venue donner le grand mouvement d'une tête de ligne, en septembre 1884.

Des commerçants, des ouvriers augmentèrent la population fixe ; des promenades et des rues furent tracées. En 1883-1884, une grande église, dessinée dans le style ogival du xiie siècle, remplaça la vieille chapelle du prieuré de Saint-Gaudens. Un élégant casino, ouvert en 1886, a complété la note mondaine et artistique, et depuis 1894, la villette est éclairée au gaz. Le marché a été couvert et pavé ; des terrasses élégantes, des digues bordent les anciennes dunes de l'avenue du casino et des bois de La Garenne... Des journaux littéraires, artistiques et quelquefois politiques, dont *La Lune*, fondée en 1885 (30 juillet), ont fait connaître les avantages de la station. En un mot, Fouras est méconnaissable depuis 20 ans.

*
* *

Sans avoir le luxe de Royan et d'Arcachon, la station jouit d'une notoriété très méritée. Les chiffres sont des preuves éloquentes, et un journal de Rochefort, *Les Tablettes des deux Charentes*, donnait la statistique suivante pour 1891 :

---

(2) On n'a pas idée des rivalités politiques qui entravèrent la construction du chemin de fer. (Voir les polémiques des *Tablettes des deux Charentes* et de l'*Intérêt public*, les délibérations du Conseil municipal, 23 mai 1883.)

Chez les habitants. 2.931
Dans les hôtels 893
Voyageurs par voitures . . . 3.500
Marchands et autres 157
Voyageurs par chemins de fer 30.618

Total : 38.099 personnes ayant séjourné dans cette localité !

Depuis six ans, ces chiffres doivent être doublés : ainsi, en 1897, je constate, d'après le carnet des billets remis aux employés de la gare, 42.046 voyageurs, dont : 10.432 pour le mois de juillet, 20.147 pour le mois d'août, 11.467 pour le mois de septembre. Et bien des voyageurs, comme les fonctionnaires, les abonnés, les journalistes, ne sont pas comptés.

Avec ses 588 maisons, ses 1.887 habitants, dont 547 électeurs inscrits, Fouras est presque une petite ville ; en 1890, son budget de recettes, sans octroi, s'éleva à 44.383 fr. 26. C'est le siège d'un syndicat maritime, qui compte 271 marins, 63 chaloupes et 42 canots de pêche, d'une recette des douanes et d'une recette buraliste des contributions indirectes. Il y a sémaphore maritime, avec poste téléphonique pour les officiers du port, recette des postes, bureau télégraphique pour le public depuis 1868.

La ligne de fer mesure 4.800 mètres de Fouras à Saint-Laurent-de-La-Prée, et 9.200 mètres d'Enet à Saint-Laurent ; la gare est desservie, l'été, par 11 trains à l'arrivée, et par 12 au départ. On est à 30 minutes de Rochefort et à 55 minutes de La Rochelle, à 10 heures de Paris.

Les foires ont lieu le premier lundi de mai et de septembre (1) ; il y a grand marché trois fois par

---

(1) On y vend surtout de l'ail, des oignons et des gâteaux ronds, appelés *fouaces*, déjà connus au temps des Romains et de Rabelais. Ces galettes se distinguaient du pain cuit au four, *panis furnaceus*, par leur cuisson dans le foyer, *panis focarius*. (Pline, *Histoire naturelle*, liv. xviii, ch. ii.)

semaine. De juillet à septembre, on peut, tous les jours, s'approvisionner de viande, poisson, légumes, fruits et coquillages. Du reste, il y a des magasins spéciaux, et bien que les vignes indigènes aient beaucoup souffert de l'invasion phylloxerique, on trouve encore de bon vin dans le pays.

Aux commodités de la vie matérielle viennent s'ajouter les distractions de la mer et de la vie mondaine : après les concerts, les spectacles et les jeux, on a la ressource de la pêche, des promenades dans les îles et sur les rives de la Charente. (Voir chapitres spéciaux.)

Comme station balnéaire, Fouras possède plusieurs plages nullement dangereuses et diversement exposées : suivant la direction du vent, le baigneur peut choisir une mer houleuse ou le calme d'un lac, car le pays est entouré d'eau presque de tous les côtés... (Voir chapitre XVI.) Grâce à ses bois de pins et de chênes-verts, c'est une presqu'île toujours verdoyante... Malheureusement pour l'Art, tout le pittoresque disparaît devant la nécessité de la bâtisse... la civilisation a quelquefois son mauvais côté !

Deux établissements avec cabines, salles de bains chauds et appareils de douches, sont installés sur la plage du Sémaphore, en face du mouvement maritime de la Charente ; à l'heure du bain, ce coin de Fouras est fort animé !

En 1886, une société des Fêtes de la plage est venue donner encore de l'animation au pays, mais les fêtes fourasines, par excellence, sont les régates, fondées en 1856 sous la présidence de M. de Saulces de Freycinet, alors commandant de l'aviso *le Laborieux*. Patronnées par le Yacht-Club de France, ces fêtes sont habituellement dirigées par le Préfet maritime... elles attirent des milliers de visiteurs.

Dès le matin, les maisons sont pavoisées, la Tour paraît couverte de pavillons, la rade peuplée de chaloupes et de yachts aux voiles blanches ou

rouges, aux drapeaux de toutes nuances. Les curieux
arrivent à pied, en voitures, par le train. Les repas
s'organisent sur l'herbe, à l'ombre des bois... les
hôtels regorgent.

Dans l'après-midi, la foule augmente avec les
bruits de la rue. On se porte vers la plage, qui prend
l'aspect d'une fourmilière : déjà la petite flotte se balance sur ses bouées de mouillage. Une tribune
abrite l'amiral, son état-major, le jury des courses,
les membres de la société, le conseil municipal et la
musique *la Lyre fourasine*.

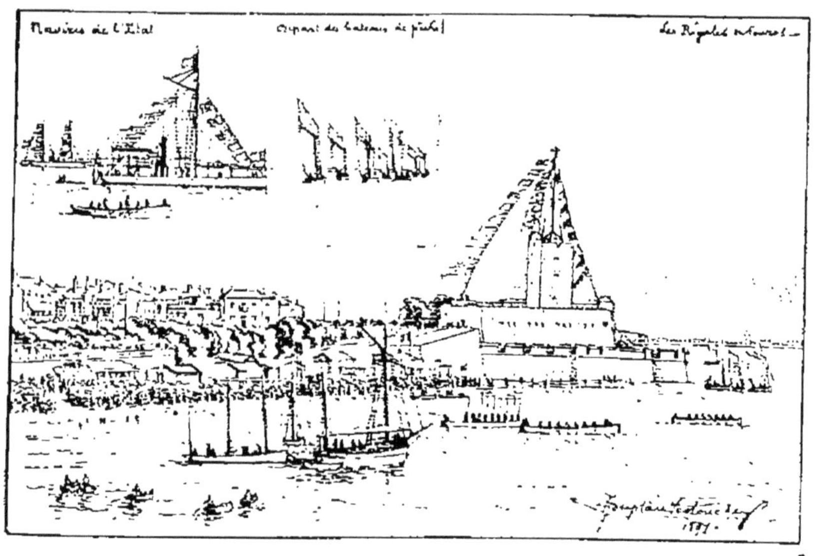

Soudain le canon tonne... c'est le signal d'appareiller. Toutes les voiles se hissent à la fois... A la
seconde détonation, tandis que la fumée blanche de
la poudre s'évapore, les chaloupes, canonnières,
bateaux de pêche et de plaisance s'élancent vers
le large. Le but est de doubler les bouées des
Fontenelles et de la Sablière, soit un parcours de
deux à quatre mille mètres. Les courses les plus

intéressantes sont celles des baleinières de l'Etat, qui commencent lorsque les voiliers sont déjà confondus vers l'horizon. Avec leurs avirons, elles fendent les flots comme d'énormes myriapodes. Pendant ce temps, les mousses joutent à la godille ou poursuivent, à la nage, les canards sacrifiés pour cette solennité. Alors ce sont des cris, des plongeons, des bousculades, qui font rire petits et grands, jusqu'au moment où le canon et la musique saluent le retour des bateaux vainqueurs.

Mais voici l'heure du dîner... les hôtels et les restaurants sont envahis. Le soir, encombrement sur les promenades, au casino, à la gare où les wagons ne peuvent contenir toute cette foule grisée de soleil et... de grand air. Ceux qui aiment les bruits populaires doivent être heureux !

CHAPITRE XIV

UNE VISITE AU CHATEAU-FORT
LA LÉGENDE DE LA LUNE

Aujourd'hui la forteresse de Fouras n'a plus d'importance avec l'artillerie d'acier, les explosifs à la mélinite et les formidables travaux de défense fixe exécutés à l'île d'Aix, à l'île Madame et à Enet, mais il est intéressant de visiter la tour du Sémaphore, son souterrain et les bastions.

Les douves environnent une superficie de 442 ares.

Pour pénétrer jusqu'à la Tour, construction terminée en mai 1490(?) et remaniée jusqu'au XVIIIe siècle, il faut traverser trois ceintures de remparts par trois ponts-levis. La première cour, ou champ de mars, était armée d'une batterie dominant la mer. En 1870, le génie militaire fit placer 19 pièces d'artillerie, dont 15 de 30 et 4 obusiers de 22. Ce vieux matériel a été

détruit, sur place, au moyen de dynamite, et les débris portés à Rochefort. (1) Au sud-est du champ
de mars, subsiste encore la poudrière casematée ; un
petit sentier permet de descendre vers le Port-Sud
et les rochers de La Coue.

Dans la deuxième enceinte, formée par les corps de
garde, fortifiée et voûtée en 1848, sont les casernes
construites en 1712. Après la répression de la Commune de Paris (1871), 500 fédérés y furent internés ;

PIÈCE DE 30 : 1870

c'est aujourd'hui le logement du garde d'artillerie,
du guetteur et des gendarmes, dont le poste fut créé
en janvier 1889.

Derrière le troisième rempart, percé de meurtrières,
garni de tourelles, se dresse le donjon du xve siècle,

____

(1) 24 février 1890.

poste sémaphorique de l'administration de la marine.

Cette tour quadrangulaire, avec escalier à vis de 120 marches (1), mesure 20 mètres de hauteur sur 15^{m}65 et 11^{m}57 de largeur. Les murs ont une épaisseur moyenne de 1^{m}75. Il y a quatre étages, sans compter la plate-forme où furent placées 9 pièces de canons durant les guerres de Hollande et d'Angleterre (1673-1757).

Cette terrasse domine le niveau de la mer de trente-six mètres (2) : on y distingue nettement l'embouchure de la Charente, les maisons blanches du Port-des-Barques, en bordure du fleuve et au milieu des prairies de Saint-Laurent, Lupin, Vergeroux et Soubise, le cours sinueux du fleuve jusqu'au pont suspendu de Tonnay-Charente. Partout des bois, et dans le lointain les clochers de Rochefort surgissent parmi la fumée des navires et des forges de l'arsenal. Du côté de la mer, au sud, derrière les collines de Piédemont et de l'île Madame, encore la mer, et les silhouettes bleuâtres du haut clocher de Marennes, le fort isolé du Chapus, les dunes d'Arvert avec la balise du Gardour, celles de Saint-Trojan et la passe de Maumusson, tout le profil enfin d'Oleron avec les remparts du Château, Boyardville et la rade des Trousses, jusqu'au cap et phare de Chassiron. Sur cet horizon baigné de lumière se détachent en teinte plus vigoureuse le fort Boyard, masse énorme de maçonnerie, les vaisseaux de la rade, l'île d'Aix avec ses phares, ses maisons, ses

______

(1) En 1849, M. Faye, membre correspondant de la Société des antiquaires de l'Ouest contait que la seule promenade à Fouras était l'ascension de cet escalier à vis, et qu'à la 60e marche, on lisait ce distique :

+C+. EST. LA. MO+T+É

DE. CE. ES—QUAL+É.

Des réparations ont fait disparaître ce facile rébus graphique.

(2) Hauteur de la falaise : 16^{m}085.

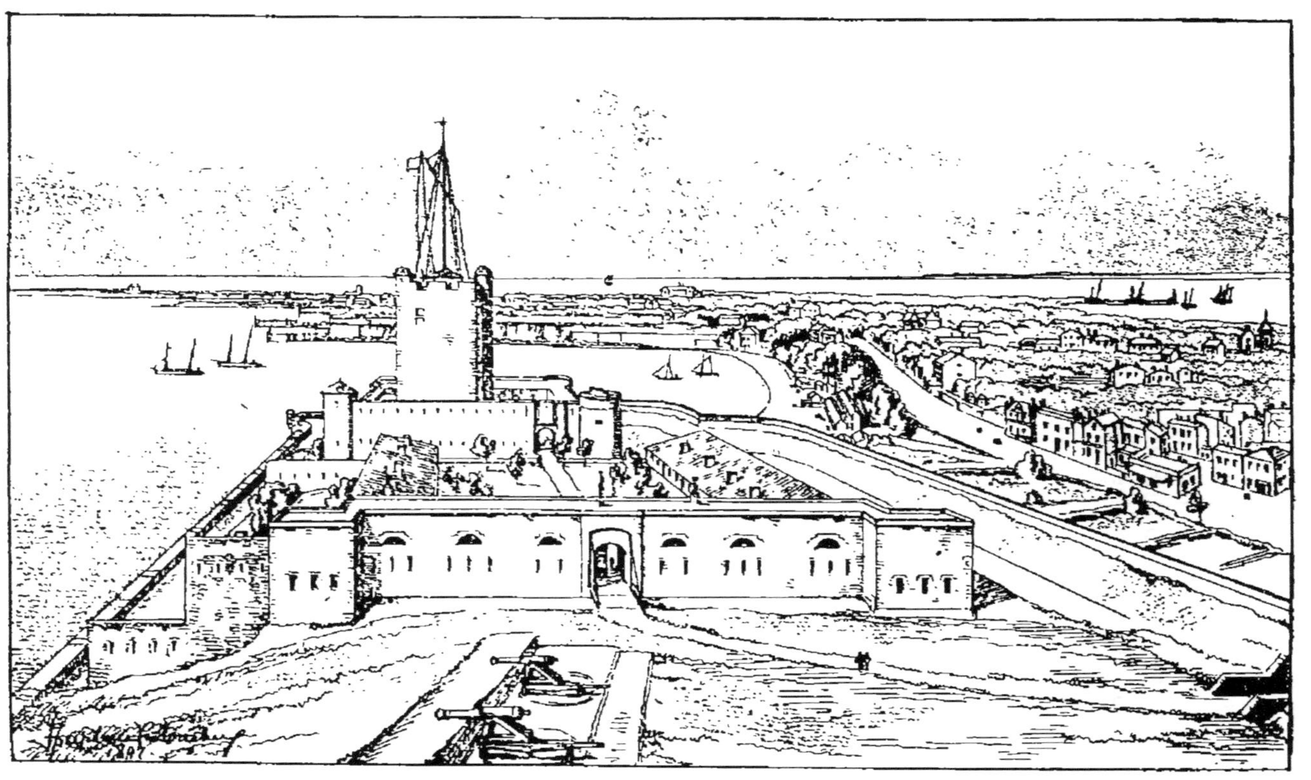

PANORAMA DE LA FORTERESSE DE FOURAS. — Composition de A. Duplais des Touches.

batteries et ses bois, le noir fort Enet que des bandes
de roches semblent vouloir retenir au sol de Fouras.
Enfin, plus loin, dans la direction nord-ouest, l'île de
Ré s'estompe en ligne plus claire. L'œil distingue
très bien le détroit et la rade de La Pallice, les nombreuses tours de La Rochelle, le littoral d'Angoulins,
la ville neuve de Châtelaillon avec son bouquet de
pins, la falaise de Saint-Romuald, celle d'Yves, chau-
dement éclairée par les reflets dorés du soleil.

C'est un superbe panorama, borné, au N.-E., par
les hauteurs d'Aigrefeuille et de Ciré !

Dans le poste télégraphique et téléphonique, une
lunette marine permet de distinguer tous ces détails
dans un rayon de 30 kilomètres : c'est presque tout
le littoral d'Aunis et Saintonge.

*
* *

Une tête mutilée, sculptée sur la clef de voûte,
tout en haut de l'escalier à vis de la Tour, rappelle
la plaisanterie de la Lune, légende locale à laquelle
le chevalier de Piis, l'auteur dramatique bien connu,
fait allusion dans une de ses lettres au comte Pierre
de Bremond d'Ars (29 juin 1821). (1)

---

(1)   *Enghien-Montmorency, ce 29 juin 1821.*

. . . .

*Je n'ai pas été plus chanceux avec l'ingrat théâtre de Vaude-
ville. Si, au lieu de 4.000 francs qu'il devroit me payer par an,
il eut consenti à me compter seulement 1.200 francs, je vous
jure, ami, que l'ermite de Montmorency auroit été, avant de
mourir, revoir la Lune de Fouras !*

. . . .

Vale et ama.

De Piis.

Pierre-Antoine-Augustin de Piis, né à Paris en 1755, mort en
1832. En 1776, il donna une petite comédie : *La bonne Femme.*
Ce fut le début de sa carrière dramatique Il a écrit seize pièces
pour le Vaudeville, qu'il avait fondé ; quelques-unes sont faites
en collaboration avec Barré. En 1799, il forma une société, qui,

Or, comment expliquer ce dicton :

As-tu vu la lune, mon gars
As-tu vu la lune de Fouras ?

Ces rimes n'ont sans doute aucun rapport avec cette fantaisie décorative. Quoi qu'il en soit, deux ou trois solutions se présentent à ma pensée :

Au temps des Phéniciens, des Celtes, des Gréco-Gaulois et des Romains, la colline rocheuse de Fouras et le temple dont les ruines sont dessinées sur la gravure de Châtillon, pouvaient avoir une pierre sacrée, un autel dédié au Soleil et surtout à la Lune, car la ville du soleil, Hélion, était dans les parages de Chausey, en Normandie. Ces lumières du jour et de la nuit, ainsi que les étoiles, sont les dieux, les guides des navigateurs ; du reste l'influence de Diane ou Phébé sur les marées est incontestable. Donc, de la plate-forme du temple, et plus tard du donjon féodal, un mage astronome devait annoncer les éclipses, les grandes marées, en comptant les jours et les mois d'après l'évolution sidérale et les phases de la lune. En un mot, Fouras aurait été la station des observateurs de la lune (la société existe en Angleterre), le principal observatoire de l'amirauté santone. Aujourd'hui, le marégraphe de la Préfecture maritime est à l'île d'Aix !

D'autre part, si ce proverbe rimé se rapporte à la *Demi-Lune* de Vauban, il ne faudrait pas confondre la demi-lune avec les tourelles placées aux angles des bastions. La demi-lune est un ouvrage de fortification composé de deux faces, construit en avant d'une courtine pour la couvrir. Cet ouvrage, connu, dans le commencement, sous le nom de *Ravelin*,

---

sous le nom de *Portique républicain*, s'occupait de littérature et de philosophie. Les règlements excluaient les membres de l'Institut ; c'est pourquoi il n'entra jamais à l'Académie.

Bulletin des Archives historiques de la Saintonge et de l'Aunis, t. iii, p. 427.

était fort petit ; Vauban lui donna plus d'étendue et arrondit l'angle, formé par les deux faces, qui était d'abord rectiligne.

A Fouras il y a une construction de ce genre : c'est cette demi-tour crénelée, avec échauguette, dont sont flanquées à l'ouest, du côté de la mer, les courtines revêtues de maçonneries, autrement dit les remparts de la première enceinte.

Or, à l'époque où cette demi-lune venait d'être terminée, Vauban, le soi-disant inventeur, était le héros du jour. Après avoir rendu la France invulnérable aux coups de l'Europe coalisée, il venait de faire tomber la Belgique avec la ville de Luxembourg au pouvoir des Français, et le roi, pour le récompenser de ses immenses services, l'avait élevé à la dignité de maréchal de France. On ne parlait que de ses perfectionnements dans l'art de fortifier et d'assiéger les places. Chacun disait son mot sur les courtines et les demi-lunes. Cette expression nouvelle, *Demi-lune*, fut pour les ignorants l'occasion de bévues grotesques, le sujet de conversations comiques dans le genre de celle que Molière, qui s'est si bien moqué des ridicules de son temps, fait tenir à ces deux types de Mascarille et de Jodelet (*Les précieuses Ridicules*), scène XII :

« — *M.* Te souvient-il, vicomte, de cette demi-lune que nous emportâmes sur les ennemis, au siège d'Arras ?

— *J.* Que veux-tu dire, avec ta demi-lune ? c'était bien une lune tout entière ! »

Dans la province, il y avait alors peu de forteresses à la Vauban. Rochefort n'avait qu'un simple mur d'enceinte, peu digne du titre de rempart. On peut donc supposer qu'on allait jusqu'à Fouras, visiter les travaux de défense dont on a pu lire les détails dans le chapitre VI. Et quand des badauds, nullement initiés aux termes militaires, se présentaient pour voir la Lune, c'était pour les soldats de la garnison une occasion de rire un peu de l'ignorance des bourgeois, et de leur faire grimper les 120 marches de l'escalier du donjon. Arrivés sur la plate-forme, comme les visiteurs, encore tout essoufflés de leur pénible ascension, cherchaient en vain cette chose dont on parlait tant, le cicérone finissait par montrer, avec un malin sourire, la fameuse demi-lune de Vauban, où brillaient au soleil quatre gros canons de bronze.

Reste encore une plaisanterie légendaire à expliquer, car mes amis lecteurs doivent tout savoir :

A quelques mètres de la Demi-Lune, tout en haut des remparts et sur 5 machicoulis surplombant la mer, se trouvent les cabinets de la garnison. Un jour que des visiteurs faisaient le tour du Fort, à marée basse — au XVIIᵉ siècle, il y avait une plage sablonneuse de 20 mètres en avant des rochers de la Couc — un soudard eut l'idée de montrer, au-dessus de la tête des promeneurs..., ce que l'on nomme vulgairement LA LUNE !

Les rieurs firent des chansons :

> Désirez-vous apercevoir la lune ?
> Dans une tour, on vous mène à l'instant.
> Mais, prenez garde... On peut en voir plus d'une
> En regardant au pied du monument.

Telles sont les lunes et la lune de la tradition ! (1)

*
* *

Sous le donjon se trouve un souterrain dans lequel on pénètre par un escalier plongeant de 27 marches ; un petit couloir de 1ᵐ20 de largeur et de 3ᵐ75 de longueur, composé de deux travées ogivales à nervures, conduit à la première salle. Sur les côtés de

---

(1) Article en partie publié dans le *Bulletin des Archives historiques de la Saintonge et de l'Aunis*, 1885, 222-227, t. III, p. 427.

la muraille, deux niches, dont une à ogive trifoliée, donnent à ces arcatures un aspect de crypte assez

pittoresque du XIIIe siècle. Ce sous-sol devait servir de chartrier, de prison ou de chapelle funéraire.

Primitivement, ce fut une salle de 12 mètres de longueur sur 7^{m}95 à 8 mètres de profondeur, formée de quatre travées ogivales à nervures prismatiques, à chanfrein, ayant 5 mètres 20 de hauteur, sous clefs de voûte. Actuellement, ce souterrain est divisé en deux compartiments (l'un de 3 mètres 96 et l'autre de 4 mètres 47) par un mur de soutènement de 2 mètres 32 d'épaisseur, construit en 1689, lorsqu'on plaça de l'artillerie sur la tour. Le pilier central, sans doute orné

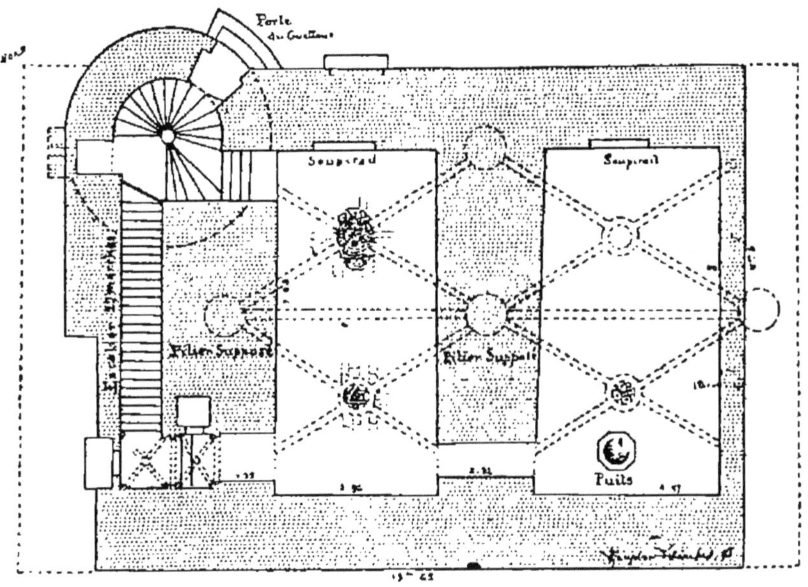

d'un chapiteau artistique, se trouve donc noyé dans ce blocage de moellons. A l'est, deux soupiraux, ou prises d'air, communiquent, dit-on, avec les cheminées des étages supérieurs. Un puits à margelle heptagonale offre une profondeur moyenne de 8 mètres.

Les clefs de voûte sont très intéressantes : sur la première est sculptée, en relief, une grande étoile à six branches, avec une rose quintefeuille au centre ; sur la deuxième, au milieu d'une grosse torsade, trois gerbes d'acanthe liées et deux têtes sont accolées

entre les nervures : ces visages sont d'une finesse
de ciseau remarquable ! Malheureusement, la hauteur de la voûte et la difficulté de l'éclairage ne
permettent pas de reproduire ici ces curieux souvenirs avec ma précision habituelle ; mais c'est justement cette obscurité qui a sauvé ces portraits des

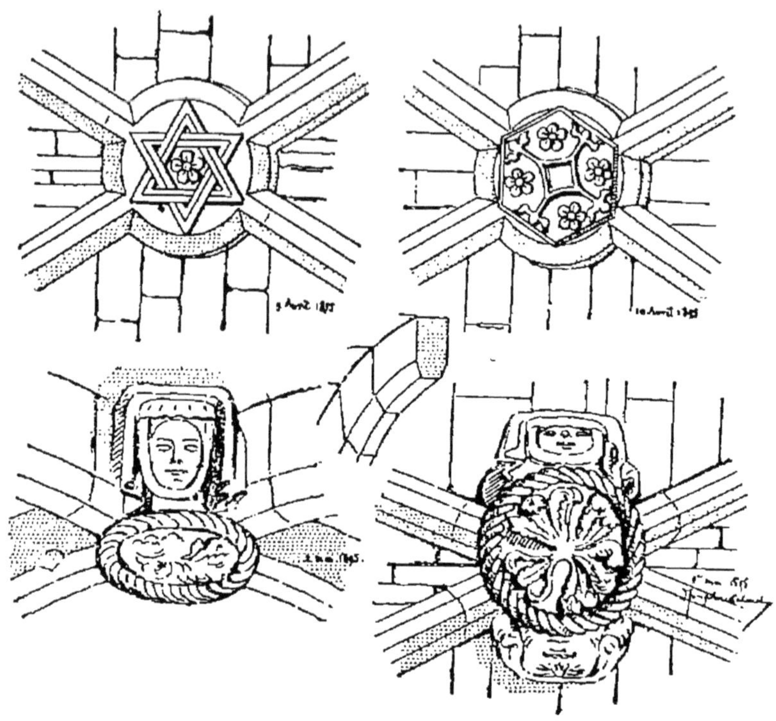

souillures des iconoclastes. Il est probable que le
sculpteur a voulu représenter les châtelains de Fouras : le style est bien du xve siècle. Vers cette
époque, Jean de Brosse, seigneur de L'Aigle et de
Fouras, avait épousé Louise de Laval, fille de
Gui XIV, comte de Laval, et d'Isabeau de Bretagne.
(Voir la liste des seigneurs.)

Le sire de Fouras, Jean II ou III, est représenté
nu-tête, avec ses longs cheveux tombant en boucles,

comme c'était la mode au temps de Jeanne d'Arc. Le hennin de la dame rappelle la coiffe dessinée sur le sceau de Jeanne de Rochefort, dame de Fouras en 1300 ; dans deux siècles, la mode des coiffures féminines, en Aunis, n'a pas beaucoup varié.

Dans la seconde salle, quatre palmes en croix ornent la troisième clef de voûte, au-dessus du puits ; sur la quatrième, quatre roses quintefeuilles sont séparées par une croix feuillée, dans un champ hexagonal.

Il a été dit que ce sombre refuge servit de cachot, en 1793, à des prêtres déportés ; cette tradition n'est nullement prouvée. Plus récemment, en 1871, il renferma bon nombre de fédérés parisiens, frappés de mesures disciplinaires. Il y eut alors des tentatives d'évasion dignes des romans d'Ernest Capendu.

La décadence de la forteresse de Fouras a commencé réellement en 1872, époque de la suppression de la capitainerie. Son déclassement définitif fut voté par l'Assemblée nationale, le samedi 16 mars 1889.

Malgré cet abandon, elle est encore curieuse à visiter ; mais c'est avec un certain sentiment de tristesse que l'on traverse ces cours, autrefois si animées ; les casernes, les casemates, les corps de garde sont vides, et les douves tranformées en jardins potagers ; des troupeaux broutent l'herbe qui pousse dru sur les bastions abandonnés. La fameuse demi-lune de Vauban est elle-même envahie par les rosiers, les grenadiers et les figuiers sauvages.

Cependant, fièrement assise sur la falaise, la vieille tour est encore superbe de couleur et de lignes : vue de la mer surtout, sa silhouette est pittoresque, avec les tourelles, remparts et bastions savamment étagés, aux pierres dorées par le soleil, unies de ciment rouge... Lorsque cette partie du rivage est éclairée par les reflets du couchant, on se croirait transporté en Orient, aux pieds des murailles de Rhodes. Mais c'est en vain que l'on cherche l'ombre d'une sentinelle, que l'imagination voudrait voir bardée de fer, armée d'une longue hallebarde ou d'une arquebuse. Tout est silencieux. Les gros canons, jadis braqués sur l'immensité de l'Océan, ont fait place à des perches de filets. Seule, l'éternelle et monotone chanson des lames, se brisant sur les rochers, rappelle le Fouras de mon enfance !

CHAPITRE XV

L'ÉGLISE

Ce monument a été construit de mai 1883 à mai 1884, sur l'emplacement de l'ancienne église de Saint-Gaudens, prieuré de l'ordre de Saint-Benoît, relevant de l'abbaye de Saint-Maixent, dont j'ai longuement parlé aux chapitres v et vi de ce livre.

D'après les titres de restauration du XIe siècle, saint Gaudens, patron de Fouras, était martyr et évêque : SANCTI MARTYRIS ET EPISCOPI GAUDENCII ; mais, dans d'autres documents, il est question de saint Gaudens de Girons, pâtre, martyr du diocèse de Toulouse : SANCTI GAUDENCII DE GIRONS, IN CASTELLANIA OU TERRA DE FORRASIO. (Confirmation d'une transaction entre Hugues de La Celle, commissaire du roi, et le sénéchal de Saintonge, d'une part, et les exécuteurs testamentaires de Guillaume de

Matha, chevalier, au sujet d'un legs en faveur de Montlaur, chevalier. Avril 1314. — *Archives hist. de Saintonge et d'Aunis*, 1884, t. xii, pp. 128, 129, 130.)

Les auteurs spéciaux citent encore douze ou treize saints de ce nom, dont sept évêques :

Saint Gaudens de Novare, évêque confesseur, mort vers 418. Fêté le 22 janvier. *Boll.*, vi.

Saint Gaudence de Vérone, inhumé à Saint-Etienne. 12 février.

Saint Gaudence d'Arba, en Dalmatie. 1er juin. *Boll.*, i, 134.

Saint Gaudence, confesseur, disciple de saint Romuald. 8 juin.

Saint Gaudence, évêque et martyr à Arezzo, en Italie, mort en 363. 19 juin. *Boll.*, iii, 847.

Saint Gaudence de Coire, en Suisse. 3 août. *Boll.*, vi, 553.

Saint Gaudence ou Gaudens, archevêque de Gnesen. Octobre. *Boll.*, v, 38.

Saint Gaudence, évêque de Rimini, mort en 360. 14 octobre. *Actes Boll.*, vi, 467.

Saint Gaudence, évêque de Brescia, vivant en 410. 25 octobre. *Actes Boll.*, xi, 587.

Saint Gaudence ou Gaudiose, évêque de Salerne, mort en 650. 26 octobre. *Boll.*, xi, 901.

Saint Gaudens, martyr à Tarbes. 12 octobre. Le même probablement que saint Gauziens, à Castres.

Saint Gaudens, Gaudeins, *vulgo* saint Goins, Gauziens ou Gaudentius, enfant tué en Comminges, 475. 30 septembre.

Sainte Gaudence, vierge et martyre, à Rome. 30 août. *Boll.*, vi, 553.

Alors, quel est le véritable patron de Fouras ?

Le calendrier de l'abbaye de Saint-Maixent indique GAUDENTIUS comme un des principaux saints du Poitou, avec Eutrope, Léger, Macou et Léonard. Avant 1681, Fouras célébrait sa fête le 3 ou le 30 du mois d'août ; le curé René Faucquéraud crut devoir établir le culte de l'évêque de Rimini le 14 octobre. En somme, l'ancienne coutume du mois d'août devait fixer la tradition sur SAINT OU SAINTE GAUDENCE.

L'index de l'*Acta sanctorum*, supplément de 1875, indique un autre Gaudens pour le mois d'août : SANCTUS GAUDENTIUS CURIENSIS, EPISCOPUS APUD RHETOS SEU GRISONES. Châtelain, l'auteur de la *Vie des saints*, traduit CURIENSIS par DE COIRE, CURIA RHETORUM, en allemand CHUR, ville importante des Helvètes, siège d'un évêché sur le Rhin, au pied des Alpes de Glaris. Cependant, le nom de GAUDENS ne figure pas sur la liste des évêques de Coire, dressée par dom Gams (*Series episcoporum Ecclesiæ catholicæ*), et comme on ne connaît ni le culte ni la vie de ce martyr, cette épithète, CURIENSIS, qu'on peut traduire par le chapelain, le seigneurial ou le syrien, doit-elle donc s'appliquer à un saint spécial de Fouras, localité désignée au XIe siècle sous le nom bizarre de CURRASIUM ? Soubise et Châtelaillon ont bien donné des évêques à la Saintonge et au Poitou : Pierre, fils d'Isambert de Châtelaillon et d'Ode, évêque de Poitiers, mort en 975 ; Gislebert, fils de Robert de Châtelaillon, neveu de Pierre, évêque de Poitiers ; Isambert, fils de Robert de Châtelaillon et de Théotberge, évêque de Poitiers, mort en 1086 ; Isambert II, évêque de Poitiers, succède à son oncle en 1086 (Arcère, t. I, p. 579); Pierre de Soubise, évêque de Saintes, mort en 1111. (Briand, *Histoire de l'Eglise santone*, pages 417-425.)

En attendant des preuves, il est intéressant de conter la légende du jeune pâtre basque décapité (COLLUM RASUM, COU RAS), en 475. Je suppose que ses reliques ont été apportées sur ce promontoire d'Aunis par des marins basques, habitués de la rade entre l'île d'Aix, Fouras et Châtelaillon. Ce bras de mer s'appelle encore RADE DES BASQUES. Au XIIe siècle, l'Aunis, avec La Rochelle et l'île de Ré, appar-

tenait à une famille basque, les de Mauléon. (Arcère,
t. ɪ, pp. 62, 63, 178 ; ɪɪɪ, p. 647.) Comme *Lugdunum
Convenarum*, aujourd'hui Saint-Bertrand-de-Com-
minges, Fouras possédait un temple romain sur sa
colline de la Coue, aujourd'hui forteresse maritime.

Il y a donc bien des raisons pour supposer notre
église chrétienne fondée en l'honneur d'un martyr
gascon ou d'Aquitaine !

Légende du martyre de saint Gaudens.— Vers 475,
le roi visigoth Evaric régnait à Toulouse. Au moment
de la persécution des catholiques, Gaudens, fils de
la veuve Quitterie, jeune pâtre de 13 ans, né au
hameau de Néboub, dans le Nébousan, lui fut signalé
comme chrétien dangereux ; alors le lieutenant Malet
envoya des soldats pour arrêter cet enfant au pied du
mont Pujament. Conduit devant le tribunal de *Lugdunum Convenarum*, Gaudens confessa hardiment
la divinité de J.-C., et Malet le condamna à mourir
la tête tranchée... Cette exécution eut lieu en dehors
de la ville. L'enfant reçut la mort en souriant, et dès
que la tête eut roulé à terre, le martyr la prit entre
ses mains, comme saint Denys, et se dirigea rapidement vers le mas Saint-Pierre. Quand il eut franchi
la distance qui le séparait de la cité, il s'arrêta au
bord du chemin et se reposa en plaçant sa tête sur
une pierre. Cependant, comme des soldats à cheval
le poursuivaient, il reprit sa course et se réfugia dans
l'église dont les portes s'ouvrirent et se refermèrent
aussitôt, tandis que l'un des chevaux des persécu-
teurs, en se dressant contre les portes, y laissait ses
fers. Après le départ des Ariens, les fidèles entrèrent
dans l'église et recueillirent avec un grand respect
le corps du martyr ; dès lors, l'église primitive, bâtie
en l'honneur de saint Pierre, par saint Saturnin, l'a-
pôtre de Toulouse, fit place à un oratoire en l'honneur
de saint Gaudens, nouveau patron de la contrée. La
ville elle-même fut renouvelée et prit le nom du martyr...

En 1569, les protestants livrèrent aux flammes les reliques de saint Gaudens ; il n'en reste qu'une très faible partie. La fête du saint, qui se célébrait au mois de mai, époque de son exécution, est fixée au 30 août. La chapelle de La Caoue (à Fouras, il y a la Coue), bâtie sur le lieu même du supplice, fut démolie en 1794 ; de nos jours, elle a été rebâtie et bénite solennellement le 9 avril 1855. — (Résumé de la notice du R. P. Carles, de Toulouse, publiée dans les *Petits Bollandistes*, *Vie des Saints*, t. x, p. 346-367.)

*
* *

L'antique chapelle de Saint-Gaudens de Fouras, démolie en 1883, mesurait 25 mètres de longueur sur 7 mètres de largeur. Vers 1846, ce monument était complètement isolé du bourg ; il se composait de deux parties construites à des époques différentes : le sanctuaire, en pierres de taille, avec piliers à colonnettes, à chapiteaux très simples, indiquait le xie et le xiiie siècles. Son style ogival obtus ressemblait à certaines parties de l'église de Saint-Laurent de-La-Prée ; d'autres détails rappelaient le chevet de la vieille paroisse de Rochefort, dont l'histoire est liée à celle de Fouras (pages 43-47).

Jadis le pricuré d'Agère, la chapelle de Saint-Liguaire ou Léger (1) près Yves et Champon, Notre-Dame ou Saint-Simon d'Enet, dont les ruines existaient encore au temps de l'ingénieur Masse (1716), dépendaient de la châtellenie de Fouras.

Vers 1682, époque à laquelle Louis Chesnel d'Écoyeux, seigneur de Fouras, donna une cloche au curé Fauquereau, on fit des réparations importantes à l'église, tandis que le prêtre convertis-

---

(1) Au nord de Saint-Pierre, sur la route du Grand Four-La Barre à la Maison-Neuve, au sommet d'un coteau qui domine le Marais de Fouras à la hauteur de 13 mètres, se trouve une terre qui porte encore le nom de *Champ de la chapelle.*

sait une douzaine de calvinistes. (Voir pages 91 à 101.)

Le modeste campanile qui subsiste à côté de la

ANCIENNE ÉGLISE DE SAINT-GAUDENS DE FOURAS

D'après un dessin de 1875.

flèche ogivale de 1884-1889 doit dater de cette époque.

Une chapelle latérale fut construite et bénite le 18

novembre 1732, aux frais de Jean Aussour, entrepreneur des fortifications. Cette chapelle, située du côté de l'épitre et dédiée à la Vierge des marins, était primitivement sous l'invocation de saint Jean-Baptiste. Au nord, la sacristie formait l'autre branche de la croix. Il y avait aussi un autel de sainte Philomèle.

Le 23 février 1739, fut bénite la cloche MADE-LEINE, conservée dans le nouveau clocher ; elle est en *do dièse* et pèse 170 kilogrammes.

En voici l'inscription :

✠ AD HONOREM DEI IEAN F. DIÈRES, CVRÉ DE FOURA. FECIT LEGROS A ROCHEFORT. 1738.

Le parrain fut Isaac de La Clocheterie, fils d'Isaac III Chadeau de La Clocheterie, enseigne de vaisseau, célèbre officier de marine et père du héros († 1747) et de Catherine Daniaud, dame du Treuil-Bussac (22 février 1708 + 15 septembre 1797). La marraine, Mlle Madeleine Dières, était fille de Pierre Dières, écrivain principal de la marine à Rochefort. La famille Dières-Monplaisir, de Pont-l'Evêque, est fixée en Saintonge depuis la fin du XVIIe siècle.

La majeure partie des terres du prieuré de Saint-Gaudens de Fouras, confisquée par le gouvernement de la République en 1793, fut vendue comme biens nationaux en septembre 1794 (fructidor an II et vendémiaire an III.)

En 1846, le cimetière entourait encore l'église ; c'est en 1850 que la rue de l'Eglise, limitée vers la maison d'école des garçons, fut prolongée jusqu'au chemin du cloître (boulevard Allard) avec un mur d'enceinte démoli en mars 1897. Les bâtiments du presbytère et des écoles (33.271 fr. 53) ne furent construits que de 1864 à 1865.

*\
* *

Quelques fouilles, devant le clocher (1883), indiquèrent des ruines importantes : le cloître occupait le boulevard Eugène-Allard, primitivement appelé *chemin du Cloître.* En creusant les fondations de l'église actuelle, les ouvriers trouvèrent, près du chevet, des ossements avec urnes funéraires, quelques monnaies de Charlemagne, CAROLVS ✠ TVRONVS, de Louis le Débonnaire, empereur (814-817), H. LVDOVICVS IMP. ✠ RISTIANA RELIGIO, etc., et de Richard, roi d'Angleterre (1189-99).

Dans son dessin du château de Fouras, Claude de Châtillon donne à la vieille église des proportions telles, avec ses nombreux contreforts, qu'on peut supposer qu'elle fut encore ruinée pendant les luttes religieuses, de 1585 à 1622.

Plus récemment, 14 octobre 1893, les ouvriers de la canalisation des eaux trouvaient, en face de Saint-Gaudens, une médaille de cuivre assez curieuse, avec ces mots : AVE MARIA GRATIA PLENA. Au centre, un roi apparaît assis sur un coffre ogival, entre deux branches de chêne et trois glands. Même légende sur le revers à la croix fleurdelysée.

Vue de la façade occidentale de l'église de Saint-Gaudens de Fouras, prise du haut de l'ancienne batterie, nivelée en même temps que le cimetière (1894-mars 1897.)

***

L'église actuelle mesure, intérieurement, 37 mètres de longueur sur 8 mètres de largeur de nef. Il y a 17 mètres au transept et 12 mètres de hauteur, sous clefs de voûtes. Le sanctuaire, de 6^{m}3o de profondeur, en voûte de 6 nervures, renferme l'autel de l'ancienne église, autel en bois posé le 13 mars 1842, avec une pierre sacrée (marbre gris, 0^{m}325 de longueur sur 0^{m}325 de largeur et 0^{m}020 de hauteur) portant le cachet de Clément Villecourt, évêque de La Rochelle et Saintes, 1836-1855 (samedi 11 juin 1853) Cinq fenêtres ogivales, à rosaces quinte-feuilles, sont ornées de vitraux signés Dagrand, verrier à Bordeaux, 1884. Au centre, le Père éternel, avec la barbe de l'empereur Charlemagne, soutient le monde dans sa main gauche; Jésus-Christ, avec la croix de bois sur son épaule, occupe l'autre compartiment. Viennent ensuite les quatre évangélistes : S^{TVS} LVC OU LVCAS, S^{TVS} MATHEVS, S^{TVS} IOANNES OU JEAN (don de la famille Putier), S^{TVS} MARCVS et les quatre Pères de l'Eglise latine : S^{TVS} GREGORIVS, S^{TVS} AVGVSTINVS, S^{TVS} IERONIMUS OU JÉRÔME, S^{TVS} AMBROSIVS. A la clef de voûte, une colombe porte dans son bec une branche d'olivier. La devise : IN QVO MIHI BENE COMPLACVI : « J'ai mis en lui toutes mes complaisances », rappelle l'apparition de J.-C. sur le mont Thabor.

La chapelle latérale de droite est dédiée à N.-D. du Saint-Rosaire. Les verrières montrent Marie, S. S. COR MARIA, entre S^{TVS} DOMINICVS, S^{TVS} SIMON DE ST OCK, puis S^{TA} CATHARINA DE SIENNE. La clef de voûte porte une barque et une étoile avec ces mots : AVE MARIS STELLA : « Salut ! étoile de la mer ! »

La chapelle latérale de gauche est dédiée au Sacré-Cœur de Jésus : S. S. COR JESV, entre S^{TA} MARGARITA, S^{TA} MAGDALENA, S^{TA} THERESA. A la clef de voûte, un cœur enflammé percé d'un poignard entouré d'une couronne d'épines ; SIC DEVS DILEXIT MVNDVM. Ainsi : « Dieu aima le monde jusqu'à lui sacrifier son cœur ! »

La combinaison des styles roman et ogival est

d'aspect élégant, la perspective intérieure d'un joli effet. Sur leurs clefs de voûtes, les travées du transept conservent les noms de PIERRE-IXLE FORGERIT, CVRÉ, avec une ancre et une croix sur-

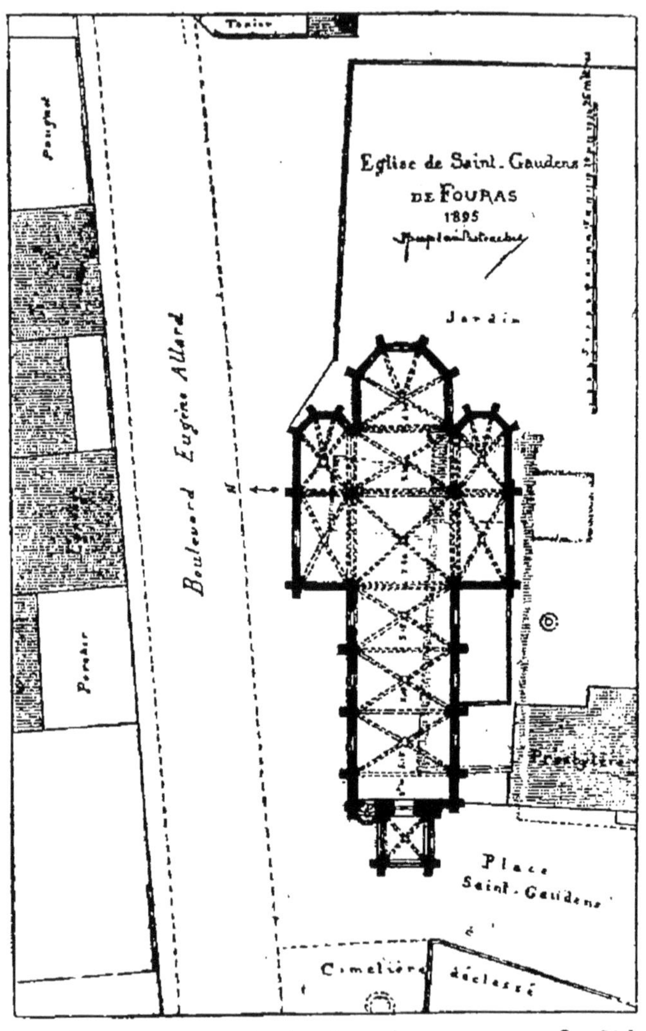

montées d'un cœur ; à droite, les armes de l'évêque de La Rochelle, A. M. E. ARDIN (1885-1892), avec la devise : INSTAVRARE OMNIA IN CHRISTO ; à gauche, les armes de l'archevêque de Rouen, Léon-Ben.-Ch.

Thomas, ancien évêque de La Rochelle, 1867-1874 (1829 + 9 mars 1894, cardinal). NIL DVLCIVS, NIL FORTIVS. En avant, le blason de Léon XIII, pape : LVMEN IN CŒLO. 1884. Viennent ensuite les armes de Fouras, motif un peu compliqué, mais résumant la légende et la réalité : la lune, la tour et une barque, avec ces mots : AVX DONATEVRS. FOURAS. Puis : E. RVLLIER, ARCHITECTE (à Saintes), et enfin le niveau maçonnique avec le nom de A. (NDRÉ) SEYRAT, entrepreneur, au-dessus de la seconde voûte de l'entrée principale. Le devis de ce monument s'élevait à 67.000 francs. Il faut compter, pour l'église, 64.719 fr., dont 30.000 fr. payés par la commune, 22.000 fr par la fabrique, 6.000 fr. par l'Etat, 800 fr. par le département, 4.178 fr. par les donateurs. Pour le clocher, on doit ajouter 18.000 francs; pour les vitraux Dagrand, 5,662 fr. 80 centimes, et pour les vitraux Megnien, Clamens et Bordereau, d'Angers, 1.200 fr. (Vierge-Mère et Joseph.)

*
* *

La cérémonie de la première pierre eut lieu le 29 juillet 1883. Sous un des piliers de l'intertransept est scellé le procès-verbal de cette solennité, signé I(sidore) BIRONNEAU, maire; PAUL GAUVAIN, adjoint: CHANDEAU, HURTEAU, PUTIER, BÉQUET, PERRET, MIMAUD, BÉGAUD et ROUSSEAU, conseillers municipaux. Le pilier d'en face renferme une bouteille avec ce document latin et français :

ANNO DOMINI MDCCCLXXXIII
    DIE XIX JVLII.
LEONE DECIMO TERTIO PONT. MAX. FELICITER
    REGNANTE.
LEONE CAROLO THOMAS EPISCOPO
DIŒCESIM RUPELLENSEM REGENTE.
HUNC PRIMUM LAPIDEM POSUERUNT

FULBERT PETIT, VIC.-GÉN.
R. F. IOANNES DOMINICUS SEYDEL
S.-O. PRÆDICATORUM.
ISKILAX FORGERIT PAROCHUS LOCI
VULGO DICTI FOURAS:

20 JUILLET 1884
BÉNÉDICTION DE L'ÉGLISE
PAR M. FULBERT PETIT, VICAIRE GÉNÉRAL.
CÉLÉBRATION DE LA PREMIÈRE MESSE
PAR MR IXILE FORGERIT, CURÉ.

Le clocher, seulement achevé le 5 mai 1889, forme porche devant l'église; sa hauteur atteint 27 à 30 mètres avec sa flèche de pierre en pyramide hexagonale. Les sculptures des voûtes et des piliers ne sont pas terminées; un escalier à vis de cinquante-deux marches mène à la tribune et aux cloches: celles-ci furent bénites par l'évêque de La Rochelle, le 19 septembre 1889, et le 14 mai 1890 elles furent installées pour sonner la prière du soir.

La plus grosse, en *fa* dièse, se nomme *Louise-Gabrielle-Charlotte*, et pèse 548 kilogrammes. On lit d'un côté :

✠

J'AI POUR PARRAIN CHARLES CURNILLON, PRÉSIDENT DE FABRIQUE. J'AI POUR MARRAINE Mme GEORGES BUGEAU, NÉE LOUISE PUTIER.

G. BOLLÉE
FONDEUR
A ORLÉANS. 1889.

De l'autre face :

CURÉ IXILE FORGERIT
ANNO DOMINI MDCCCLXXXIX
RUPELLÆ STEPHANUS PAPA REGNANTE LEONE
CURIS IXILII ME BENEDIXIT. AMEN.

19 Septembre 1889 . Joseph Laurestouchey d'après nature et une photographie
de GASTON GODEFROY. —

Des ornements de feuilles de vigne et de raisins rappellent une des sources de la fortune de l'agriculteur Jacques Putier, père de la marraine. Les profils de la vierge et de J.-C. sont délicatement modelés.

La cloche en *la* dièse est plus petite ; elle ne pèse que 270 kilogrammes.

J'AI ÉTÉ BAPTISÉE L'AN DU SEIGNEUR 1889
J'AI POUR PARRAIN M* FRANÇOIS BERTHOMET.
J'AI POUR MARRAINE M** VALENTINE FORGERIT.
ET JE ME NOMME VALENTINE-FRANÇOISE.

Au-dessous, l'image du Christ sur la croix :

LAUS DEO !
JE SUIS la VOIX DE DIEU. J'INVITE A LA PRIÈRE.
BIENHEUREUX LE CHRÉTIEN QUI VIENT A MON APPEL.
HOMME, QUE T'AI-JE APPRIS PENDANT TA VIE ENTIÈRE
EN SONNANT TON BAPTÊME ET TON HEURE DERNIÈRE ?
QUE TU DOIS SERVIR DIEU POUR L'ALLER VOIR AU CIEL !

M* IXILE FORGERIT,
CURÉ DE S*-GAUDENCE
DE FOURAS
1889

G. BOLLÉE
FONDEUR
A ORLÉANS.
1889.

De chaque côté, les armes du pape Léon XIII et celles de l'évêque de la Rochelle, Etienne Ardin. Pour les vers, il est juste d'ajouter que l'abbé Forgerit est poète à ses heures de loisir.

La troisième cloche, celle de 1738, est en *do dièse* et ne pèse que 170 kilogrammes.

Si les morts peuvent revenir, invisibles sur la terre, le curé Pierre Guyonnet doit être heureux de voir le rêve de toute sa vie aussi magnifiquement réalisé par son successeur ?

Mais il restait l'horloge, et les œils de la flèche attendirent 7 ans. Enfin, cette machine tant désirée (2.500 fr.), achetée en partie par souscriptions (1.587 fr. 45), fut inaugurée au milieu des drapeaux tricolores, le dimanche 20 septembre 1896, vers 3 heures de l'après-midi. Le discours d'usage fut prononcé par le maire, le Dr Emile Boutiron, et les sons de la *Lyre fourasine* saluèrent le gai carillon de la sonnerie !

CHAPITRE XVI

LES PLAGES ET LA THÉRAPEUTIQUE DE LA MER

On a si souvent écrit sur l'action bienfaisante de la mer, qu'il peut paraître superflu à un dessinateur-historien de traiter cette question : c'est cependant un chapitre essentiel pour une station de bains.

L'expérience a prouvé qu'il serait imprudent de livrer à l'assaut des lames des enfants, des personnes frêles ou impressionnables ; la réaction ou réchauffement du corps se fait difficilement chez certains tempéraments. Or, sur les plages de la Manche, l'air généralement brumeux et froid, l'Océan houleux, ne convient pas aux malades des voies respiratoires. A ces promeneurs susceptibles, l'atmosphère parfumée des pins d'Arcachon est habituellement prescrite, mais l'eau placide de cette célèbre baignoire n'a plus le charme de l'Océan.

Avec ces petites plages diversement exposées et sa mer abritée par les îles Santones. Fouras réunit tous les avantages des stations du midi. En effet, si les vents du nord viennent à soulever des ondulations trop violentes sur la *Plage de la Garenne,* conchè limitée par le port nord et les rochers du Cadoret, les baigneurs qui redoutent les vagues n'ont qu'à passer sur la plage du Sémaphore, où la mer présente l'aspect d'un lac. Et, lorsque la tempête souffle du côté du Fort (sud-ouest), un calme plat permet aux enfants de prendre leurs ébats sur la plage de la Garenne. Alors on peut dire, suivant l'expression du docteur E. Boutiron : le bain est spécialement agréable dans cette anse « abritée » des vents pernicieux, avec une mer calme et accessible par tous les temps, une atmosphère pure et vivifiante, un pays pittoresque au milieu d'une nature plantureuse, verdoyante et fraîche ! » [1]

C'est surtout une plage d'enfants, d'une sûreté incontestable, aux eaux d'une température modérée (16 à 27° degrés centigrades et doucement mixtionnées par la Charente. Il paraît que la salure de l'eau, ainsi diminuée comme à Royan-Gironde, prévient les picotements, l'urticaire et autres éruptions. Malheureusement pour Fouras, il arrive, pendant les marées du matin, que la bande de sable fin, d'une cinquantaine de mètres de largeur, n'est pas complètement recouverte par la mer ; alors si l'on gagne le large, on risque de revenir avec les pieds... un peu envasés. Un bassin d'eau tiède, servi dans chaque cabine, obvie à cet inconvénient, qui ne se produit jamais dans l'après-midi. D'ailleurs, il ne faudrait pas

____

[1] *Notice historique, medicale et hyiénique sur Fouras,* Charente-inférieure, Surgères Tessier, imprimeur, 1881, in-12. 1 gravure sur bois. 2e édition, *Guide du baigneur à Fouras,* 1896. 88 pages, 10 vues ; dessins de Charles Fouqueray.

s'effrayer outre mesure de cette boue marine : ses principes minéralisateurs (chlorure de sodium, hydrogène sulfuré, magnésie, chaux, fer, etc.), plus actifs que ceux des bains de sable, doivent être employés dans les mêmes cas que les boues de Dax et de Saint-Amand. Les médecins l'ordonnent dans le traitement de l'anémie, chlorose, lymphatisme, scrofule, rachitisme, périostite, rhumatisme et goutte. Dans sa notice sur Fouras, le Dr E. Boutiron a publié l'analyse de la composition chimique de la boue du golfe.

On peut encore utiliser ce limon pour la poterie industrielle et artistique : le Dr Léon Marchand, propriétaire de la tour des Rosier, professeur à l'école supérieure de pharmacie, de Paris, m'a offert de curieux spécimens de cuisson (statuettes et tuiles) obtenus par Thomas, faïencier à Choisy-le-Roi ; la découverte est faite... Il y a peut être une fortune à faire pour un industriel habile !!! Naturellement très fine, très onctueuse, cette boue semble donner une souplesse véritable aux jarrets des conducteurs de pousse-pieds. (Voir chapitre xx.)

Il suffit de regarder ma carte pour être convaincu de la situation charmante de la presqu'île fourasine : extrêmement découpé par les flots de deux bains, son littoral forme une quantité de plages ou petites conches, toutes plus favorables les unes que les autres à graduer l'action tonique, vivifiante de l'eau de mer.

La vraie *Plage des Bains*, comprise entre le sémaphore et les rochers du Bois-Vert ou Nombraire, mesure 530 mètres environ de longueur. Avant la construction des villas et des terrasses, c'était un coin des plus pittoresques de la région avec ses dunes embaumées d'immortelles et sa falaise à base d'argiles vertes et schisteuses, au sommet calcaire bizarrement éboulé, toujours couronné du feuillage

des chênes verts. Même en hiver, il fait, sous ces arbres centenaires, une douce température de 15 ou 20 degrés. Ce petit paradis hélas ! avait un propriétaire qui l'aliéna... Maintenant tout est bâti, taillé, nivelé, aligné, muré. Comme peintre, je regrette sincèrement la nature sauvage de mon vieux Fouras, mais je dois applaudir aux améliorations de la cité : les fêtes de nuit, avec illuminations des bois, des rochers et des terrasses, offrent un coup d'œil féerique !

Vers 1850, il y avait déjà l'établissement de bains Parpay, au pied du fort. En 1854, un autre industriel de Rochefort, Bardet, est venu planter ses cabines aux couleurs variées. Aujourd'hui, on peut compter quatre établissements, dont deux (B. Texier et B. Lardeux) sont pourvus de baignoires émaillées et d'appareils de douches chaudes.

Dès le mois de juillet, une foule d'étrangers s'établit sous leurs tentes, causant, lisant, se reposant des fatigues ou de l'internement des villes ; les familles se réunissent, formant des groupes d'une aimable intimité. Il est à souhaiter que ces habitués de Fouras n'apportent pas, avec l'habit, l'étiquette cérémonieuse des stations à la mode !

Avec la promenade des Pins, bordée de bazars, de tirs, de jeux forains, c'est le coin le plus mouvementé de Fouras. De là, le promeneur aperçoit l'île Madame, Oléron, Boyard, Aix, Enet, etc. Des navires de guerre, des bâtiments de commerce montent, descendent le fleuve. Sur le sable de la plage, les baigneurs prennent leurs ébats. C'est un joli tableau encadré, à gauche, par la tour avec ses deux étages de remparts crénelés, à droite, par la falaise et ses chênes ! Depuis 1894, des terrasses élégantes soutiennent ces anciennes dunes.

Au nord de la gare, la *plage de La Garenne* ou du bois de pins, baignée par les flots du large, est un peu plus longue que sa rivale du sémaphore. (560 mètres environ). Elle n'a pas la perspective animée de la Charente, des rades de Trousses, de Boyard et de l'île, mais le mouvement des chaloupes du port est intéressant ; en outre, l'œil peut se reposer sur l'horizon lointain de La Rochelle, de Châtelaillon avec ses ruines de couvent, et sur la haute falaise d'Yves, rattachée au territoire de Fouras et de Saint-Laurent par la longue allée des arbres de la route de Nantes à Bordeaux.

Une voie importante, le boulevard des Deux Ports, traverse toute la presqu'île, du Port-Sud aux Deux-Chênes ; de jolis chalets limitent cette plage septentrionale avec le boulevard de l'Océan, et une digue en pierre, construite de 1889 à 1890, souvent défoncée par les lames, défend le bois de la Garenne contre l'envahissement de la mer. Ces bois de pins, mêlés à d'autres essences, forment un refuge bien agréable aux promeneurs ; des avenues ont été tracées jusqu'à la Laiterie des Pins, élevée en 1883 sur le modèle de celle d'Arcachon. A l'abri du vent de mer, on y respire l'air salé mêlé à l'odeur embaumée de la résine des pins, le parfum des immortelles et des œillets sauvages. C'est par groupes nombreux qu'on vient passer la journée avec des livres, des broderies, des jeux de croquet, des law-tennis. Il est à souhaiter que le propriétaire livre ce coin pittoresque le plus tard possible au génie de la bâtisse.

Déjà, les tristesses humaines viennent s'y montrer : en 1891, un des châlets de ce quartier, l'ancienne brasserie Pouplard, fut choisi pour l'établissement d'un *sanatorium* ou station hygiénique pour les enfants pauvres de Rochefort. Cette station, dit Larousse (2e supplément), n'est pas un hôpital ; elle n'abrite que des enfants faibles, débilités, dont le contact ne présente aucun danger. Ces petits protégés prennent leurs vacances, pendant quatre mois, sous la surveillance de deux sœurs de Saint-Vincent de Paul ; une nourriture saine, la vie au grand air, la mer et le soleil peuvent les sortir de l'adolescence et les conserver pour la patrie qui a besoin de tous ses enfants.

L'œuvre du *sanatorium* est aidée par les municipalités de Rochefort, de Tonnay-Charente, par le sous-préfet de Rochefort, le préfet maritime, les docteurs de l'arrondissement ; il y a un comité de direction, un conseil général, un comité de dames visiteuses...

Près du remblai du chemin de fer, un établissement d'ostréiculture a été établi sur d'anciennes laisses de mer ; là, Patinet fait verdir le précieux mollusque comme dans les parcs des bords de la Seudre (Marennes). Il a obtenu, paraît-il, des résultats positifs.

En suivant le boulevard de l'Océan vers le Casino, on arrive au *Bois public*, acheté par la ville en 1878. Les jours de fêtes, il y a des bals de nuit fort animés. Habituellement, c'est un refuge agréable pour les bébés attirés par les balançoires suspendues à trois énormes pins ; l'été, il y fait une fraîcheur délicieuse. Les branches des chênes séculaires du Parc du Casino, forment un berceau magnifique au-dessus de la sortie de ce bois et de l'avenue du Port-Nord. Quelques constructions élégantes, comme la tourelle à M. Savignon, les Sorbiers à M. Maurin, 1888, embellissent ce quartier, le plus animé de Fouras.

Les habitants des villas du Bois-Vert ont également leur plage ; du Casino, on peut se baigner en traversant la route d'Enet : un escalier pittoresque, creusé dans le rocher, mène à ce rivage souvent garni de galets ; son exposition en plein soleil le fait préférer par quelques riverains.

La pointe de l'Aiguille offre encore au baigneur solitaire quatre ou cinq petites couches au sable fin, où la règle du costume n'est pas exigée. J'en ferai la description à l'article *chasse*.

Entre la forteresse et les rochers de la Grand'-Plante (coteau de l'usine à gaz), la petite anse de La Coue, occupée par le port sud et le chantier des constructeurs de navires, paraît peu fréquentée par les baigneurs : c'est une plage minuscule de 23o mètres environ, dominée par quelques jolis chalets et les maisons du vieux Fouras, appelée *Perrot* (¹) et par corruption *Pierrot*. C'est là que j'aurais voulu voir construire sous la place Napoléon, le marché à poisson dans les mêmes conditions

que celui de Royan : un quai eut permis aux embarcations d'accoster et d'apporter directement le poisson à la halle ; un mur avec terrasse eut soutenu la falaise qui s'effondre chaque année.

(¹) *Pérat, Péré, Perrot*, jetée en pierre d'un port,

Au delà de la jetée, les rochers éboulés du plateau du Fort conservent leur aspect sauvage des vieux temps : c'est un joli motif d'aquarelle.

Des plantations ont transformé en Jardin public le terrain communal des Terriers ou des *Franches*, dont une partie fut vendue en 1873 à M. Bertrand, négociant. Maintenant, de jolies constructions font place aux sablières d'autrefois : l'usine à gaz a changé complètement l'aspect pittoresque du coteau de la Grand'Plante ; elle occupe une superficie de 2,100 mètres carrés. Le gazomètre, d'une contenance de 500 mètres cubes, repose dans une cuve en ciment de 10^m40 de diamètre, à ossature métallique. Cet établissement, fondé par M. Jouanne, ingénieur, MM. Gaudineau et Chevalier, architectes à Cholet, a été inauguré le dimanche 26 août 1894. — Il est intéresssant de le visiter et de suivre les diverses phases de la fabrication de la glace pour les bateaux de pêche.

Viennent ensuite la plage du Paradis où surgit, en face d'un établissement d'ostréiculture, parmi le sable encore tout humide d'eau salée, une excellente source d'eau douce, et la plage de l'Espérance, qui s'étend sur un bon kilomètre de sable et de gravier, jusqu'aux mathes (¹) vaseuses du fort Lapointe ; là, commence la véritable embouchure de la Charente.

En somme, Fouras-Plage n'est pas, comme certaines stations très renommées, vraiment monotone par son immensité. Le pays est varié, couvert de bois de toutes essences et, malgré les vases charentaises si souvent critiquées, sa situation est exceptionnellement maritime.

____

(¹) Mot local qui designe la terre durcie qui s'élève au-dessus de la vase comme les *mattons* au dessus du lait caillé.

CHAPITRE XVII

LE CASINO

Jadis, ceux qui venaient passer les vacances à Fouras, devaient se contenter de la saine influence de l'air de la mer, des distractions de la pêche, de la chasse et des promenades en barque. Les belles soirées se passaient à l'ombre des bois touffus,

...Sub tegmine fagi !

comme dit Virgile, ou sur le sable de la plage ; à cette époque patriarcale, on ne fréquentait que l'anse du sémaphore : alors le son d'un clavecin était un véritable événement !

Vers 1872, quelques propriétaires tentèrent de fonder un cercle ; cette société dura peu et, de 1874 à 1883, chaque hôtel de Fouras avait sa salle des fêtes. En somme, tout cela manquait de confort, d'unité, de luxe artistique.

Depuis longtemps, on songeait au *Bois-Vert*, mais c'était la propriété d'Amédée Cordier, négociant, frère de l'ancien maire de Rochefort (1865-1871-1878-1881). Ce riche rochefortais avait fait bâtir, au milieu du parc, une importante habitation connue sous le nom de *Château du Bois-Vert* (1869-1870), à deux ailes avec lucarnes circulaires au deuxième étage, larges perrons, dont un, sur la façade occidentale, est abrité par une marquise de fer. L'intérieur de cette demeure moderne est très confortable. Or, en 1884, à la suite de certaines rumeurs de désastres financiers, on parla de vendre ; après quelques combinaisons, J. Putier, riche agriculteur, s'en rendit acquéreur en versant plus de 200,000 fr. Presque aussitôt la partie du Bois-Vert située près de Fouras fut louée à une troupe d'acteurs qui fit construire un casino en bois, simple salle de danse et de spectacle (1). Au bout de deux mois, la tentative de la troupe Pernet échoua, et l'été 1885 fut d'une tristesse remarquée.

Le nouveau propriétaire conçut alors, avec des amis, le projet de fonder un casino vraiment digne de ce nom mondain. Mais il fallait un homme capable de mener cette entreprise artistique : on proposa Victor Gasser, premier violon de l'Opéra-Comique, membre de la société des concerts du Conservatoire (2). Pendant l'exposition régionale de Rochefort,

______

(1) Non loin du château Cordier se trouvaient les ruines d'un vieux logis, petite seigneurie des Savignon ou Sauvignon de l'Aiguille, xviie siècle. Avant 1685, Diane Sauvignon, fille de Pierre, avait épousé Pierre Dansays, sieur du Treuil-Bussac. (Voir ch. ix.)

(2) Parmi les excellents solistes, collaborateurs de Gasser, il convient de citer : G. Girod, Violoncelliste-solo de l'Opéra-Comique, membre de la société des concerts du Conservatoire, 1er prix du Conservatoire en 1882 ; Christian de Larapidie, violon, membre de l'Académie Nationale de musique, prix du Conservatoire ; Jouët ; Ch. Lacoste, 1er piston de l'Opéra-Comique, etc. ; Barthe, 1re clarinette du grand théâtre de Bordeaux ; Veyret ; Aubert ; Spinelli, pianiste-compositeur.

Pour la saison 1897, peu favorisée par la température, Gasser s'est

1883, cet artiste avait charmé la ville comme chef d'orchestre, et la presse le comblait d'éloges ; dès le début, 15 juillet 1886, Gasser et sa femme obtinrent les sympathies locales ; il y eut d'excellents concerts et des réunions fort animées.

Pendant ce temps, les villas aux tuiles rouges s'élevaient au milieu des pins et des chênes-verts... L'allégorie d'Amphion bâtissant les murailles de Thèbes au son de la lyre sera toujours véritable.

Bientôt, les trois salons du casino ne purent contenir les danseurs, les abonnés ; des travaux d'agrandissement s'imposèrent et, en mai-juillet 1887, une salle de 30 mètres sur 12 mètres de largeur fut ajoutée au corps principal du château : la scène du théâtre est un peu réduite pour l'importance de certaines pièces ; on y joue trois fois par semaine le répertoire de l'Opéra-Comique.

Pour les soirées dansantes, les fauteuils sont déplacés et alignés autour de l'espace où la jeunesse s'élance aux flonflons d'une musique entraînante. En résumé, le casino de Fouras possède toutes les distractions des stations les plus connues : concerts, théâtre, grands bals et bals d'enfants, jeux de toutes sortes, cercle, salon de lecture, café, restaurant, salle d'escrime, etc.

Ce qui donne à cet établissement une supériorité naturelle et unique sur les autres villes d'eau de la région, c'est l'ombrage des bois, la facilité des communications : grâce au chemin de fer d'Enet à Saint-Laurent de La Prée, Fouras, je l'ai dit, se trouve à 10 minutes de Rochefort et à 40 minutes de La Rochelle ; la ligne ferrée est établie au bas de la pelouse de la terrasse ; la station *Fouras-Casino* est à 100 mètres du théâtre.

----

retiré, et la direction administrative du casino fut confiée à M. Bertrand.
M. Debuchy, de l'Opéra-Comique, dirigeait les concerts et le théâtre.

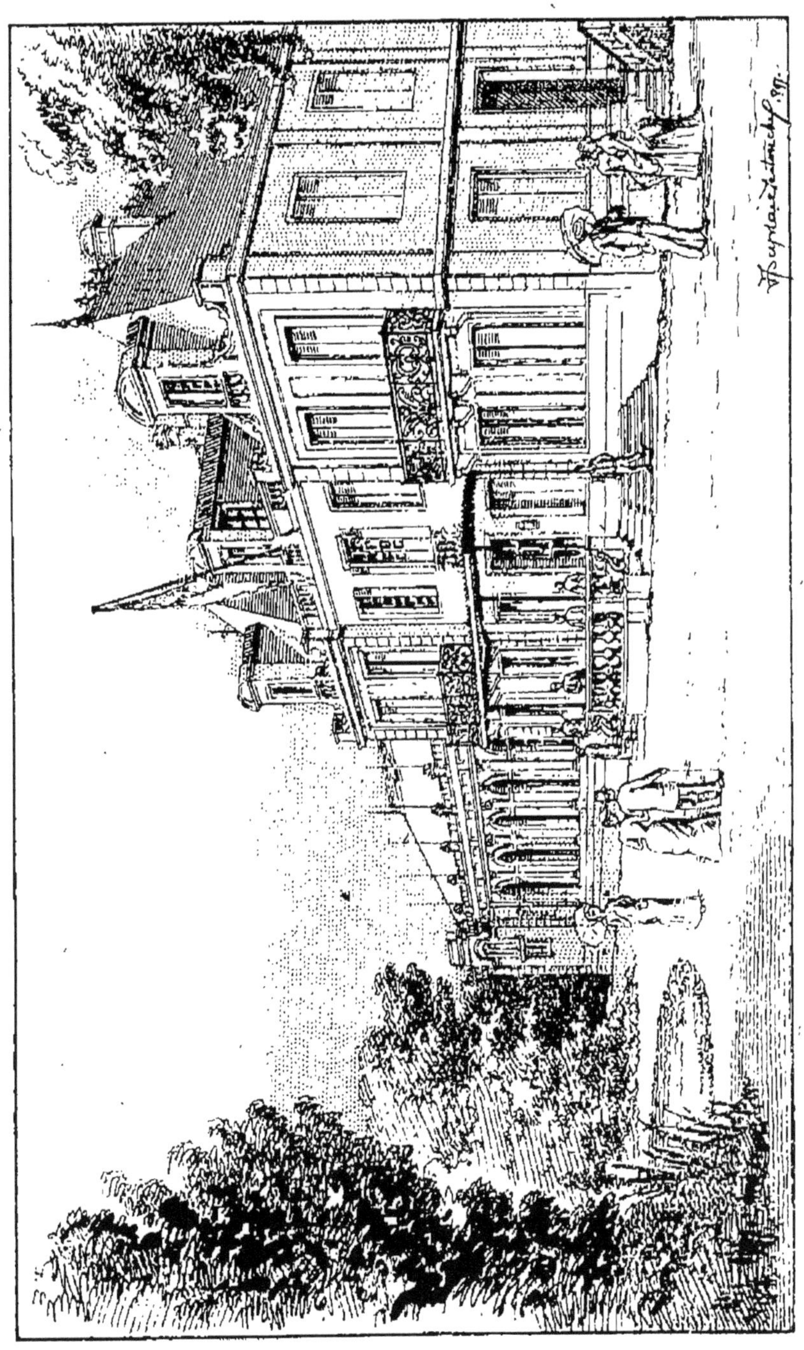

Le parc, avec ses chênes verts (plusieurs sont sans doute centenaires, malgré les coupes du propriétaire et les dévastations du génie de la guerre en 1737), couvre une superficie de 12 à 15 hectares. Une semblable végétation, sur une falaise battue par les flots du golfe d'Aquitaine, est bien faite pour étonner les touristes, après les forêts d'Arvert, de Vaux et de Suzac-sur-Gironde. Les allées sont de vrais tunnels de verdure, où domine une fraîcheur agréable pendant les plus fortes chaleurs. En hiver, leur aspect est aussi verdoyant, car ces arbres sont toujours feuillus. Que de vues charmantes pour un artiste, sous ces voûtes de chênes ! Au nord-est, on aperçoit le port, où se balancent les barques à la voilure blanche ou rouge. Partout des carrefours aux verts harmonieux, avec des échappées lumineuses et bleues.

Tandis qu'on s'abandonne à la joie de vivre dans ce petit paradis, mondain à l'heure des concerts, le rêve est quelquefois bercé par des chants d'oiseaux sortant de la feuillée... Les rossignols et les merles, ces musiciens de la grande nature, rivalisent avec l'orchestre pour faire oublier les heures sombres de l'existence...

CHAPITRE XVIII.

LES PORTS

La Coue ou port sud ; le quai ou port nord ; le débarcadère
de La Fumée. — Le projet de port d'escale à Enet. — Les
cinq projets d'un port-abri pour les pêcheurs. — Histoire
du chemin de fer, 1882-1884.

Placé à l'embouchure de la Charente, sur deux
bras de mer, au centre du littoral de la Saintonge et
de l'Aunis, dans la partie la plus abritée du pertuis
d'Antioche, Fouras pouvait avoir une grande importance maritime : c'est seulement un port de pêche,
station de 11 pilotes, syndicat dépendant du quartier de Rochefort, comptant 271 marins, 63 chaloupes et 24 canots de pêche.

J'ai dit, au commencement de ce livre, pages 5,
7, 16, 19, 20, 30, 31, ce que Fouras devait être avant
la conquête romaine. La légende, l'étymologie, les
ruines représentées par les vieilles gravures et
l'examen des lieux prouvent qu'il faut placer là un
port, sans doute le *port marchand*, sinon un des
ports militaires des Santons avant l'arrivée des
Romains. (Voir la discussion à la page 5.)

Mais laissons ces souvenirs « préhistoriques » ou
hypothétiques pour l'époque documentée.

Avant 1789, Fouras était le port officiel d'embarquement pour l'île d'Aix ; les archives départementales conservent plusieurs lettres des ministres
Champvallier, d'Argenson, de Breteuil, de Paulmy,
de Maurepas, et du duc de Choiseul aux inten-

dants de La Rochelle : de Baillon, Rouillé d'Orfeuil,
Le Peletier, à propos des baux à passer avec les
Filloux et autres maîtres des barques fourasines,
afin d'entretenir un service régulier pour les troupes
et le courrier de l'île (1). L'employé au transport des
troupes par mer, de Fouras à l'île d'Aix, de 1807
à 1821, fut Jean-Pierre Augustin Vildieu, 1764-1783,
né à La Rochelle, lieutenant de vaisseau 1795 ;
commandant de *La Seudre*, il fit la campagne
d'Espagne et de Portugal, 22 juillet — 18 décembre
1823. Fils de Pierre-Martin Vildieu et de Marie
Cruchon de La Tour.

En 1737, l'adjudication fut faite à raison de 720
livres par an; de 1744 à 1765, on obtint 1200 livres,
mais le roi refusait toujours d'exempter du service
les matelots qui servaient au bateau du passage de
l'île. Jusqu'en 1835, l'embarquement se faisait souvent en canot. Pour les poudres, projectiles et
autres approvisionnements, on construisait des
embarcadères en bois que la mer, un peu démontée,
emportait quelquefois pendant le transbordement.

Les rades et les deux ports de Fouras étaient
alors sans abri ; à la moindre tempête, les barques
ne pouvaient tenir à l'ancre et faisaient côte.

Les marins firent de nombreuses pétitions ; l'administration supérieure n'écouta ces réclamations
que vers 1831-1844, sous le maire Jean-Baptiste
Raimbault, de Niort. Aujourd'hui, Fouras possède
deux ports de mouillage et trois stations de débarquement.

1° Le *Port-Sud* ou *la Coue*, du côté de l'embouchure de la Charente, est abrité contre les vents
d'est, du nord et du nord-ouest, par la terre et une

---

(1) Archives départementales de La Rochelle, C. 30 nos 7, 8, 64, 63,
69, 70, 89, 98, 100.

jetée dirigée du nord au sud (longueur, 100 mètres; largeur, 4^m20 ; hauteur moyenne, 2 mètres). A l'ex-trémité de cette construction en roches cimentées, on a encastré, vers le musoir, un bloc sur lequel Napoléon 1er aurait posé le pied pour s'embarquer dans le canot de la *Saale*, le 18 juillet 1815. Le pas-sage quotidien des marins et l'érosion des lames ont effacé des lettres gravées par un douanier.

Comme je l'ai déjà démontré, de la page 157 à la page 159, toutes ces constructions n'existaient pas en 1815.

Adossée à la falaise de la forteresse, cette jetée de *la Coue* s'en va en pente douce vers la mer ; elle est quelquefois couverte par les vagues jus-qu'à la moitié ; une balise de 6 mètres de hau-teur, à parallélogramme blanc, indique son extré-mité. Sa construction, réclamée par délibération du Conseil municipal, en date du 26 juillet 1831, fut exécutée de 1834 à 1836. Le 15 mai 1836, il n'y avait plus de fonds pour l'achèvement; l'Etat avait accordé 3,000 fr. L'ingénieur des ponts et chaus-sées fit appel à la municipalité ; une souscription publique produisit 1,800 fr., somme qui fut remise au syndic des marins de Fouras. Pendant plusieurs années, cette digue fut appelée *Grave-Raimbault*, nom du maire qui avait eu la bonne fortune d'ob-tenir le secours de l'Etat (26 juillet 1831). Pour l'époque, cette somme de 3,000 fr. paraissait une faveur extraordinaire ! En 1876, on demandait un million pour Enet ([1]).

De 1841 à 1843, un petit quai fut ajouté pour sou-tenir le chemin qui descend de la forteresse. Ce travail fut relié à la jetée par un mur de 100 mètres de longueur, en 1874. Près de là, est établi un chantier de construction; on y voit presque toujours quelque barque en réparation.

([1]) Avant 1850, Enet était muni d'une simple batterie de barbette.

2° Le *port nord* ou *quai* est au nord de la ville, sur l'anse de Fouras ou baie d'Yves, à 1,400 mètres de la Coue. C'est la rade des grande barques, dites *chaloupes;* auparavant, c'étaient des traversiers (1). Une jetée de 102 mètres de longueur sur 6 mètres de largeur les abrite partiellement contre les vents du N.-O. Elle fut construite de 1832 à 1833 ; elle mesure 1m60 de hauteur moyenne et 1m30 de pente totale. Dirigée d'O.-S.-O. à E.-N.-E., cette rade fut revêtue, en 1846, d'un parement de pierres de taille, d'un pavage, etc. Une balise de 6 mètres de hauteur, avec triangle blanc, signale son extrémité.

Ce môle abritait peu la rade ; de 1868 à 1869, un épi ou brise-lames de 40 mètres de longueur fut ajouté obliquement à 28 mètres, à l'ouest de l'ancienne jetée. C'est un faible rempart contre les vents du nord.

Le Port-Nord, comme la Coue, n'est praticable qu'après trois heures de flot ; les marins comptent 3 mètres de profondeur en eau vive ou 1m50 en morte eau, au-dessus des vases molles du fond de l'anse ; le Port-Sud est, dit-on, moins profond de 0m50 centimètres.

L'entrée est indiquée par un feu fixe dioptrique blanc du cinquième ordre. Hissé au sommet d'une sorte d'échelle de fer adaptée à une cabane de tôle, il a une portée de 7 milles. Le plan focal est de 6m50 des plus hautes marées. En 1881, un gril de carénage, accordé par décision ministérielle du 16 février 1877, vint compléter le système de ce port, en somme peu commode, malgré ses perfectionnements. Le petit bureau en briques du maître de port,

---

(1) Naufrage sur la côte de Saint-Denis du traversier *la Royale,* du port de Fouras, capitaine Laurent Guiboulet. Série B. liasse 79, archives départementales.

place créée en 1875 pour M. Antoine Bégaud, date de 1893. Actuellement, 1894-1895, on cherche à nettoyer le fond du gril par le courant d'un canal creusé dans le brise-lames.

3° Le troisième débarcadère, *la Fumée*, établi sur le rocher de ce nom, à la pointe de l'Aiguille, de 1874 à 1875, sur la demande du maire Eugène Allard, devait remédier aux difficultés d'aborder en basse mer. Son éloignement de Fouras, 3 kilomètres, le fait délaisser par les pêcheurs.

La jetée mesure 170 mètres de longueur et 2 mètres de largeur. La partie à terre (83 mètres) s'élève à 1 mètre ; l'autre partie (87 mètres), est en maçonnerie hydraulique, avec une hauteur moyenne de 3 mètres. Son extrémité, signalée par une balise à triangle blanc, est toujours accessible, sauf pendant le reflux des marées extraordinaires. D'un abri presque nul, ce port est peu pratique à cause des rochers voisins. Cependant, des réparations intelligentes pourraient en faire un véritable refuge, bien que la jetée, primitivement établie sur du sable et un banc de roches, soit d'une résistance inégale. Le chemin de fer, avec un service régulier et des réductions de prix pour le transport du poisson et autres marchandises, rapprocherait Fouras de ce point de débarquement maintenant pourvu d'un foyer d'électricité ; ce système d'éclairage pour la défense des côtes, avec machines à vapeur, remises voûtées, casematées et logements de gardiens, a été terminé de 1890 à 1892. On lira plus loin l'utilité de ce débarcadère.

*
* *

Les plus grandes barques fourasines ont un tirant d'eau de 5 pieds, c'est-à-dire d'un mètre 62 centimètres et tout autour des jetées des deux ports, l'eau, à marée haute, ne mesure pas plus de

2 à 3 mètres de profondeur. De grands navires n'arriveraient donc jamais à quai. D'ailleurs, depuis la Seudre jusqu'à la Sèvre, tout le littoral s'élève par dépôts limoneux bien difficiles à repousser.

Au Port-Nord, le gril de carénage, établi en 1881, paraît encaissé à plus de 0,50 centimètres ; j'ai déjà dit qu'on essayait de le dévaser par des courants établis sous le brise-lames ; il est à craindre que les grosses barques ne puissent plus accoster les jetées dans une centaine d'années.

L'ancien maire Allard, sur les avis des pilotes et d'officiers de marine, parmi lesquels on doit citer le commandant Genet, avait compris le danger. C'est pourquoi il avait songé à créer un grand port d'escale et de refuge, non loin de La Fumée dans la fosse d'Enet, sorte de bassin naturel de 300 mètres de largeur sur 1,400 mètres de longueur, et d'une profondeur moyenne de 7 à 8 mètres aux basses mers, compris entre les vases orientales de l'île d'Aix et la pointe de Chiron d'Enet. En 1875, il publiait une notice instructive sur cette grave question : *La rade de l'île d'Aix et les autres points d'atterrissage dans le golfe de Gascogne* ([1]). Cette rade, véritable avant-port de Rochefort, est trop connue de la marine entière pour que je décrive ici, après les nouveaux rapports des députés, les avantages de cette position stratégique, unique depuis Bayonne jusqu'à Brest.

Malgré des quolibets et des chansons ridicules, le maire de Fouras poursuivit son idée avec une persévérance digne d'éloges, et l'année suivante, il faisait imprimer une autre brochure plus détaillée, avec une carte intitulée : CRÉATION D'UN PORT D'ESCALE *pour la navigation transatlantique et de refuge dans la rade de l'île d'Aix.* Rochefort, imprimerie Ch. Thèse, 1876.

---

[1] Rochefort, imprimerie Thèze, 1875, brochure in-8°.

Ce projet ne devait pas excéder 4 millions (¹).

Il est probable qu'on eût pu réaliser une économie de 50 °/₀ sur l'adjudication des travaux.

Le port d'Enet devait être relié à la ligne du chemin de fer de Bordeaux à Nantes par un embranchement passant par Saint-Laurent-de-la-Prée et Fouras; une digue à arceaux de 1.850 mètres de longueur, dans le genre du pont de Saint-André-de-Cubzac, permettait le passage sur la passe de l'îlot d'Enet, c'est-à-dire du bassin jusqu'à la pointe de l'Aiguille.

Ainsi, l'île d'Aix, Boyardville (alors école des torpilles) et la rade entière eussent été en communication directe avec l'arsenal de Rochefort. En une demi-heure, on pouvait transporter personnel et matériel... En un mot, Rochefort méritait ainsi son surnom de *Rochefort-sur-Mer*, car on suppri-

---

(¹) En voici le détail :

A 700 mètres du Fort d'Enet, un brise-lames de 500 mètres de longueur, établi du sud au nord sur un enrochement et sur des blocs artificiels, abriterait les navires contre les mauvais temps du N.-O., O., et S.-O.; à 2.101 fr. 40 le mètre courant, il coûterait . . 1.050.700

A 259 mètres du brise-lames, devaient être établis deux quais, formant l'équerre; le sommet de l'angle droit était tourné vers le nord d'Enet.

La digue du côté sud, 265 mètres de longueur sur 10 m. de largeur au sommet, pourvue de 5 vannes en bronze, reviendrait à 4,731 fr. 60 le mètre courant, soit 1.253,874

Celle du côté est, 150 mètres de longueur sur 6 mètres de largeur coûterait 2.838 fr. 96, soit 425,844

La jetée reliant ces quais avec le plateau d'Enet, longueur 420 mètres. 1,078,132

Somme à valoir 191.450

Total 4.000.000

Deux entrées de 130 mètres et de 200 mètres seraient ménagées, l'une au nord et l'autre au sud, afin de ne rien changer aux courants actuels qui empêcheraient l'envasement du port. On éviterait l'accumulation du limon au sommet de l'angle droit par les vannes ménagées dans la construction des quais.

mait l'ennuyeuse, je pourrais dire la dangereuse navigation de 18 à 25 kilomètres dans un fleuve étroit et pas assez profond pour nos grands cuirassés (¹).

Par ce déplacement d'activité, Fouras devenait l'annexe de Rochefort; c'était lui rendre son importance légendaire

Le superbe projet d'Allard, approuvé par le Conseil municipal de Fouras en 1877, 1878, et principalement le 13 avril 1879, était un vrai succès, que beaucoup de gens du pays ne comprenaient pas. « Si l'on ne fait pas à Enet le grand port de refuge, disaient-ils au député Bethmont, que l'on nous fasse au moins un abri à la Fumée, car les sinistres se succèdent. » — Et l'on racontait au ministère que plusieurs chaloupes de Fouras s'étaient perdues depuis le 25 janvier 1878 : la chaloupe *la Falaise*, échouée sur les rochers, et son patron Mounet disparu ; la chaloupe *Julia-Dieu-l'aime*, pilote Astier, coulée avec 4 hommes ; la chaloupe de Pessiot et Fillon, perdue en face le Port-des-Barques ; la chaloupe de Jean dit Robin totalement brisée ; 8 autres chaloupes à la côte pendant la tempête du 20 mars 1879. Dans la tempête du 22 février 1893, 5 chaloupes furent mises à la côte, sur les rochers du Cadoret : la *Jeune Marie*, la *Dona-Maria*, la *Clotilde*, la *Julia-Dieu-l'Aime* et la *Pauvre-Amélia* ; une autre chaloupe a été coulée en rade du quai nord.

Hélas ! notre villette, divisée par les haines politiques, devait laisser perdre son avenir, comme la malheureuse Carthage, car sa voisine, la puissante Rochelle, faisait agir toutes les influences pour faire voter de suite la création du nouveau port de La Pallice par la loi du 2 avril 1880.

(¹) Les vaisseaux comme le *Foudroyant* mesurant 8 mètres de tirant d'eau. On verra plus loin ma discussion.

« Nous n'avons pas la prétention, disait modeste-
ment M. Allard, de demander à Enet un vaste port,
des docks, des chantiers de construction, d'y
entraîner le commerce des villes environnantes.
L'espace manquerait d'abord, et nous savons aussi
qu'on ne déplace pas les centres commerciaux. Loin
donc d'être une création rivale, ce serait un port
d'escale et de refuge destiné à compléter les ports
de commerce voisins (p. 12). »

Pour les courriers, on gagnerait un temps précieux en déposant, sur ce point d'atterrissage,
voyageurs et dépêches pour Bordeaux, Nantes, La
Rochelle, Rochefort et Tonnay-Charente.

A côté du beau projet d'Enet, de mesquines
taquineries de village se heurtèrent à l'indiffé-
rence de paisibles citoyens, et, aux élections de
1881, le parti conservateur, avec Eugène Allard, fut
battu et l'écharpe tricolore donnée à Isidore Bironneau, ancien épicier à La Rochelle, ancien conseiller municipal de Tasdon. Le nouveau maire de
Fouras pouvait-il continuer l'œuvre d'Eugène
Allard ? Ce qui est certain, c'est que les anciens
camarades d'Allard, amiraux et ingénieurs, cessèrent de s'occuper du port d'Enet : c'était une
représaille. A peine le ministère des travaux publics
voulut-il accorder le chemin de fer de Saint-
Laurent-de-la-Prée à Fouras ; bien sûr qu'on eût
abandonné ce tronçon de ligne de 9.200 mètres, si
Béthmont ne l'avait pas promis à ses électeurs de
Rochefort-Fouras, pour reporter tous les crédits à
La Pallice, en faveur de la conception de l'ingénieur
hydrographe Bouquet de La Grye.

En 1882, la tranchée du coteau des Vallines, la
plus pénible à faire à cause d'un banc de grès calcaire cénomanien, fut enfin tracée ; mais, de tous
côtés, on constatait des lenteurs inexplicables.
Alors Putier, riche propriétaire, qui avait refusé

de vendre à l'Etat ses terrains au prix d'expertise, accusa le maire Bironneau de s'endormir sur son écharpe.

Et les critiques et les pétitions pleuvaient de tous côtés. Bironneau furieux, refusait de légaliser les signatures... c'était une lutte de tous les jours. Peu s'en est fallu que maire et conseillers n'en vinssent aux mains en pleine salle de mairie : on se serait cru à la chambre des députés !

A dire vrai, ces critiques pénibles, véritables coups de fouet, servirent le pays. Le maire fut obligé de convoquer son conseil, d'exposer la situation : « L'Etat, disait-il, doit terminer le chemin de fer de Fouras au moins pour les bains de mer de 1883, et, s'il le faut, la commune ira jusqu'à voter la dépense d'une gare en bois ! » C'est ce qui fut fait à l'unanimité, à la séance du 23 mai 1883.

Comme les mécontents criaient toujours à la trahison, Bironneau, bien qu'absorbé par la construction de l'église, se décida à porter à Paris le vœu de la population. Appuyé par les députés Barbedette et Bethmont, il obtint enfin cette réponse favorable que je m'empressai de copier pour l'imprimeur de l'*Intérêt public* :

MINISTÈRE DES TRAVAUX PUBLICS

CABINET DU MINISTRE

Paris, le 6 juin 1883.

Monsieur le député et cher collègue,

Le 16 mai dernier, je vous ai fait connaître que le chemin de fer de Saint-Laurent-de-la-Prée à la pointe de la Fumée figurerait dans mon projet de loi général qui comprendrait toutes les lignes nouvelles dont l'exploitation pourra être commencée pendant le 2me semestre de 1883. J'ai ajouté qu'on ne pourrait avancer l'époque de l'ouverture de cette ligne qu'en construisant, dans les stations, un bâtiment provisoire en bois pour assurer le service, en attendant les installations définitives dont le projet était alors soumis au conseil général des ponts-et-chaussées.

J'ai l'honneur de vous informer que, sur l'avis de ce conseil, je viens d'inviter MM. les ingénieurs à apporter diverses modifications au projet qu'ils avaient présenté pour la station de Fouras, et de décider que la construction du bâtiment des voyageurs de la station de la pointe de la Fumée et de ses annexes, sera ajournée jusqu'au moment de l'exécution des travaux de la section de la Fumée au fort d'Enet.

Mais le Conseil municipal de Fouras ayant, par délibération du 26 mai, voté la prise en charge, par la commune, de la dépense qu'occasionnerait l'établissement d'une gare provisoire, j'ai cru devoir revenir sur la décision que j'avais prise de ne point autoriser cet établissement. J'ai, en conséquence, approuvé la construction immédiate, par voie de régie, de bâtiments en bois suffisants pour assurer le service en attendant les installations définitives.

Agréez, monsieur le député et cher collègue, l'assurance de ma haute considération.

Le ministre des travaux publics,

Signé : RAYNAL.

C'était tout ce que Fouras pouvait souhaiter de plus pratique.

Enfin, cette ligne tant désirée fut livrée en 1884. Dès le 6 avril, on avait invité le ministre des travaux publics à venir visiter les importants travaux de la ligne stratégique d'Enet ; M. Raynal refusa. Une fois les populations calmées par le mouvement des locomotives, on ne parla plus de notre port en eau profonde ; tous les millions se dépensaient à la mare à La Besse... vers La Rochelle !

Cependant, républicains et bonapartistes de Fouras continuaient leurs disputes ; on reprochait surtout à Bironneau, d'avoir endetté la commune pour une église de 70.000 à 82,719 francs. Bref, le 18 mai 1884, l'ancien conseiller de Tasdon fut battu et Allard nommé maire par 10 voix sur 13 votants. Comprenant les efforts de La Rochelle, l'élu de Fouras courut aussitôt au ministère de la marine, rappeler au gouvernement son grand projet de port à Enet. J'ignore sa conversation et les promesses de politesse qu'on dût lui faire ; mais, ce qui est certain, c'est qu'à la sortie du palais de la rue Royale, Allard tombait foudroyé (juin 1884).

Avec cet homme aimable et dévoué, s'envolait le rêve maritime. Logiquement, il ne fallait plus rien espérer. ne plus rien demander, puisque le gouvernement dépensait, seulement dans les alentours de Fouras, 20 millions à La Pallice de La Rochelle et peut-être 10 millions dans un troisième bassin à flot à Rochefort ; aujourd'hui, on demande 30 millions pour l'approfondissement de la Charente.

Telles sont les vraies causes de l'abandon du projet Allard. Ce port d'Enet pouvait sauver Rochefort. — Là, au moins, la fosse était assez profonde pour tous les grands navires, cuirassés ou paquebots, dont le tirant d'eau maximum est 8 mètres, puisqu'à haute mer on compte 6 m. + 7 m. = 13 mètres d'eau.

J'ai déjà dit que nos grands cuirassés comme le

Foudroyant, exigeaient une profondeur de plus de 8 mètres pour évoluer : aux grandes marées, la Charente ne mesure que 7 mètres 60 ou 8 mètres devant le Port-des-Barques, 7 mètres devant le Vergeroux, 11 mètres devant Soubise, 12 mètres devant Martrou, 8 mètres dans la traverse de l'Avant-Garde, 14 et 15 mètres dans l'arsenal. Inutile d'insister sur la comparaison de ces chiffres calculés sur les cartes du ministère de la marine, corrigées par MM. Bouquet de La Grye, Caspari et Germain : la profondeur de la Charente, dans tout son parcours, est évidemment insuffisante !

Et il ne faut pas se faire d'illusions : chaque année, ce péril augmentera, car tous nos golfes se comblent avec une rapidité relativement désespérante ; voyez le port de Brouage, siège d'amirauté, ou les frégates venaient désarmer sous Louis XIII ; aujourd'hui, une gabare a de la peine à naviguer dans son étroit chenal ! En 1746, l'ingénieur Bellin, dont j'ai sous les yeux les cartes et les travaux de sondages, Bellin indiquait, devant les Fontenelles, entre Fouras et l'île Madame, une profondeur de 6 et 7 pieds, à basse mer, soit $1^m 95$ à $2^m 27$, ou à haute mer, $7^m 95$ et $9^m 27$. Aujourd'hui, je constate un dépôt de $0^m 95$ centimètres, puisque les cartes n'accusent que 1 mètre ou 7 mètres sur vase molle. Dans la baie d'Yves, j'ai relevé le même exhaussement du rivage, avec recul de la mer sur 25 mètres depuis 20 ans, pendant que l'océan, protecteur et ennemi, semble faire des conquêtes notables vers les falaises !

Les rapports des adversaires du port de Rochefort ne sont donc pas des fables... le danger est réel.

***

D'autre part, la population maritime de Fouras réclame un port-abri pour ses chaloupes, souvent jetées à la côte du Cadoret ou de l'Espérance par les tempêtes du nord-ouest. C'est là un projet plus modeste, mais utile, dont il est nécessaire de préciser le point de construction ; je connais cinq propositions différentes :

1° Prolongement de la digue de la Coue au port sud.

2° Prolongement de la digue du brise-lames du quai au port-nord.

3° Création d'un port-abri dans les douves du fort l'Aiguille.

4° Création d'un port-abri dans la baie de Tourillon.

5° Prolongement de la digue ou formation d'un bassin à la Fumée.

1° Le premier projet serait assez économique et maintiendrait au centre de Fouras le mouvement du port, mais il y a peu d'eau entre les rochers du fort et ceux de la Grand'Plante.

2° On pourrait faire la même objection au port Nord ; toutes les grandes barques mouillées dans la baie ne risqueraient plus de chasser sur leurs ancres, par les vents de nord-ouest, et d'aller s'éventrer sur les rochers du Cadoret ou de La Sausaye.

3° Le projet d'un port-abri dans les douves du fort l'Aiguille, conservé dans les archives de la mairie à la date du 19 janvier 1890, doit être ainsi résumé :

« Les fonds des rades de Fouras s'envasent ; par le mauvais temps, les marins sont forcés d'être ancrés à terre ; en marées de morte-eau, les bateaux ne flottent pas ; c'est un préjudice considérable. Les dépenses d'un port-abri ne seraient pas grandes en prenant les douves du fort l'Aiguille comme refuge aux chaloupes ; le bassin est déjà fait, il suffirait d'enlever les terres du fort et d'élargir l'entrée. »

Ce ne fut pas l'avis de la majorité de notre assemblée ni celui du maire Clovis Pougnet, avoué à Rochefort ; d'ailleurs, notre président avait besoin de consulter des hommes spéciaux avant de faire voter la démolition d'un vieux souvenir de 1673-1688. Les douves ont 100 mètres environ de côtés extérieurs ; elles sont peu profondes. Pour en faire un bassin de 1,000 mètres carrés accessible à 70 chaloupes, il faut déblayer des milliers de mètres cubes de terre et de maçonnerie, en un mot, raser un fortin déclassé, mais solide, et creuser tout cet ensemble de 2.000 mètres cubes. Les fonds de l'Oiset, des Petites-Bourgnes ou de Tourillon, c'est-à-dire les vases et les rochers des environs du fort l'Aiguille sont aussi élevés que les platins de la Coue... Pour arriver dans le bassin, il faudrait donc creuser un chenal, dans le genre de celui du vieux port, à La Rochelle, ou du Château d'Oléron. Or, les bases de rochers déjà cités, l'Oiset, les Petites-Bourgnes au S.-O., et Tourillon au N., ne sont pas de la pierre tendre ; c'est du calcaire très dur, du grès cénomanien à orbitolines et à ichthyosarcolithes, dont la tranchée, sur une largeur minima de 20 mètres, réclamera des mois de travail avec des machines spéciales. Toutes ces complications doivent être additionnées ! Et lorsque le bassin-refuge sera terminé dans son ensemble, les alentours seront envasés par les dépôts quotidiens. Alors, on réclamera des dragues et des écluses, sinon le nouveau port ne pourra servir qu'à l'élevage des huîtres.

D'ailleurs, il est prouvé par la science que le creusement d'un chenal, dans ce limon mobile, par les dragues, est peu efficace, lorsqu'il n'y a pas de cours d'eau pour entraîner, à l'heure du reflux, les apports du flux. A La Rochelle, ce sont les courants des écluses de chasse du canal Maubec qui font cette besogne d'Hercule nettoyant les écuries d'Augias.

« Dès qu'on entame la couche superficielle, écrit
M. Bouquet de La Grye, le célèbre ingénieur, les
lames régalent le fond avec de la vase ou du sable. »
Là, comme partout, ce serait donc un travail aussi
ruineux qu'inutile.

4° Les mêmes objections s'appliquent à la baie
de Tourillon où fut conduit, dit-on, M. le député
Braud (vœu du 25 août 1892). Je ne doute pas de ses
inténtions dévouées, mais il faut raisonner avant de
jeter dans la mer l'argent des contribuables : il n'y
a pas 900 mètres entre le quai nord et Tourillon, et
la différence de profondeur n'est que de 50 centimètres environ.

5° C'est pourquoi je reviens au cinquième projet,
à celui de la Fumée, parce que les chaloupes pourront y aborder presqu'à toute heure de la journée.
L'éloignement de ce bassin, 3 kilomètres de Fouras,
est une petite course pour des hommes valides ;
cette distance sera supprimée pour les denrées et le
poisson par des charrettes ou, le chemin de fer de
l'Etat. Forcément, si l'eau se retire du vieux et
central mouillage de la Coue, il faudra songer à
cette pointe de l'Aiguille et *bâtir* là un bassin véritable. Dans tous les cas, mieux vaut ne rien faire
que faire des maladresses !

Bateau de sauvetage. — Le dimanche 3 décembre
1893, M. Maillet, ancien lieutenant de vaisseau,
président de la Société des Régates, a fait une confé-
rence, dans la salle Mion, sur l'utilité d'une embarcation de sauvetage. Cette œuvre a recueilli de
nombreuses souscriptions et le canot insubmersible
fut baptisé, en grande pompe, le dimanche 29 juillet
1894. Le parrain fut M. Maillet, et la marraine Mᵐᵉ
Grenfell Williamson (Mˡˡᵉ Elisabeth Renaud, de

Tonnay-Charente), femme d'un yachtman, presqu'enfant de Fouras, malgré son origine britannique. Avant de bénir l'embarcation, M. Ixile Forgerit, curé de Fouras, fit l'éloge des sauveteurs maritimes ; ensuite le canot, monté sur un char orné de guirlandes de fleurs et de feuillages, fut promené dans les principales rues de Fouras. La photographie et la poésie ont conservé le souvenir de cette journée.

CHAPITRE XIX

La barque fourasine. — La pêche au chalut.
Le commerce du poisson à Fouras et la vente à la criée.
Le prix du poisson en 1794.

Il est facile de visiter les barques avec lesquelles les pêcheurs de Fouras vont traîner le chalut au large ou dans le coureau (¹).

Pontée, avec une étrave droite et l'arrière un peu arrondi, comme celui des galiotes hollandaises, la chaloupe fourasine a deux mâts verticaux, légèrement inclinés sur l'arrière (le grand mât l'est davantage) ; ils supportent chacun une voile majeure ou grand'voile, en forme de trapèze. Sur l'avant, un mât horizontal, le beaupré, appelé aussi *bout-dehors*, parce qu'il dépasse l'alignement de l'étrave, sert à tendre la base d'une troisième voile triangulaire, nommée foc. Le beaupré est mobile ; on peut le rentrer à volonté pour les besoins de la manœuvre. Aux grands mâts s'ajoutent les huniers ; dans les chaloupes de grandes dimensions, le *tape-cul*, voilure supplémentaire soutenue par un petit mât, s'adapte à l'arrière, près du gouvernail. Ainsi gréés, ces bateaux sont d'excellents voiliers ; presque tous les ans, ils remportent des prix aux régates de La Rochelle, de Royan et des Sables-d'Olonne.

---

(1) On appelle *coureau*, l'intérieur des pertuis d'Oléron et de Ré où les courants de flux et de reflux se font sentir.

Depuis 1830 environ, les marins de Fouras ne se servent plus de traversiers ou chasse-marée ; ces bâtiments réclament des eaux plus profondes.

D'après les règlements du Yacht-Club de France, les chaloupes de pêche sont divisées en trois catégories :

1° La première comprend les embarcations de 12 mètres de longueur ;

2° La deuxième, celles au-dessous de 12 mètres ;

3° La troisième, celles au-dessous de 10 mètres.

Les barques jaugent en moyenne 18 tonneaux, avec un tirant d'eau de 5 pieds ; l'équipage se compose de 4 à 5 hommes avec le mousse. Le revenu d'une de ces barques est d'environ 8 à 10,000 fr. ; il est divisé en 7 parts, 4 pour les marins qui la montent et 3 pour la chaloupe, c'est-à-dire pour l'armateur ; ces revenus couvrent les frais de câbles, chaînes, filets, avec l'intérêt de la valeur de l'embarcation qui, souvent, à cause de la voilure et des agrès, revient à près de 10,000 francs.

Les chaloupes des deux premières catégories vont seules au large et restent souvent toute une semaine sans rentrer au port. La pêche est alors conservée dans de la glace ; on dit que ce procédé de conservation nuit à la saveur du poisson. Les petites embarcations qui jettent le filet entre les îles et le continent, en un mot dans le coureau, reviennent presque aussitôt la levée du filet ; le poisson de cette provenance est plus estimé que celui du dehors, car il n'est pas gelé.

L'engin de pêche, commun à toutes ces barques, est le *chalut*, grand filet en forme de poche carrée, d'une dimension de 45 pieds sur 37 ; l'ouverture est envergée sur une grande perche qui la maintient béante ; la perche est soutenue aux extrémités par deux pierres de 55 kilogrammes chacune, qui l'exhaussent de 0^m80 environ, tandis qu'une chaîne de fer, lestant la partie inférieure du filet, râcle le fond de la mer, accumulant dans la poche tout ce qu'elle rencontre dans son traînage. Au fond et sur les côtés de la poche, des sortes de diaphragmes appelés *empèches*, retiennent dans les *cornières*, le poisson qui tenterait de s'échapper en revenant vers l'ouverture.

Arrivés sur le lieu de la pêche, les marins jettent à la main et laissent couler le *chalut*, retenu au bateau par un câble auquel viennent se rattacher, par le mérillon, les funes ou aussières (1). La barque traîne ensuite cet engin à la remorque ; plus elle va vite, plus les chances de faire bonne pêche sont grandes. Comme la profondeur des eaux de pêche varie de 20 à 50 brasses (32 à 80 mètres), la fune et le câble mesurent, au maximum, 160 brasses de longueur, car ils doivent avoir trois fois la profondeur de l'eau.

Pour remonter le filet, l'équipage hâle sur la fune au moyen d'un treuil établi entre les deux grands mâts, à l'arrière du panneau de la chambre. Sur l'axe du treuil, vient s'enrouler le cordage, après avoir passé par le *davier*, sorte d'échancrure pratiquée à l'avant du bateau dans le bordage.

Lorsque la mer est houleuse, cette manœuvre de la levée du filet est la plus pénible.

Les variétés de poissons ainsi ramenés sont nombreuses : le turbot, la sole, la barbue, la plie, la limande, l'esturgeon ou créal, le merlu et le merlan, le barbarin, le rouget, le grondin, le bar ou loubine, le meuil ou mulet, la brême, la dorade, les tacauds, les loches, les raies, les pocheteaux, le congre, le maquereau, le « bourgeois » ou chien de mer ; parmi les mollusques, l'huître ; parmi les crustacés, le

---

(1) Cordages placés aux deux bouts de l a perche du filet.

calmar ou la seiche, le gros crabe, l'araignée de mer, etc , etc.

Seuls, les thons et les maquereaux se font prendre à la ligne, avec des hameçons.

Lorsque la pêche est terminée, le filet, lavé soigneusement, est rangé le long du bord, tandis que le poisson est emmagasiné dans une chambre spéciale... puis l'on retourne au port d'attache...

Aussitôt la chaloupe mouillée sur son corps-mort (on appelle ainsi la bouée indiquant la place de l'ancre fixée au fond de la rade), l'équipage débarque le poisson sur le quai ; de là, des charrettes le portent au marché. Quelquefois, les marins sont obligés de transporter eux-mêmes leur pêche ; alors, ils forment un défilé très pittoresque avec leur teint bronzé par le soleil, leur coiffure en toile goudronnée appelée le *suroît* (du nom du vent du S.-O. qui amène les pluies), leur corps serré dans l'épais tricot de laine bleue ou le manteau ciré. Des soles et autres menus fretins sont rangés dans des paniers ou raises ; les gros produits de la mer, comme les raies, les pocheteaux et les « bourgeois » sont pendus par le nez aux avirons tenus sur les épaules...

Pour un peintre, ce sont des motifs de charmants tableaux !

Une fois rendu à la halle (¹), tout ce poisson est vendu à la criée suivant l'arrivée du patron ou du matelot, chargé de représenter les intérêts de l'équipage. Pour retirer son tour d'ordre de vente, le pêcheur doit déposer dans une boîte, une boule

______

(1) Ce monument fut construit de 1866 à 1868, par M. Lebraud, entrepreneur, sous la surveillance de M. Baudet, architecte (10,000 fr.) Ces halles furent louées à la première adjudication, le 18 avril 1869, 700 fr. ; à la deuxième, 17 mars 1872, 1,600 fr. ; à la troisième, 26 avril 1876, 2850 fr. ; en décembre 1884, 4,500 fr. ; en novembre 1888, 13,200 fr. ; le 14 avril 1888, 17,100 fr. ; le 1ᵉʳ février 1893, 10,500 fr. (Voir un article détaillé dans le n° 135 de *La Lune de Fouras* du 6 mars 1898.)

appelée *marron* indiquant le nom du patron et le nombre de tables sur lesquelles la pêche a besoin d'être étalée. En même temps, il reçoit, au guichet de l'administrateur de l'encan, un bulletin détaché du registre à souche sur lequel sera consigné le produit de la vente à la criée.

La vente a lieu deux fois par jour, l'été : le matin, de 4 heures 1/2 à 8 heures, et le soir de 5 à 9 heures. La vente du soir est naturellement la plus suivie. Elle est annoncée par la cloche. Un quart d'heure avant de commencer la vente à la criée, un agent du marché fait la levée des marrons et dresse le tableau de l'ordre de la vente, suivant l'ordre du dépôt des déclarations.

Quand le poisson est rangé sur les tables de pierre (chaque table mesure 1^m20 sur 0^m65), le crieur le met aux enchères par quatre, cinq ou six tables à la fois, suivant le désir du pêcheur ; des revendeurs achètent le tout en bloc pour l'expédier à leurs correspondants de Rochefort, La Rochelle, Saintes, Périgueux, Niort, Poitiers, Limoges, Paris, etc.

Ces acheteurs sont soumis à un droit de 3 % du montant de la vente.

D'autre part, le pêcheur paie un droit supplémentaire de o fr. 10 centimes le jour et o fr. 15 centimes à la lumière pour placer sa pêche sur chaque table. Il y a même un règlement d'étalage à noter :

Le menu fretin, appelé *suffrage*, peut être vendu en *tas* n'excédant pas la valeur de cinq raises ou paniers. Quant aux autres poissons, ils doivent être rangés sans être superposés et de façon à ce qu'ils puissent être vus et comptés facilement. Chaque paire ne peut être garnie que de 9 paires de soles au-dessus de 19 cent. de longueur ou de 12 paires de 16 à 19 cent. Les soles de moins de 16 cent. peuvent être étalées au gré des vendeurs ; cependant,

on ne doit pas en mettre plus de deux l'une sur
l'autre.

Telle est la règle de la vente du poisson organisée sous l'administration de M. E. Allard, au
commencement de l'année 1877. Autrefois, le poisson se vendait librement, sur la place du Port,
place Vauban ou sur les quais.

D'anciens documents permettent de comparer
les prix du poisson dans un siècle.

Pendant la grande disette de floréal an II (avril,
mai 1794), le tarif maximum, imposé par la municipalité de Fouras, portait les chiffres suivants :

Turbots, soles de 10 pouces et au-dessus, gron-
    dins, poules d'eau, esturgeon ou créat   16 sous.
Barbue . . . .   12 s. 6 d.
Soles de 6 à 9 pouces, anguilles de 12 pouces, plies
    de 8 pouces, merlans et tacauds de 10 pouces,
    grondins de 10 pouces . . . . .   10 sous.
Soles de 4 à 6 pouces, congres, menils au-dessous
    de 10 pouces, barbarins de 6 pouces,   7 s. 6 d.
Poisson appelé suffrage, raie, posteau, chien de
    mer, thon, anguille au-dessus de 12 pouces,
    plies au-dessous de 10 pouces, merlans et ta-
    cauds au-dessous de 10 pouces, barbarins au-
    dessous de 6 pouces . . . . . .   5 sous.
Terre et seiche . . . .   2 s. 6 d.

On voit que la valeur du poisson a triplé depuis
1794.

La grande pêche est pratiquée toute l'année par
les grandes chaloupes, mais les petites barques
désarment de la Toussaint aux fêtes de Pâques, et
leurs équipages vont renforcer ceux des grandes
embarcations.

La pêche d'hiver est la plus fructueuse ; en
revanche, c'est l'époque des bourrasques et des

tempêtes ; malgré la prudence des marins, il arrive quelquefois des naufrages. Alors la douleur est pour ceux qui restent, car on pleure toujours au foyer ceux qui sont devenus la proie de la grande nourrice et de la grande dévorante !

CHAPITRE XX

LA PETITE PÊCHE.

La pêche, sur tous les rivages de la mer, est une source inépuisable de nourriture et de gain facile pour la population ; il n'est pas de littoral plus riche en coquillages que la pointe de l'Aiguille et les rochers d'Enet à Fouras. Pour distinguer cette récolte maritime de la navigation des chaloupes, je l'appellerai *petite pêche*. On la divise en deux sortes : 1º La pêche à pied ; 2º la courtine. Cette dernière est absolument spéciale au pays.

I

Les gens de Fouras et des villages voisins, surtout les femmes, vont à pied sur les rochers, prendre les crabes, les crevettes, toute la variété des coquillages du rivage français, ainsi que les anguilles et les congres. Je note ici des détails très connus mais indispensables à l'étude pittoresque du littoral.

On pêche les crabes, les *chancres*, comme disent les Fourasines, sur la grève, en soulevant les grosses pierres ou le varech des flaques d'eau ; c'est quelquefois le refuge des congres. Ces derniers se laissent difficilement capturer ; il faut les assommer sur place, car la moindre fissure leur permet de disparaître et leur peau visqueuse les fait glisser dans la main. La couleur gris-bleu de ceux-ci les fait distinguer de l'anguille qui est noir-vert.

Comme l'écrevisse en rivière, le crabe se fait prendre avec le filet rond ou *balance*, qu'on lance près d'un banc de rocher, le long d'une jetée, au moment du flux. L'amorce est un morceau de viande ou de poisson. Au bout de quelques minutes, on ramène le filet avec plusieurs de ces crustacés attirés par l'odeur de ce perfide banquet !... Seulement, gare aux pinces ; car ces invités ont le droit de se défendre. À vous de les saisir hardiment, entre le pouce et l'index, sur la carcasse et vers les pattes de derrière. Alors, les deux tenailles de devant s'agiteront dans le vide, impunément. Une fois bouilli, comme le homard, le crabe, dont on trouve deux espèces, constitue un plat assez recherché ; il est surtout utile pour la pêche des crevettes. Ces petites écrevisses de mer portent des noms bien différents : à Fouras, c'est la *chevrette*. Sur les bords de la Gironde, à Royan, c'est la *santé* ; à Paris, c'est le *bouquet* ; chez les savants naturalistes, le *palémon à scie* ; mais il ne faut pas confondre la crevette, rose ou rouge-saumon, après la cuisson, avec le *bouc* ou *crevette grise*, scientifiquement le *crangon commun*, très répandu dans les eaux de Fouras ; celui-ci est dépourvu de la défense barbelée du front.

On prend la crevette comme le crabe, avec des balances ou rets (du latin *rete*, pl. *retia*, filets) aux mailles étroites : des corps de petits crabes *épatés*, c'est-à-dire privés de leurs pattes, enfilés vivants sur une baguette transversale, servent d'amorce. Les pêcheurs indigènes s'installent sur des roches, à peine découvertes par la mer, jettent et relèvent leurs balances au moyen d'un long bâton fourchu ;

une petite bouée en liége indique l'endroit où flotte la ficelle de l'engin. Pour cette pêche, il faut bon vent, température douce et de l'eau trouble à marée montante.

Durant l'été, il est curieux de voir avec quel entrain pêcheuses de profession et baigneurs citadins se disputent les *bons endroits*, depuis la pointe de l'Aiguille jusqu'à Enet. Le retour de ces expéditions forme des tableaux pittoresques comme ceux de Feyen-Perrin, l'artiste normand. Le décor, avec la rade de l'île d'Aix, les silhouettes des forts et des îles, ne le cède en rien aux environs de Cancale : de jolies filles en culottes diversement accoutrées, des femmes, des hommes, des ânes chargés de paniers, tous piétinent dans les flaques d'eau transparentes ; c'est charmant par un beau soleil !

Les Fourasines vont aussi chercher sur ces pointes rocheuses les huîtres, les moules ou *moucles* dont est formée une grande partie de la passe d'Enet, les palourdes ou *pélorides* enfoncées dans le sable des platins, les brenicles, les badugauds, les guignettes, les burgaus, les jambes, adhérents aux rochers ; les pétoncles, les couteliers, dails ou solen, et les lavagnons, habitants de la vase ; les anémones de mer, vulgairement *culs de mulets*, que les gens du pays font rôtir ou frire dans la poêle. C'est un régal dont l'odeur suffit à quelques estomacs.

Ces rochers portent tous des noms spéciaux :

Au sud, vers le fort de l'Aiguille, on aperçoit l'Oiset, les Petites et les Grandes-Bourgnes, le Sabliâ, le Corôna, l'Indienne où vint s'échouer la frégate de ce nom en 1809, le Bain, la Grande et la Petite-Palle. l'Anon, le Bois d'Enet, Culé, Mako, les Pommes, la Carcasse-du-Navire, les Portes, le Chiron, les Ecouts, l'épée entre l'île d'Aix et Enet, le Pas de Fougeoux, les Ecussards, la Fumée, les Tubles, le Rocher plat, Tourillon, etc., etc. L'administration maritime a cédé le droit d'établir des viviers dans ces parages, à plusieurs habitants de Fouras.

Sur le marché, on voit trois espèces d'huîtres : 1° La *grosse huître d'Aquitaine*, prise au moyen de la drague traînée par une barque sur des bancs de gravier, toujours couverts par l'Océan ; 2° l'*huître française*, de forme aplatie, *ostrea edulis* ; 3° l'*huître portugaise*, contournée, profonde, *gryphea angulata ostrea*, récemment cultivée sur les rivages de Saintonge et d'Aunis. Ces deux dernières espèces, généralement récoltées sur les rochers de l'Aiguille et d'Enet, sont ensuite élevées, engraissées dans des parcs ou réservoirs murés.

La première récolte est permise le 1ᵉʳ septembre : alors la passe d'Enet présente un curieux aspect : une armée de pêcheurs, de Fouras et des communes voisines, accourt à pied, en charrettes, portant des pioches, des paniers, des leviers : sur les rochers, on dirait une fourmillière... les mannequins, les sacs de coquillages sont chargés, par milliers, sur les chaloupes et les voitures. On donne le mille d'huîtres a vingt sous, prix maximum.

Le précieux mollusque est ensuite expédié à Marennes, à La Tremblade, pour être mis dans les parcs du littoral où, après trois année de soins, il acquiert le volume, la couleur et la délicatesse réclamées par les consommateurs gourmets.

A Fouras, l'huître française, qui formera plus tard l'huître verte en absorbant une algue microscopique, de la famille des diatomées *navicula fusiformis ostrearia*, disparaît peu à peu devant l'envahissement prodigieux de la portugaise. Quelques auteurs racontent que cette dernière espèce s'est répandue sur les rochers de Saintonge d'une façon toute fortuite : Un navire portugais, chargé de ces mollusques, aurait fait naufrage sur la côte de

Royan : toute une traînée de germes se serait alors répandue, par les courants, sur le littoral charentais, donnant naissance à des millions de générations. Le naufrage d'un navire est possible, mais des archives authentiques établissent qu'une société pour l'élevage des *huîtres du Tage* avait été fondée à Fouras, le 17 septembre 1866, par MM. Moreau et Gauvin, Joseph. M Pedaing d'Ogen, colon français, expédiait ces coquillages sur les bords de la Tamise et de la Charente. (Circulaire ministérielle de M. Rigault de Genouilly, 14 avril 1869.) On prétend qu'avec le temps et les soins, l'huître portugaise s'améliore au point d'être confondue avec l'huître française. Ce résultat désirable est loin d'être prouvé ; la saveur de la française n'est pas encore imitée. Mais il ne faudrait pas refuser une source inespérée de revenus pour la contrée : on croit que cette industrie, à Fouras, fait pour plus de 30.000 francs d'expéditions chaque année. Outre les viviers ou *claires* de l'Eguille, plusieurs réservoirs ont été établis sur la plage de la Garenne, entre le Port nord et le Bois public ; là on peut étudier cette industrie, spéciale à la Seudre.

*
* *

Les moules sont aussi l'objet de soins particuliers : à l'état naturel, ce coquillage, souvent plein de vase, de graviers ou d'animaux parasites, est coriace ou de mauvais goût. A certaines époques de l'année il peut, dit-on, déterminer de véritables empoisonnements, surtout lorsqu'il a été accroché au flanc d'un navire par son byssus. Grâce à la culture qu'il subit dans les *bouchots* ou parcs d'élevage de Charon, Esnandes, Marsilly, Châtelaillon, Fouras, l'île Madame, il n'offre pas ces inconvénients à la consommation.

L'invention des bouchots attribuée à l'irlandais Walton, a été si souvent décrite, qu'il paraît superflu de l'emprunter à MM. Ch. d'Orbigny et de Quatrefages. La majeure partie des alignements de pieux, auxquels sont accrochées les moules civilisées, est placée dans le nord de l'anse de Fouras, sur le territoire de Châtelaillon ; c'est le rivage le moins fréquenté par les navires. Les pieux ont trois mètres de hauteur et les rangées plus d'un kilomètre de longueur pour la navigation ; c'est aussi redoutable que des rochers brisants.

*
* *

Dans ce chapitre consacré à la pêche aux coquillages, je dois parler d'un rocher, déjà cité dans ce livre, les *Mannes* ou *Miannes*, squelette probable de la ville légendaire de Mont-Meillan.

Ce plateau presque sous-marin est mathématiquement le centre de la Saintonge, depuis Talmont (Vendée) jusqu'à Talmont-sur-Gironde ; et avant l'époque diluvienne qui forma les dépôts quaternaires des marais, c'était, suivant la tradition antique, la place de Médiolanum, le Milan gréco-gaulois des temps héroïques, indiqué sous le 46ᵉ degré de latitude septentrionale par quelques auteurs grecs (voir pages 11-16). Ces Gaulois, chassés de leur ville par la mer, sont allés fonder la capitale du Milanais en Italie, 587 avant J.-C.

Aujourd'hui les Miannes sont en pleine mer, dans la rade des Basques, en face le pertuis d'Antioche, sous le 46ᵉ degré 1 minute 15 secondes de latitude nord et le 3ᵉ degré, 26 minutes de longitude occidentale au méridien de Paris. Un détroit de 2.300 mètres le sépare de la pointe de Coudepont, extrémité septentrionale de l'île d'Aix ; il est à égale distance d'Enet et de Châtelaillon, c'est-à-dire à deux kilomètres de ces deux points. Sa superficie, qui mesurait une cinquantaine d'hectares en 1824 (voir la carte n° 160 du dépôt de la Marine) diminue chaque jour sous les dépôts d'alluvions molles. Cette île sous-marine n'est découverte en moyenne que deux ou trois fois l'an, aux époques des malines, c'est-à-dire aux grandes marées de pleine lune d'équinoxes. Alors, c'est une véritable expédition pour les gens de Fouras ; grandes chaloupes et canots, chargés de monde, vont mouiller vers les points émergeants de ce plateau, comme jadis les Grecs devant les murs de Troie. Armés de petites pioches appelées *cerclas*, et de couteaux, tous ces envahisseurs géants, aux costumes les plus pittoresques, débarquent et se mettent à fouiller ces roches glissantes : c'est par pleins panier qu'on y récolte les huîtres et les pétoncles.

Cette pêche, qui rappelle celle des rochers d'Enet, dure à peine une heure, car la mer revient vite. Malheur à l'imprudent qui se laisserait surprendre par le flux ; il serait bientôt emporté par les courants. Aussi, chacun se presse et le bruit sec des petits *cerclas* qui détachent les huîtres se fait entendre à plusieurs milles au large.

Pour compléter cette étude de la pêche à pied, il faut citer encore celle qui se pratique avec les engins tels que *l'aveneau*, sorte de filet monté sur deux perches, que l'homme, les jambes dans l'eau, pousse devant lui ; la *seine* traînée par plusieurs pêcheurs ; le *carrelet*, filet carré tendu par quatre perches nommées *alarmes*. Cette distraction semble aussi passionnelle que la ligne à Paris, car à toutes les marées, on voit les amateurs, installés par groupes nombreux sur les quais avec cordes, perches et accessoires. Les *bourgnes*, sortes de nasses, prennent les anguilles et les crevettes ; la *vermée*, ligne sans hameçon, se terminant par un ver de terre, réussit encore pour les anguilles les jours de grand calme. Dans les fossés des prairies, les gens du pays emploient la *trouille* ou trulot, immense filet en forme de papillonnette, le *tramail*, le *salé*, fouène ou trident, sorte de harpon aux dents d'acier, qui saisit l'anguille au fond du fossé. Dans le courant du mois de mars, lorsque le frai d'anguilles, appelé *piballes* remonte par milliards la Charente et les cours d'eau du littoral, les gens de Fouras et de l'Aunis se servent du *pibalou*, grande papillonnette qu'ils manœuvrent le soir à la lueur des lanternes.

Ces anguilles minuscules (les plus longues ne dépassent guère 0.08 à 0.09 centimètres) mises à toute sauce, et dans la poêle, constituent un plat assez recherché, malgré leur aspect d'ascarides.

II

J'ai dit que la *courtine* est un procédé tout-à-fait spécial au littoral d'Aunis, et le petit bateau du pêcheur, l'*acon*, étonne en effet beaucoup les étrangers.

Lorsque la mer est basse, le courtineur, tel est le nom de celui qui pratique ce genre de pêche, va poser, sur l'immense étendue des vases, ses filets longs de plusieurs centaines de mètres. Il les accroche verticalement à des pieux de deux mètres de hauteur, disposés en angle aigu, dans la forme d'un Λ ; c'est bien la disposition de la *courtine* d'un rempart.

A marée haute, ces filets sont complètement recouverts par l'eau, et lorque le flot se retire, les sommets émergeant, coupent la retraite au poisson, car l'extrémité du Λ ou de la courtine est tournée vers la haute mer. Peu de temps après, les prisonniers demeurent à sec ; c'est le moment pour le courtineur d'aller les ramasser. Mais comme cette vaste plaine limoneuse ne peut supporter un piéton, l'homme a trouvé le moyen de parvenir jusqu'à l'extrême limite du lit de la mer à l'aide du *poussepied* ou acon ; cette embarcation, des plus primitives, a déjà été dessinée par Claude de Châtillon, au XVIIe siècle. C'est une longue boîte découverte, de 2 mètres de longueur sur 40 à 50 centimètres de largeur, à fond plat, composée de quatre planches clouées ; l'avant est relevé par l'action du feu ; l'arrière est fermé par une paroi verticale, placée à 30 centimètres environ de l'extrémité du bateau, de façon à laisser une sorte de case extérieure où le pêcheur, après avoir retroussé son pantalon audessus des cuisses, pose son genou sur un coussinet. S'appuyant de ses deux mains sur les côtés de l'acon, il plonge son autre jambe dans la vase ; c'est à la fois son propulseur et son gouvernail. Quelques poussées suffisent pour faire filer cette embarcation avec une rapidité extraordinaire.

Ainsi s'explique le mot *pousse-pied* donné à cette curieuse nacelle, seulement connue à Fouras et dans la baie d'Esnandes. (¹)

MM. de Quatrefages et d'Orbigny prétendent qu'elle fut introduite en Aunis vers 1036 ou 1246 par un naufragé irlandais, Patrice Walton, l'inventeur des bouchots à moules. L'acon me semble plus ancien, et par son nom et par son application lacustre. Le mot est celto-grec et sa construction doit remonter aux temps où il fallait établir des communications faciles entre toutes les îles Charentaises, à l'heure de la basse mer.

(¹) Chanson du *Pousse-pied* par Jules Jouy.

LA CHANSON DU POUSSE-PIED.

Maigre et souple, fendant l'espace,
Bien loin du sable et des galets,
Le pousse-pied, au lointain, passe
Et patine vers ses filets.
Penché sur son bateau sans proue,
Jusqu'à la cuisse enseveli,
Rapide, il glisse sur la boue,
Comme un rabot sur l'établi.

    Pousse ! va, pêcheur, pousse !
Des doigts, de la plante et du pouce !
Sur une jambe agenouillé,
Va, pousse, comme un estropié,
    De l'autre pied ! (bis)

Il file sur la vase lisse
Et brillante comme un vitrail.
A sa barque il tient lieu d'hélice,
De mâture et de gouvernail.
Il file, batelier sans toile,
Loin de la plage et loin du flot.
Le vent gonfle, comme une voile,
Son pauvre habit de matelot,

    Pousse ! va, pêcheur, pousse !
Des doigts, de la plante et du pouce !
Sur une jambe agenouillé,
Va, pousse, comme un estropié,
    De l'autre pied ! (bis)

Quand il a trouvé bonne pêche,
Le pousse-pied revient joyeux !
Sa jambe unique se dépêche !
L'allégresse brille en ses yeux.
Mais, lorsque le poisson est rare,
Contre ses filets maugréant,
Il insulte la vase avare,
Le vent, le ciel et l'Océan.

    Pousse ! va, pêcheur, pousse !
Tes petits suceront leur pouce !
Sur une jambe agenouillé,
Va, pousse, comme un estropié,
    De l'autre pied ! (bis)

Fouras, 8 septembre 1888.
                                   Jules JOUY.

Aujourd'hui, le départ et l'arrivée des pousse-pieds excitent fort la curiosité des baigneurs : il est certain que leurs évolutions sont bizarres. Arrivé sur la plage, le courtineur, les jambes noires de limon, hisse sa nacelle sur le sable et commence le lavage de sa pêche car les meuils ou mulets, les anguilles, les soles, les plies. les loches, etc., grouillent pêle-mêle au fond de l'acon, dans un état peu présentable. L'homme commence alors à creuser trois trous dans le sable mouillé ; ces cavités ne tardent pas à être remplies de l'eau de mer dont le sol est imbibé. Dans le premier bassin, le courtineur fait sa toilette personnelle ; dans les autres, il lave et nettoie le poisson qui, après ces diverses opérations, pourra être préparé pour la friture ou la chaudrée.

*
* *

On appelle *chaudrée*, sans doute du latin *caldaria*, chaudronnée, une sorte de bouillabaisse, absolument spéciale au pays ; il ne faut pas la confondre avec la soupe au poisson. Le plat fourasin mériterait d'être plus connu ; si Alexandre Dumas l'eût goûté, il est probable qu'il n'aurait pas hésité à faire figurer cette recette dans son fameux dictionnaire de cuisine.

Au fond d'une casserole de métal ou d'un chaudron, mettez plusieurs gousses d'ail et du persil haché, puis, par dessus, le poisson coupé et suffisamment salé, poivré. Le récipient doit être ensuite empli de vin blanc, étendu d'eau par moitié, jusqu'au niveau du poisson. Faites bouillir sur un feu de bois. Peu d'instants avant la cuisson définitive, ajoutez largement du beurre, et vous aurez ainsi la chaudrée fourasine, si appréciée par les gourmets indigènes et même par les touristes... il est juste d'ajouter que l'air de la mer et la cordia-

lité aident beaucoup à la saveur de l'assaison-
nement.

Tous les poissons, notamment la merlue, le
rouget, le grondin, la seiche où casseron, mais surtout le créal ou esturgeon, sont excellents ainsi
cuisinés. La chose principale est d'avoir du poisson
bien frais ; à bord des bateaux de pêche, c'est le
régal de l'équipage et tout marin sait la préparer.
Mais il ne faut pas oublier, selon le vers de
Boileau, quelque peu modifié pour la circonstance,
il ne faut pas oublier

Qu'un tel plat réchauffe ne valut jamais rien !

CHAPITRE XXI

LA CHASSE.

La campagne fourasine, d'après un chasseur parisien, 1880. — Gibier de terre. — Gibier de mer. — Choix de l'arme. — Chasse au marais. La volée. — Souvenirs de chasse à la pointe de l'Aiguille.

Avec ses forêts et ses grèves très découpées, Fouras fut longtemps un pays de chasse exceptionnel ; au siècle dernier, il y avait encore des loups. Dans la nuit du 27 au 28 mars 1807, 87 brebis et agneaux furent dévorés dans la ferme de la Cabane des Cabanes, à Soumard (¹).

De nos jours il y a quelques terriers de renards dans les taillis du Magnou et de Saint-Laurent-de-la-Prée, mais peu à peu, les bois sont arrachés pour faire place à la vigne et les fauves disparaissent. Néanmoins, la presqu'île offre des distractions assez variées aux disciples de saint Hubert ; on peut les diviser en trois sortes de tir :

1° La chasse à tir, au chien d'arrêt et au chien courant, du mois d'août au mois de janvier ;

2° La chasse au marais, permise jusqu'en avril ;

3° La chasse au gibier d'eau, sur le bord de la mer, permise toute l'année.

*
* *

Un chasseur parisien, M. Pewloski, bibliothécaire de la maison Didot, a publié sur Fouras un article

____

(¹) Registre des délibérations du Conseil municipal de Fouras : déclaration d'André Filloux, fermier.

exact qu'il est intéressant de citer (*Chasse illustrée*, t. XIII, n° 13, 27 mars 1880) :

« Le territoire de Fouras, dit-il, est admirablement disposé pour servir de demeure permanente ou passagère à toute espèce de gibier. Il jouit du rare privilège d'offrir, aux abords de la mer, une végétation riche et variée. La vigne y pousse à quelques mètres de l'Océan. Le terrain légèrement ondulé, est parsemé de petits bois de chênes verts et de bouleaux, de broussailles épaisses, de haies vives et d'ajoncs, etc. Aux bords des marais (c'est le nom qu'on donne aux prairies entourées de fossés), les touffes de tamaris et les bouquets de grands arbres sont nombreux. La culture des terres est très variée aussi : les vignobles alternent avec des champs de blé, d'avoine, de maïs, de pommes de terre, etc. Les prairies naturelles et artificielles ne manquent pas non plus. Il y a quinze ou vingt ans, Fouras était le paradis du chasseur : les perdrix et les lièvres abondaient, et l'on dédaignait d'envoyer un coup de fusil à la caille. Aujourd'hui, les braconniers et surtout les chiens courants des paysans, qui errent constamment dans la campagne, ont considérablement dépeuplé la contrée. Malgré cela, grâce aux nombreux couverts dont j'ai parlé et à la nature variée du terrain, il y a encore moyen de tirer de nombreux coups de fusil toute l'année. Du reste, c'est encore le pays des cailles, et dans les années propices, il n'est pas rare de voir des chasseurs en tirer une trentaine dans une journée. » (¹)

Pour ne pas être taxé d'exagération enthousiaste (dix-huit années se sont écoulées depuis la publication de ces notes), j'ajouterai que les perdrix rouges et grises deviennent de plus en plus rares. Aussi,

---

(¹) Article paru dans *Niort-Artiste*. Clouzot, éditeur, 1889, p, 158, 159, 460.

une société s'est-elle formée en 1896 pour semer du
gibier, notamment des perdrix. Il n'est guère possible de les voir à portée de fusil avant la fin des
vendanges, car elles se réfugient dans les vignes.
Or, les propriétaires défendent, avec raison, l'entrée
des vignobles aux chasseurs ;

> . . . . Les chiens et les gens
> Feraient plus de dégât en une heure de temps
> Que n'en auroient fait en cent ans
> Tous les lièvres de la province.
> (La Fontaine, Var., f. IV, lib. IV.)

Le nombre de ceux-ci diminue tous les ans ; l'été,
ils vivent dans les prairies de la Charente et au
bord la mer ; ils ne gagnent les hautes terres et les
bois que lorsque la montée des eaux inonde ces
marais.

Les lapins sont plus nombreux ; ils creusent des
galeries jusque dans le bois du Casino et les falaises
du Bois-Vert.

Les jolies tourterelles sont assez communes vers
Saint-Laurent-de-la-Prée ; les râles de genêt pré-
fèrent les coteaux de Soumard et les fossés brous-
sailleux du Magnou. Après le départ des cailles, les
grives envahissent les vignes ; les chiens font lever
des bécassines, même sur le bord des sillons où la
pluie demeure. Il y vient encore des bécasses des
bois, et les alouettes abondent sur les hauteurs du
moulin de Fouras.

*
* *

Mais la grande attraction est le tir au bord de la
mer et dans le marais. Le gibier d'eau comprend
toute la variété des palmipèdes et des échassiers :
oies sauvages, canards, colverts, moretons, sar-
celles, hérons, vanneaux, bécassines, poules et râles
d'eau, tous les oiseaux enfin qui viennent en

novembre, séjournent l'hiver ou passent au printemps.

Dans la catégorie des oiseaux de mer proprement dits, sont classés les courlis (corbejeaux et cotards), chevaliers ou tyransons aux pieds rouges, barges, pluviers dorés, gris ou argentés, maubèches ou rousses, gravelots, alouettes de mer, moineaux de mer, tourne pierres ou ouvre-moules, huitriers, pies de mer, avocettes, goëlands, mouettes et hirondelles de mer.

Les rousses ou maubèches arrivent par bandes innombrables vers la fin d'avril. Dans les falaises et les grands arbres, nichent la buse brune, le busard saint-martin, le busard harpie, l'épervier, le faucon crécerelle.

Le meilleur fusil est un calibre 12, long de canon, se chargeant par la culasse ; la rapidité du chargement et la facilité de changer de plomb à volonté sont indispensables. — Le plomb n° 6 convient pour les petits échassiers, le n° 4 pour les grands ; le zéro n'est pas trop gros pour arrêter un canard. Quelquefois, on obtient des résultats extraordinaires en versant du suif fondu dans le plomb n° 4 : le coup ne s'éparpille qu'à 80 mètres environ.

Il ne faut pas craindre de se charger de cartouches lorsqu'on va vers Enet ; au mois de mai, pendant les passages de rousses, on peut en brûler une quarantaine dans une heure, et rien n'est plus décevant que de manquer de munitions, lorsque des bandes d'oiseaux viennent tournoyer à quelques mètres, en ayant l'air de narguer le fusil vide. Autre conseil : ne jamais tirer le gibier d'eau venant à soi ; la poitrine est garnie de plumes épaisses, lisses et glissantes ; on dirait un véritable plastron sur lequel le plomb le mieux fondu n'a aucune pénétration.

La chasse sur la côte et dans le marais peut se

faire à découvert, c'est-à-dire à l'envolée, mais l'embuscade donne des résultats plus positifs ; la plupart des oiseaux de mer, doués d'une vue extraordinairement perçante, se laissent difficilement approcher. Les plus défiants sont les vanneaux et les courlis : quand leurs bandes picorent les prairies, la vase ou le sable des grèves, l'un de ces oiseaux veille sur le salut des autres. Placé en vedette sur une motte, il s'élance dans l'air à la moindre apparence de danger ; son cri d'alarme fait envoler toute la troupe.

Dans les prairies canalisées de Fouras, de Saint-Laurent de la Prée, de Voutron, de Charras, en un mot, dans toute la région de l'Aunis, le chasseur trompe cette vigilance par un autre procédé que la *vache artificielle* ; c'est une toute petite embarcation, de 3 mètres de longeur, environ sur o.8o centimètres de largeur, à fond plat, comme le poussepied, mais à l'avant pointu. Construite en bois d'aulne ou en peuplier, cette sorte de périssoire, très légère, est facilement transportée d'un fossé à l'autre.

A l'aide de la *pigouille*, grande perche qui sert à donner l'impulsion au bateau, le tireur, debout ou assis, navigue dans tous ces canaux avec une dextérité remarquable. Il s'abrite derrière les talus et les tamaris ; puis rendu, à l'endroit où picore le gibier, il saisit son arme, épaule lentement et fait feu dans la masse des vanneaux, des oies, des canards et des pluviers. Dans ces conditions, un bon tireur, un peu favorisé par la chance, doit « faire » du gibier ; mais pour celui qui n'a pas ce moyen de transport, la chasse au marais est désespérante ; souvent tout s'enfuit à son approche ; alors il rampe et use ses genoux de culotte pour revenir bredouille.

*
* *

L'hiver, la chasse à l'embuscade du gibier d'eau se fait surtout au crépuscule et au clair de lune. Les gens du pays appellent ce tir : *la volée*. Au déclin du jour, les chasseurs doivent prendre position sur le bord des flaques d'eau douce en ayant soin de briser la glace dès qu'il gèle. Tandis qu'ils sont installés, chacun dans un trou tapissé de paille, les canards (le *canage*, suivant l'expression locale) et autres palmipèdes, ballottés par l'océan depuis le lever du soleil, avides de boire, se rapprochent de terre et gagnent le marais. Lorsqu'ils passent au-dessus de la tête, c'est le moment de tirer, en visant à rebrousse-plume et à 10 centimètres en avant. Depuis mon enfance, j'ai vu faire cette chasse aux approches de Noël, dans les marais d'Yves et de Soumard ; en 1879, cette plaine était sillonnée par les éclairs des coups de feu comme un vrai champ de manœuvre.

Cette distraction n'est pas sans danger : on peut rapporter des rhumatismes, des bronchites, et quelque grain de plomb égaré par l'obscurité : mon meilleur chien fut tué dans ces conditions, dans la mare en bas des coteaux du Carcault, le 10 novembre 1878. La pauvre bête cherchait un colvert blessé depuis la matinée. Tiré un peu plus haut, le cou qui lui fendit la tête m'eut broyé la jambe.

Les canards font toujours leur périlleuse traversée de la mer au rivage, et chaque soir leurs bandes sont décimées.

*
* *

Sur le bord de la mer comme dans le marais, le meilleur moyen de tirer le gibier à portée, est de se cacher dans un trou, derrière un petit mur circulaire, en pierres sèches, appelé GUET. Là, le fusil

18

bien dégagé, le doigt sur la détente, on attend la
montée du flot qui ramène les envolées d'oiseaux.
Un ami, chasseur émérite, Léon Ménard, a publié,
dans la *Chasse illustrée*, un récit des expéditions
que nous faisions à Fouras, les jours de vacances,
de 1874 à 1879. C'est un croquis pris sur nature.

« La mer commence à monter ; au loin, sur les
vases, une ligne noire semble s'agiter. Ce sont nos
adversaires. Les grands courlis et les barges en-
foncent gravement leurs longues tarières dans le
sable ou la boue. Plus loin, les tyransons remuent
perpétuellement la tête de bas en haut ; là bas,
rangés en masse confuse, sont les maubèches
ou les pluviers : voyez-vous courir, sur leurs pattes
menues, les gravelots et les alouettes ? Enfin, plus
loin encore, apparaissent à la crète des vagues, des
points noirâtres : ce sont des canards ou des sar-
celles. Tout ça grouille, crie, mange. Déjà quelques-
uns s'envolent pour se reposer un peu plus loin.
Quel délicieux moment d'attente.

Enfin, le mouvement s'accentue; les petits, gagnés
plus vite par l'eau, s'ébranlent les premiers. Voilà
une bande d'alouettes qui vient à nous ; elle suit les
sinuosités du rivage et va passer à dix mètres ; chemin faisant, une troupe de gravelots la rejoint,
rapide comme le vent. Feu partout et rechargeons,
car une autre bande pourrait arriver. »

Pour finir ces conseils, qui constituent des pages
de souvenirs d'enfance, je dirai : surtout ne vous
laissez jamais surprendre sur la passe d'Enet par la
marée montante, car il y a du danger.

En somme, il y a pour le chasseur de nombreuses
distractions sur le littoral de Fouras.

Et en admettant que le carnier ne soit pas toujours plein de plumes et de poils, en revanche on
pourra faire ample provision de santé ; les poumons
se dilatent dans l'atmosphère salée de la mer, et

l'on devient artiste en contemplant le magnifique horizon à la chute du jour.

A l'extrémité de cette presqu'île, l'œil embrasse le littoral de la Saintonge et de l'Aunis, depuis les dunes de la Coubre, Marennes, jusqu'à l'île de Ré, La Palice et La Rochelle.

Avant de disparaître derrière les clochetons en forme de minerets de l'île d'Aix, l'astre du jour inonde le ciel de ses « rayons vermeils, de rubis ourlant les nuages » a dit Jules Jouy, le chansonnier du Chat noir, tandis que les vaisseaux, mouillés en rade, détachent leur masse noire avec le fort Boyard et Enet. Sur les côtes voisines, les phares, étoiles terrestres, sont allumés dans toutes les directions, en même temps que les étoiles du ciel, ces yeux de l'infini, commencent à scintiller. Puis, vers l'Orient, surgit la lune, avec son grand disque, rouge d'abord, puis jaune sur lequel se détache la silhouette pittoresque et sombre de la forteresse de Fouras, encore empourprée des lueurs du couchant. Bientôt l'ombre violette estompe toutes les lignes du rivage : c'est la nuit calme d'automne avec la seule chanson de la mer :

> Le ton grave du flot qui monte ou qui descend,
> Toujours prêt à s'éteindre et toujours renaissant !

Ces vers de l'ami André Lemoyne, à qui j'ai montré ce spectacle, bercent la pensée : l'âme de la grande nature fait regretter les tueries de la chasse en parlant au cœur du paysagiste.

CHAPITRE XXII

Limites de la châtellenie et de la commune. — Une erreur
géographique dans un document de 1410. — Environs
de Fouras : le versant de la Charente ; le bois Boulaud ;
le logis du Treuil-Bussac ; du village du Chevalier au
fort Lapointe. — Histoire des marais de la Petite-Flandre.
Température et hygiène du pays. — Du village de Soumard au Magnou.

La châtellenie de Fouras comprenait, au moyen-
âge, toute l'île préhistorique, c'est-à-dire les paroisses de Fouras et de Saint-Laurent de la Prée,
depuis Enet jusqu'à l'embouchure du canal de
Charras. Dans un aveu de Guy La Personne, vicomte d'Acy, seigneur de Fouras, au roi Charles
VI (¹), (1ᵉʳ mars 1410), les limites s'étendraient
jusqu'à la « clère de Fichemort ». J'ai longtemps
cherché ce chenal aux environs de Vergeroux ; il est
à 6 kilomètres de Charras, à vol d'oiseau, au-delà
de Rochefort et du Pont-Rouge ; comme l'indique
ma carte de la châtellenie (²), l'*Etier de Fichemort*,
avec le canal de la Grève, servent d'écoulement à
l'ancienne rivière de la Gère qui arrose la ville
Sur-Gère. Les deux cours d'eau réunis se jettent
dans la Charente entre Mouille-Pied, La Vacherie
et le moulin de Fichemort.

---

(1) Archives nationales, p. 570ᴶ. Cote IIIᵐ, VIIᵉ, XLIXᵗᵉʳ,

(²) Voir page 8.

Il est donc évident que le notaire de 1410 a fait erreur en copiant les limites du grand fief des de Rochefort-Fouras, sans réfléchir au partage de 1300. J'ai dit à la page 50 comment la châtellenie de Fouras fut encore divisée, le 3 juillet 1675. pour les filles de Louis de Polignac, en deux hautes seigneuries ou paroisses : Fouras et Saint-Laurent de la Prée.

Aujourd'hui, la commune de Fouras présente une superficie de 983 hectares ([1]). Ses contours peuvent être évalués à 23 kilomètres, dont 15,400 mètres sont baignés par la mer.

Elle est bornée au sud par l'embouchure de la Charente, à partir du fossé de la Petite-Flandre, à 870 mètres du fort Lapointe ; à l'ouest par l'océan, au nord par le bras de mer connu sous le nom d'Ans de Fouras, baie d'Yves ou de Châtelaillon ; à l'est par le canal d'Yves (840 mètres), la route nationale de Rochefort à La Rochelle (180 mètres), le chemin du pont d'Yves au Magnou (1,840 mètres). Vers l'antique fontaine de La Cornerie, la ligne séparative des deux communes coupe le champ de la Cornerie sur une longueur de 130 mètres, dans l'alignement du chemin de Saint-Laurent de la Prée pendant 170 mètres, continue ensuite à travers les bois du Magnou, de l'allée, les marais de l'Aubonnière, à 30 mètres de cette ferme, pour se confondre avec le canal, le fossé du Carreau, celui de la Levée, la route de Soumard, depuis la ferme de la Levée jusqu'à 280 mètres au-delà de la Cabane des Cabanes, et enfin le canal de la Petite Flandre, déjà cité.

([1]) D'après la matrice cadastrale de 1810, la surface totale de la commune est de 971 hectares 04. Sur la matrice de 1846, la surface des propriétés, sans celle des chemins, est de 937 hectares 50 ares 42 centiares ; en 1848, 948 hectares 49 ares 62 centiares.

En suivant la direction de ces frontières de Fouras, la transversale de ce territoire mesure 4,3oo mètres ; avec les contours, la ligne du littoral peut avoir plus de 15,4oo mètres. Le sommet de notre presqu'île si découpée mesure 19 mètres au-dessus du niveau de la mer et se trouve dans le sud-est du pays, à l'angle des routes de Fouras à Soumard et du moulin Brûlé à l'Aubonnière ; ce coteau formait l'ancien fief du moulin de Fouras, dont la tour, bien des mineurs Renaudin, existait encore en 1810. De ce point, on découvre toute la campagne et le littoral de l'Aunis et de la Saintonge à plus de 20 kilomètres à la ronde.

Le chemin de Rochefort, autrement dit la route de grande communication de Fouras à Touche-longe, divise la commune en deux versants : celui de *la Charente ou rivage méridional*, celui de *l'Océan ou rivage septentrional*.

Visitons le versant de la Charente. — J'ai déjà décrit le quartier de La Coue ou du Perrot au chapitre des plages et des ports ; l'aspect du port sud est bien changé depuis 1894 avec ses belles villas, l'usine à gaz sur le coteau de la Grand'Plante, le jardin public et le massif de verdure des Terriers qui cachent maintenant les pittoresques sablières des Franches.

Au-delà s'étendent les vignes du *Paradis* (¹) ; pourquoi ce nom céleste à cette partie du littoral fourasin ? Etait-ce l'emplacement de la demeure du jardinier de l'ancien seigneur ? Je me garderai bien d'inventer des légendes. Depuis quelques années on y récolte du bon vin, non loin d'une excellente source d'eau douce qui surgit du sable de la plage,

---

(1) Probablement avant la race blonde et blanche, stations de marins avec temple de Vénus. (Voir p. 6, 20, 50, note.) C'était une des rares stations phéniciennes de l'Atlantique.

tout près de la vase, vis-à-vis de la cabane d'un éleveur d'huîtres. Quelques modestes propriétaires ont fait bâtir trois maisons sur le versant de l'étang. Dans un petit enclos, des pommiers touffus se dressent contre le vent de mer ; leurs fruits sont très savoureux, mais sans doute moins tentants que ceux du Paradis de Jéhovah.

Après ces vignes et des luzernes, les chênes du *bois Boulaud* forment un joli massif d'arbres blancs autour d'une maison de plaisance, en forme de croix, construite en 1861, par les soins de M. Girard, notaire à Rochefort, beau-père de M. Belenfant, son successeur.

Autrefois, tous ces bois, avec les propriétés que nous visiterons au retour, formaient la seigneurie du *Treuil-Bussac*, très connue à cause des Chadeau de la Clocheterie, dont il est parlé aux chapitres IX et X.

Avec le luxe des habitations modernes, le vieux logis noble qu'on appelle le château du Treuil-Bussac, un peu caché derrière son rideau de tilleuls et d'ormeaux, peut être confondu avec une vieille ferme.

Le portail voûté (1) assez élevé, avec colombier ornementé de la fin de la Renaissance, a été rasé en 1869 au moment où le cintre allait s'écrouler. Dans la cour intérieure, où l'on voit un grand puits reproduit par le crayon de Claude Sauvageot, directeur de l'*Art pour tous*, en octobre 1880, la porte de l'habitation présente quelques sculptures de la Renaissance, dans le genre de la porte de l'hôtel Gargoulleau, à La Rochelle, 1677. Du côté du jardin, c'est-à-dire au levant, l'aspect du logis (2) est plus

---

(1) Voir, p. 110, les vues du portail et de la porte en 1897.

(2) Voir, p. 93, la vue des tourelles et le plan.

pittoresque avec la terrasse et la tourelle couvertes en ardoises. Une autre petite tour rasée, aux quatre machicoulis orientés, doit remonter au XVIe siècle. Ce droit de créneaux, avec quatre tourelles ou pavillons, droit de fuie, garenne, etc., est formellement consigné dans les vieux titres (¹), notamment dans le dénombrement de Pierre Dansays, sieur du Treuil-Bussac, à Louis XIV, du 11 juillet 1667. Le devoir féodal au roi était une paire d'éperons dorés d'un écu, à chaque changement de seigneur et de 13 sols de cens noble à la fête de la Toussaint.

Dès 1627, Le Treuil-Bussac figure sur une carte de Châtillon gravée par Tavernier. A l'intérieur, un grand escalier de pierre, nettement indiqué dans un inventaire du 23 juin 1696 (²), divise la maison de deux étages en deux salles de 10 mètres, partagées pour la commodité, à l'exception de la salle de travail-bibliothèque, où sont accumulés les copies d'archives du pays et même de la région, les livres, les cartes, les œuvres des amis. A remarquer dans la salle à manger, une vaste cheminée assez simple, du XVIIe siècle, réparée en 1892.

Depuis 1850, le beau parc est remplacé par un jardin fruitier. Le logis occupe la place d'une habitation gallo-romaine, comme au Magnou ou à Chevallier. Des monnaies de Constantin (306-337) et de Constance (335-361), trouvées dans les constructions, indiquent peut-être une tombe d'officier du IVe siècle (³).

---

(1) Archives départementales, B 1150, feuillets 132 et suivants. Hervé, notaire à Fouras. Communication de M. Louis Meschinet de Richemond.

(2) 22 pages. Minutes de Querthon, notaire à Fouras et à Saint-Laurent-de-la-Prée. Copie annotée par M. X. Barbier de Montault.

(3) Voir p. 33.

Au temps des seigneurs francs, c'était *le Treuil*
du roi fourasin. Il est probable qu'il fut détruit
pendant la guerre avec les Anglais, car il est écrit (¹),
dans le Trésor des Rois de France, qu'en septembre
1375, « la place en laquelle soulait estre le Truilh
de Fouras » appartenait à Jehan de Marlonge,
époux de Marguerite Rasolle, fille de Jean et petite-
fille d'Aigline de Mayrembault. On verra plus loin
que ce Jehan de Marlonge devait être le maître
d'hôtel de Philippe-le-Bel, roi de France. Dès cette
époque, c'était Fouras qui fournissait le poisson de
la table royale. Avec Le Treuil, Jehan de Marlonge
reconnaissait posséder « un casseron de vignes,
une ouche (jardin entouré de haies), trois journaux
de terre et plusieurs quartiers de vignes tenant au
petit chemin par où l'on va de Fourras à Chevalier,
les vignes de l'Aubier (environs du moulin de Balloge), dix quartiers de vignes au fief Nalard, le pré
des Bégaudières, celui des Aubigneau (commune
de Saint-Laurent de la Prée, en bas des marais de
Terre-noire (²), le pré au-dessous du bois de Maupas,
d'autres prés à Loyre, vingt-quatre journaux de
terre à Saint-Marc (ou Soumard), à L'Aubonnière,
à Loyre, 14 livres de rente sur les dîmes de Fouras,
le droit de prendre du poisson EN LA VILLE DE
FOURAS ou sur la châtellenie de Rochefort pour
l'approvisionnement de son oustel, etc., cens, rentes
sur les hommes de Fouras, sur les maisons, masuraulx, vergers et mottes. »

Je cite, en modifiant un peu le français curieux
du xive siècle : Il est rare de trouver un document
de cette époque aussi détaillé, aussi important pour
l'histoire du sol fourasin.

____

(³) Archives nat., p. 553, III, CXLII.

(⁴) Par une curieuse coïncidence, une partie de ce pré appartient à
Mᵐᵉ Duplais-Destouches 1oère.

En 1594, des archives de La Tremblade citent un sieur Jehan Dansays (¹), seigneur du Treuil-Bussac, notaire, procureur d'office de la châtellenie de Fouras, juge de la sénéchaussée de Rochefort, mort en mars 1624, à l'âge de 70 ans. Avant 1863, on voyait sa tombe dans le jardin du presbytère. On doit lui attribuer la construction du logis.

Le nom des Dansays du Treuil-Bussac se retrouve encore dans mes archives en 1633. Comme mari d'une demoiselle de La Barre, les droits du seigneur du Treuil s'étendaient sur plusieurs terres de Saint-Laurent de la Prée, entre Saint-Pierre et L'hommée (²).

Le 4 octobre 1681, son fils, Pierre Dansays, mort en 1696, époux de Diane Sauvignon de l'Aiguille, fut obligé d'abjurer la religion calviniste. L'ainée de ses filles, Diane, née en 1663, épousa Abraham Gauvain dont les descendants sont encore dans le pays après leur alliance avec les Duplais des Touches, fixés à Thairé pendant la révolution. Son petit-fils, Jehan, mari de Marie-Anne Duran, vendit le Treuil-Bussac à Paul Bidé, chevalier, seigneur de Chézac, lieutenant de vaisseau, et à sa femme Jeanne Richard, le 28 juillet 1704, mais il conserva le titre de seigneur du Treuil-Bussac et du fief Jaulin jusqu'en 1709. Cette famille s'allia aux Moriceau du Pavillon, aux de Lamothe, aux du Pérou d'Argeuille, etc.

La famille Bidé doit se rattacher aux Bidé de La Bidière, de Maurville, de La Granville, etc., originaires de Normandie. Elle a produit plusieurs chefs d'escadre, commandant à Rochefort ; leur écusson

---

(1) Note du curé Bognetteau et communication de MM. Lételiė, de La Morinerie, d'après les minutes d'Abraham Michel, notaire à La Tremblade.

(2) Voir les pages 92-96.

était : D'argent, au lion de sable, armé et lampé de gueule ; accolé, en chef, à dextre, d'un croissant d'azur ; à sénestre, d'une étoile de gueule, et en pointe, d'une étoile de même. Les étoiles et le croissant bordés de sable.

J'ai souvent entendu dire, par de prétendus historiens, que les chevaliers ne savaient pas signer et qu'il n'y avait pas de justice contre les nobles avant 1789. Les affaires judiciaires marchaient plus sévèrement qu'aujourd'hui, et l'on poursuivait les débiteurs impitoyablement. Ainsi le chevalier Bidé de Chézac du Treuil-Bussac devait 2.455 livres à un sieur Simon de Boisfromis. Après trois commandements, de septembre à novembre 1705, saisie fut réellement lancée contre la maison noble, terre et seigneurie du Treuil-Bussac et la vente ordonnée par le tribunal de Rochefort, à l'audience du 5 mars 1707 (¹). La mise à prix fut de 3.900 livres, sans compter les devoirs seigneuriaux, féodaux, et les droits de criée. Il est probable que le seigneur poursuivi fut obligé de laisser le pays, car je trouve cette note sur une page d'un registre paroissial : « Mr de Chézac est party le 15 mai, jour de la Pentecôte 1712, à 5 heures du matin. »

A partir de 1718, c'est Timothée Daniaud, négociant maire de Rochefort en 1722, 1724 et 1728, qui est seigneur du Treuil-Bussac. Son aveu au roi est daté du 31 mars 1718 (²). Il était né à Soubise vers 1664 ; ses parents étaient marchands de soieries (3). C'était un homme instruit (4) pour l'époque et très aimé par la population rochefortaise (5). Les his-

---

(1) Archives de la Charente-Inférieure, B. 1150, foll. 132.

(2) Archives nat., p. 440.

(3) Voir pages 112-113.

(4) Je possède quelques lettres de lui concernant un procès contre Gaillard et Fillon, 1738 : le procureur de Rochefort était alors M. Cachet.

(5) *Histoire de Rochefort*, t. p. 312-313.

toriens de Rochefort, Viaud et Fleury ont raconté sa philantropie.

C'est lui qui fit restaurer les charpentes actuelles du logis ; elles sont datées de « may 1720. »

Son blason, enregistré par d'Hozier est : D'or, au pal d'azur, accosté de deux lévriers affrontés du même. »

Sa fille Catherine, née à Rochefort le 22 février 1708, épousa messire Isaac Chadeau de la Clocheterie, écuyer, lieutenant de vaisseau, le 4 décembre 1731. Elle eut neuf enfants. Malgré ses chagrins, la dame du Treuil-Bussac vécut 90 ans ; pendant la révolution, la municipalité de Fouras l'accusa de cacher chez elle des individus suspects et l'on fut sur le point d'y installer la caserne des gendarmes à cheval (1795). Mme de La Clocheterie mourut au Treuil-Bussac le 29 fructidor an v (17 septembre 1797). (1)

Sa fille, Esther-Honorée, veuve aussi d'un capitaine de vaisseau, Guillaume de Basterot de La Barrière, vendit le domaine à un parent Pierre-Louis-René, comte de Saint-Légier de La Sausaie, le 25 ventôse an X, (15 mars 1802). Sa femme, Marie-Paule-Bénédicte de Sartres, arriva au Treuil le 19 avril 1806 à l'âge de 22 ans. Elle eut 11 enfants dont 3 moururent jeunes (2). M. de Saint-Légier fut

---

1) Un lit garni de soie brune et jaune, ainsi qu'un Cahut de salle à manger lui ayant appartenu sont conservés dans le château.

(2) 1º M. Léon-Paul, marquis de Saint-Légier de La Sauzaie, propriétaire, et dame Cathérine-Célestine de Saint-Légier, son épouse, demeurant à la Barrière, commune d'Ozillac ; 2º M. Marie-Alexis de Saint-Légier de La Sauzaie, officier au 11ᵉ régiment de dragons ; 3º M. Guillaume Pierre de Saint-Légier de La Sauzaie, élève à l'école de cavalerie de Saumur ; 4º M. Jacques de Saint-Légier de La Sauzaie, propriétaire ; 5º Mlle Antoinette de Saint-Légier de La Sauzaie, sans profession ; 6º Mlle Adélaïde de Saint-Légier de La Sauzaie ; 7º Mlle Claudine de Saint-Légier de La Sauzaie ; 8ᵉ Mlle Octavie de Saint-Légier de La Sauzaie, demeurant à Saintes

nommé maire de Fouras du 26 mai 1810 à 1825 ; après les Cent jours il se retira au logis de la grange Hautmont près Vénérand et y mourut le 21 août 1842.

En 1843, ses huit enfants cédèrent le domaine du Treuil-Bussac au comte Louis-André-Marie-Edmond Green de Saint-Marsault de Châtelaillon, demeurant au château du Roullet, commune de Salles, avec son épouse Mme Charlotte-Léonie Ladmirault de Noircourt pour la somme de 232.000 francs (1).

C'était une propriété considérable : on comptait 173 hectares 49 ares 63 ou 607 journaux dont 107 de bois, 55 de vignes, 80 de prés et de marais gâts, 63 de pacages, 290 de terres labourables, jardins, cours, etc. Rapport net de la propriété, frais et impôts payés : 11.048 fr. 08 (2).

M. de Saint-Légier avait donné au Treuil cette vaste étendue en achetant des fragments de la seigneurie de Fouras, jusqu'à la pointe de l'Aiguille. Tout cela fut morcelé, et le 25 mars 1858, le château du Treuil-Bussac, avec quelques terres, fut acquis par Théodore-Arthur Wanpers et sa femme Mme Noémi Manès. Peu de temps après, il était remis en vente, et acheté, le 9 novembre 1865, par Jacques-Eutrope Duplais des Touches, directeur des contributions indirectes en retraite, (mort au Treuil le 14 mars 1888) et sa femme Mme Marie-Esther-Isaline Duplais (3). — Le Treuil fut alors restauré.

A 250 mètres environ à l'est, se groupent les maisons du village de ou du *Chevalier*, 153 habitants, au milieu des fruitiers de toute sorte ; ce ne sont plus les chaumières basses, obscures, souvent inondées par les eaux du ciel ou des fumiers, dans

---

(1) Acte passé en l'étude de Mr Eugène Allard, notaire à Rochefort.

(2) Archives de M. de Saint-Marsault, au Roullet.

(3) Étude de Me Eugène-Antoine Allard, 6, 13 novembre 1895, 10 janvier 1866.

des ruelles biscornues, où habitait quand même le notaire M⁰ Laurent Querthon en 1765. Il y a une vingtaine d'années, des maçons y ont trouvé une place bétonnée, à l'aspect gallo-romain, comme aux Vallines et à La Cornerie (1).

En descendant vers l'embouchure de la Charente, par le chemin du moulin de l'Espérance, à l'angle de la route de l'Aubonnière, se trouvent deux champs ; l'un appelé l'*Olivière*, l'autre *Sous les Vignes ;* on pense que c'est là que les premiers légionnaires romains, fixés dans le pays, ont planté les boutures de ces précieux arbustes. En 1820, il existait encore des oliviers au Treuil-Bussac, car le Dʳ Bobe-Moreau, pharmacien, professeur à l'école de médecine de Rochefort, les a signalés dans les *Annales maritimes*, p. 75.

Avant 1789, les habitants de Chevalier étaient censitaires du Treuil-Bussac, c'est-à-dire devaient au seigneur de ce fief l'impôt du cens (cote personnelle) et le septain des récoltes (une pochée sur sept). Pour le fief des Nolleries, les 41 articles étaient tenus à 2 sous 6 deniers de rente foncière par journal en plus du septain. Toutes ces rentes ont été abandonnées à l'Etat le 4 août 1789 ; les propriétaires actuels se contentent de payer une cote foncière de 17 o/o ou 18 o/o sur le revenu cadastral et de louer leurs terres aux fermiers.

A 800 mètres du sud de Chevalier, sur le versant du coteau que j'ai cité comme le point le plus culminant de la presqu'île fourasine, s'élève le *Moulin de l'Aubier*, très connu sous le nom du meunier Balloge (2), à 300 mètres du moulin détruit des Renaudin ou de Fouras. Le gros chêne vert qui abrite l'extrémité des jardins Balloge s'aperçoit

____

(1) Voir page 23.

(2) Vᵉ Balloge, 1846. — L'emplacement du moulin de Fouras s'appelle maintenant le moulin Brûlé (Voir page 2).

de très loin. En face, adossée au routin qui descend vers le rivage, se cache une antique fontaine voûtée, la *Source de l'Aubier*, dont l'eau limpide alimente le petit étang du même nom, avec celui des Nolleries. On dit que c'est la meilleure source du pays. Des dunes, couvertes d'immortelles, et souvent bouleversées par les sablières publiques, s'étendent jusqu'au *Moulin de l'Espérance* ([1]), dernière limite des terres cultivées ([2]). Depuis quelques années, tous ces moulins, construits vers 1835, sont privés de leurs grandes ailes : c'est une industrie ruinée. Là le panorama devient d'une profonde monotonie, car l'œil embrasse toutes les prairies de l'embouchure de la Charente jusqu'au relief de Saint-Nazaire et de Soubise aux clochers trapus. Par ci par là quelques tamaris, aux branches tordues par le vent de mer, ornent les fossés de ces vastes lagunes, anciens marais salants presqu'au niveau des hautes marées ; sans la digue, construite en 1812, qui permet d'arriver jusqu'au *Fort Lapointe*, précisément surnommé *Vasou*, tout ce pays plat serait submergé jusqu'à Soumard (Sub-Mare).

A droite de la digue, des mathes couvertes de graminées s'étendent à plus de 200 mètres vers la mer ; il serait imprudent de s'y aventurer surtout aux environs de l'écluse.

Le fort Vasou est à 1.700 mètres du moulin de l'Espérance ; il a la forme d'un demi-cercle de 7 mètres de rayon ; son rempart circulaire est baigné par la Charente. Commencée en 1673, réparée comme les autres forts de Fouras en 1688, 1756 et

---

(1) Vᵉ Jean Godet, 1846. Aumont meunier, 1841.

(2) Il est à remarquer que toute les belles cartes du Ministère de la marine (Cours de la Charente, nº 163. 1824-1831, nº 160) et même du Ministere de l'intérieur (1885, Hachette éditeur), sont erronées sur les noms et l'emplacement de ces moulins ; ces fautes produisent des écarts de 1,400 mètres dans la perspective du rivage.

1757, cette redoute est encore armée de plusieurs pièces d'artillerie.

En 1674, le fort de La Pointe comptait 50 pièces de canons servies par 400 hommes sous les ordres de M. de Belle-Fontaine. ( ) (*Histoire de Rochefort.* par le P. Théodore, de Blois, capucin, ancien professeur de théologie, 1733.)

L'embouchure du fleuve est réputée dangereuse : pour en guider l'accès, l'Etat a fait bâtir en 1868, sur les deux rives, deux tours carrées situées à 600 mètres l'un de l'autre, dans l'alignement de la bouée des Fontenelles. Pour monter la charente, la nuit, le navigateur doit prendre depuis l'île d'Aix le feu rouge de la première tour, d'une hauteur de 7 mèt. 6, par la lumière blanche de la seconde (13 mètres 3 de hauteur) ; aux Fontenelles, il prendra les feux alignés du Port-des-Barques [1] dans la direction du clocher trapu de Saint-Nazaire ; une fois devant la balise du Port-des-Barques, le navive est au milieu du fleuve.

Ces deux tours ont été inaugurées le 30 septembre 1869 à minuit ; la plus élevée est ornée d'une flèche en ardoise [2]. Pour les visiter, s'adresser au veilleur [3], dont la maison s'élève à l'angle de la Petite-Prée de la cabane, à l'ombre d'un énorme pin maritime.

J'ai déjà dit que toutes les prairies qui environnent le fort Lapointe et les phares sont d'anciens marais salants, dépendant de la métairie de *Bellevue*, aujourd'hui démolie, nivelée et placée à l'angle du

---

(1) Petite station maritime, de la commune de Saint-Nazaire, située en face du fort la Pointe du Vasou. On y débarque par une longue jetée de près de 400 mètres, sur un quai bordé de maisons blanches s'étendant sur une longueur de près de 600 mètres. On y bâtit de nombreuses villas sur les hauteurs, aux environs de Piédemont ; la largeur de la Charente, entre cette station et le fort Lapointe, est évaluée à 1 kilomètre

(2) Registre du phare.

(3) Benon, veilleur depuis le 1re octobre 1883.

chemin de Fouras, en bas du fief du Prieur (¹). Le 18 octobre 1691, cette maison fut vendue par Théodore Paget, banquier à La Rochelle, à Jacques Fillou, saunier, moyennant 18 livres tournois de rente annuelle et perpétuelle. Le 10 avril 1703, Bellevue passe entre les mains du frère, Etienne Fillou ; en 1708, c'est la propriété de Timothée Daniaud, seigneur du Treuil-Bussac, maire de Rochefort ; en 1789, des Chadeau de La Clocheterie ; en 1846, du comte Green de Saint-Marsault, à Salles (²).

Dans ce temps-là, la paroisse de Fouras comptait 59 arpents 94 perches 50 de salines, soit 62 hectares 17 ares 49. En 1742, cette denrée valait 4 sous le boisseau (23 litres). Détail curieux : vers 1709, le curé d'une paroisse avait le privilège de donner à ses paroissiens un permis d'enlever gratuitement du marais deux boisseaux de sel pour la provision du ménage. Aujourd'hui, les grands réservoirs et les tables du marais salant sont transformés en rouchières ou marais gâts ; la plupart des jas ou bassins sont complètement desséchés. Il est à souhaiter que ceux de Marennes et de l'île de Ré n'auront pas le même sort.

Puisque nous entrons dans cette région lacustre, il est intéressant d'en faire l'histoire.

Dès le xiᵉ siècle, les moines de Cluny et de Vendôme avaient commencé le desséchement de ces marais, surtout la partie septentrionale de Fouras, Voutron et Rochefort. (³)

---

(1) Archives de Grollier, notaire de Fouras. Le fief du *Prieur*, situé en face du Grand-Ormeau, entre les routes de Fouras et de l'Aubier, est précisément cité dans l'aveu de 1375. Archives nationales : P. 5531 iiiᵉ XLIII.

(2) Les autres sauniers Fillou étaient et habitaient Saint-Marc avec les Pinardeau [1711], les Sauvin, etc.

(3) Archives de la Vienne, Des Fonteneau, t. xv, p. 369 ; Richard Archives du Poitou, t. xvi, p. 179, p. cxlix.

Les travaux furent repris sous le règne de Henri IV par Humfroi Bradley, gentilhomme du Brabant, natif de Berg-op-Zoom, à qui fut accordé le titre de maître des digues du royaume de France (1599). Ces entreprises étaient fort onéreuses et l'économie des propriétaires fit abandonner la canalisation ; elle fut reprise en 1607 et 1639 et des privilèges furent accordés. Après la mort de Bradley, Noël Champenois, seigneur de la Roche, se mit à la tête des associés pour compléter le dessèchement de La Petite Flandre ([1]), c'est-à-dire de la lisière méridionale des marais de Fouras, de Saint-Laurent, du Vergeroux et de Rochefort.

Maintenant, ces anciens lais de mer sont sillonnés par quantité de fossés ou canaux partageant le sol en de nombreux carreaux ; ces fossés ont environ 2 mètres de largeur sur autant de profondeur ; ils viennent aboutir dans un grand fossé de ceinture, qui va lui-même se déverser dans un petit canal se jetant directement dans la mer ou la Charente, par un ponceau à vannes. Ces vannes sont entretenues par des éclusiers à la solde des propriétaires de marais, réunis en syndicat et soumis à un impôt annuel de 3 francs par hectare. Ces éclusiers ont encore l'entretien de la digue destinée à défendre le grand fossé de ceinture contre les retours de l'Océan : la principale digue faite en 1812 est la levée du fort Lapointe, qu'il est question de refaire.

Elle commence au moulin de l'Espérance pour finir à l'embouchure du canal de Charras (7,930^{m}).

En réalité, il n'y a plus de marécages abandonnés, refuges du gibier ; ces terres gazonnées servent de parcs à des chevaux dont la race est très

---

([1]) Arcère, t. I, p. 19.

appréciée par la cavalerie ; les bœufs et les moutons y prennent une saveur spéciale qui leur fait donner le surnom de viandes de prés salés.

Au XVIIe siècle, les marais de Rochefort et de Brouage étaient notoirement insalubres ; les maladies paludéennes ont été guéries ou modifiées par les travaux des médecins et des ingénieurs. « La fièvre, épidémies, pluies, orages, gelées. » Il est certain que le voisinage de l'Océan a le privilège de fortifier les races, d'adoucir ou d'égaliser les températures, et grâce au Gulf-Stream, ce bienfaisant courant du golf de Mexique qui vient, disent les géographes, jusque dans les pertuis, garantir la fécondité du sol par la chaleur de ses eaux, le climat de Fouras est un des plus tempérés de la région de l'ouest ; sa flore est méridionale ; les figuiers y gèlent rarement ; au siècle dernier on y cultivait encore, comme au temps des Romains, des grenadiers et des oliviers.

La température moyenne de cette région maritime peut être fixée de 14 à 16 dégrés centigrades ; les vents dominants viennent du sud-ouest, en moyenne 84 sur 365 jours.

On revient de La Petite-Flandre fourasine par le chemin de la *Cabane des cabanes* (¹), vaste ferme sur la frontière des communes de Fouras et de Saint-Laurent, puis par la Levée, autre grande ferme.

Saumard ou *Saint-Marc-la-Levée* (peut-être le prieuré de Saint-Marc fut-il détruit par l'invasion normande ?) est un petit village de 63 habitants, très ancien ; en 1375, le fief de ce nom appartenait à Jehan Ayraut, paroissien de Fouras, qui le tenait

---

(¹) Vieille ferme de la commune de Saint-Laurent, appartenant, en 1846, au mineur Jules Rollet, possesseur de l'Hôtel des Postes, à Rochefort ; en 1865, Mlle Louise-Catherine-Mathilde Perrin, veuve Forgeot, 1884.

de feu Huguet Chaloz, à hommage-lige au roi et au devoir de soixante sous de plaid de morte-main. Il serait trop long d'expliquer ici les conditions de ces servitudes au moyen-âge, souvenirs des dieux égyptiens ou assyriens. En 1597-1625, André Gallais, procureur au siége de La Rochelle, en vertu d'une transaction avec le seigneur de Rochefort, avait basse et moyenne juridiction sur ce fief, moyennant le devoir d'une maillle d'or. Jean Maillard, élu de La Rochelle, était seigneur de l'autre moitié de Soumard ([1]). Vers 1685, Anne Delage, veuve de L'Isle de Saint-Marc, et son fils, Honoré-Jacques de L'Isle, signaient comme dame et seigneur de Saint-Marc en Fouras, en même temps que Charles Baron, seigneur de La Roche-Baron. Plus tard, son fils, Charles-Elie Baron de Saint-Marc, frère de Pierre Entrope, seigneur de Touchelonge en Marennes, conseiller du roi, lieutenant-général de l'amirauté de Brouage, épousa Henriette Ferrier de Saint-Marc, veuve de Pierre de Saint-Thomas du Péré, ancien garde de la marine à Rochefort (23 septembre 1721). ([2]). — Vint ensuite Pierre-Fabien Baron de La Roche-Baron (1700-1765), garde de la prévôté de l'hôtel du roi, époux de Marie-Suzanne-Dorothée Giraudot. Le mariage de Jean-Jacques-Fabien de La Roche-Baron, écuyer, lieutenant d'infanterie, avec Marie-Rose Carré, fit

---

([1]) Commentaires sur la coutume de La Rochelle et pays d'Aunis, par Mre Etienne Huet, escuyer, seigneur de Châteauroux etc., 1698.

([2]) Registres paroissiaux. Le 3 juillet 1703, saisie réelle de l'office de lieutenant-général de l'amirauté de Saintonge, établie à Marennes, fut faite au fils Baron, à la requête de Samuel Lardreau, bourgeois de Paris, ci-devant procureur en la cour du Parlement, représenté par Jean Constantin, procureur du siège présidial de Saintes, pour assurer le paiement de la somme de 500 livres ues sur 1,500 livres de principal, portées par les sentences et arrêts du 5 juillet 1690 au présidial de Saintes, et 6 septembre 1896 au Parlement de Bordeaux. Archives départementales. B. 66.

passer Saint-Marc ou Soumard dans la famille de sa femme, et, en 1789, le seigneur était Louis-Charles Carré des Varennes (¹), écuyer, conseiller-secrétaire du roi près la chancellerie du parlement de Grenoble.

En 1810, c'est la propriété de la veuve Ozée ; en 1845, d'Androuin-Sarlat ; maintenant, de M. Georges Bugeau, gendre de M. I. Putier (²).

Non loin de l'ancien logis, on aperçoit la tour ruinée du moulin qui, en 1810, était au meunier Archambeaud, en 1846, à Langros, et en 1854, à Adrienne Lussaut, à Rochefort.

De ce point on domine toute la prairie de *L'Aubonnière*. Ce domaine, divisé en cabane et en métairie, semble appartenir vers 1700 à Suzane Charon de Salles et de L'Aubonnière, épouse d'Alexandre de Carlu, capitaine au régiment de Normandie, co-seigneur de Saint-Laurent de la Prée (³). Son fils (1716-1775) et ses petits-fils furent tous officiers de gardes-côtes.

En 1810, L'Aubonnière était aux de Vassoigne, de Fouras, puis aux Fradet et aux Duffour (1846), Jean et Simon), et à Pierre Gazin (1896).

En montant vers Le *Magnou*, au milieu des bois, on laisse à gauche les terres de *La Baronnerie*. Quelle est cette Baronnie ? A quelle époque remonte le château dont les ruines gallo-romaines ont été signalées en août 1886 (⁴) par M. Magnou, propriétaire ? Fut-il détruit par les pirates envahisseurs, des

---

(1) Communication de M. de La Morinerie. Archives du Treuil-Bussac.

(2) Matrice cadastrale.

(3) Extraits de registres paroissiaux de Saint-Laurent ; on lira plus loin l'anarchie seigneuriale dans cette paroisse au XVIIIᵉ siècle, 1757. Trois seigneurs laïcs se disputaient les dîmes avec le curé, les dames hospitalières de La Rochelle et les jésuites de Saintes.

(4) Voir la description des fouilles à la page 22 et suivantes.

ennemis connus ou des bagaudes rebelles ? Mystère ; les poteries brisées au milieu de bois brûlés feraient supposer un carnage du IVe siècle.

Avant 1794, le portail de la vieille ferme du *Magnou* était orné de fleurs de lis en plomb ; le 3o pluviôse an II (18 février 1794), ces « signes affreux du despotisme royal » (*sic*) furent arrachés et envoyés à Rochefort pour être fondus au service de la République. Il y avait 37 livres de métal ([1]).

Depuis le XVIIIe siècle, toutes ces terres du Magnou, avec *Beauregard*, dont la maison d'habitation occupait la place des carrières actuelles, les métairies de *Champon*, *La Perrière*, *La Raize*, en paroisse de Saint-Laurent, appartenaient aux Dansays du Treuil-Bussac, puis aux Gauvain ([2]).

Le 7 juin 1769, le Magnou fut vendu au chevalier François Delpy de La Roche, lieutenant de vaisseau, à Rochefort, par Simon-Paul Gauvain (1737-1781), officier de la monnaie à La Rochelle, et son frère Etienne-Abraham, lieutenant au prévôt de la monnaie, et son beau-frère, Samuel-Pierre Meschinet de Richemont, fils, négociant, époux de Sara-Suzanne Gauvain (22 décembre 1763). Le prix de la vente s'élevant à 22,000 livres, n'était pas encore réglé au moment de la révolution, et la vaine réclamation des créanciers fut portée au ministre de la justice par le député Régnaud de Saint-Jean d'Angély (4 vandémiaire an VII, 26 septembre 1798) ([3]).

En 1810, c'était la propriété de M. Emery ; en 1846 de M. Jean-Baptiste Raimbault, à Niort, maire

---

([1]) Registre du conseil municipal.

([2]) Archives de M. Paul Gauvain à Fouras, 3 liasses d'extraits de la cour de la bourse de Bordeaux. Minutes des notaires Querthon et Gaultier, à Rochefort.

([3]) Communication de M. de Richemond. Archives départementales, Bordereau général du ministère des finances, n° 76.

de Fouras de 1827 à 1840. Depuis 1848, ces terres furent acquises par le père de M. Ernest Magnou, à Niort ; celui-ci a fait bâtir en 1877 son cottage de *Valines*, au milieu d'un vaste enclos de brandes, transformé en vignoble déjà entamé par le phylloxéra.

CHAPITRE XXIII.

LE RIVAGE SEPTENTRIONAL DE FOURAS.

Considérations sur les conquêtes de la mer entre l'île
d'Aix et la Pointe de l'Aiguille. — Le Bois-Vert. — Le
fort Enet.— Montmélian, la ville engloutie et le Châtel-
laillon de 1471. — Le Cadoret. —La tour des Rosiers et
ses environs. — La Faye du Bois. — De la Sausaye au
pont d'Yves.— Le logis de Touchelongeen Saint-Laurent
de la Prée.

Les historiens, les géographes considèrent la
pointe de l'Aiguille, l'île et la passe d'Enet comme
l'ancienne jonction de l'île d'Aix au continent. Cette
topographie antique, basée sur les conquêtes quoti-
diennes de l'océan et l'affaissement séculaire des
rivages est évidente ; mais il ne faut pas rajeunir
les dates de ces révolutions géologiques ; surtout
pour la Saintonge, l'histoire écrite, bien sommaire,
hélas ! n'enregistre aucun cataclysme précis ; logiquement, c'est par l'usure des siècles et des tempêtes que les contours d'un littoral sont transformés. Il est à remarquer que l'esprit traditionnel
du peuple rajeunit toujours les grands drames ;
c'est pourquoi les légendes saturniennes, celtiques,
israélites, grecques et romaines sont confondues
avec des écarts de 2 à 4,000 ans. Les révolutions
de l'écorce terrestre sont malheureusement certaines et prouvées par la science : souvent les jours
sont des périodes de siècles !·

Des ingénieurs anglais et français fixent les
pertes du territoire à 3 mètres par siècle sur les côtes

de Bretagne. Ces chiffres sont inapplicables à Fouras. J'ai déjà présenté des preuves de ces observations personnelles en 1889. De la Gironde à la Sèvre, il y a un mouvement de subsidence de 0,12 à 15 centimètres par siècle : même en calculant l'action supplémentaire des courants souvent ceux-ci ne font que déplacer le sable et l'humus en surface sans toucher à l'ossature du sol, j'obtiens un affaissement du sol ou exhaussement du niveau de la mer de 1ᵐ50 par 1,000 ans.

A l'île d'Aix, la montée du flot est évaluée à 5 ou 6 mètres 10 au-dessus du niveau de la basse mer ; la profondeur moyenne du détroit, sans parler de la fosse d'Enet, est de 2 à 4 mètres à marée basse ; total : 8 à 10 mètres d'eau à pleine mer. Pour marcher à pied sec sur ces fonds, il faut donc remonter à 100 ou 500 ans avant Jésus-Christ, époque du déluge breton ou cimmérien.

Aussi ces phrases, toujours citées par les géographes : «les îles de Ré, d'Oleron et d'Aix sont les débris d'une côte démolie, les squelettes de terres envahies » vraies en principe sont-elles une erreur grave quand on les applique à la période gallo-romaine:

On peut se rendre à la pointe de l'Aiguille par la rue du Bois-Vert, ancienne route de N.-D. ou de Saint-Simon d'Enet, ou par la plage, en contournant les *Rochers de la Falaise*, encore appelés *Rochers de la Nombraire*, dont les éboulements récents font comprendre la marche conquérante de l'océan. Les argiles noires et schisteuses (¹), les sables verts

---

(1) Parmi ces argiles noirâtres, compactes ou feuilletées, mêlées à du sable ou à des débris de matières organiques, on trouve des minerais de sulfure de fer, en forme de rognons de 0,15 centimètres environ de longueur. Leur cassure est granulaire. Une de ces pyrites, dont la densité atteignait 4,256, a été soumise en 1874 à l'analyse du docteur R. Roux, pharmacien en chef de la marine à Rochefort.

qui soutiennent la couche calcaire du coteau cénomanien jurassique à 14 mètres au-dessus du niveau de la mer, sont facilement désagrégés, enlevés par les mouvements du flot et la pluie, etc. ; les tempêtes complètent cette œuvre de mine niveleuse en faisant écrouler la roche supérieure.

Pour défendre leur territoire, les propriétaires ont élevé des terrasses avec de longs murs de soutènement : c'est aussi nécessaire que peu pittoresque.

Au milieu de ces massifs de chênes-verts, se cachent de jolies villas où des écrivains connus, des peintres de talent sont venus se reposer de la lutte pour la gloire et le beau. Le plus célèbre est l'académicien Julien Viaud, lieutenant de vaisseau (Pierre Loti), qui a passé l'été 1890 dans le chalet du Rêve : la terrasse a une vue charmante sur la plage, le fort et l'entrée de la Charente.

Toutes ces habitations (1), situées en face de l'immense parc du Casino, ont leur petite couche au milieu des roches avec pêcheries sur pilotis ; la construction des plus anciennes de ces villas remonte à 1866.

Au bout de la route apparaît le fort de l'Aiguille, en forme de rectangle, avec douves profondes, maçonnées de 15 mètres de largeur. Commencé en

---

En voici le résultat : Soufre 48,97
Fer 41,78
Sable et argile . . . 9,25
100,00

Quand on veut conserver ces minerais, ils se fendillent au contact de l'air, tombent en poussière et se transforment en sulfate ferreux.

(1) C'est *la Plage, le Pavillon, le Rêve.* à M. Cristin, adjoint au maire de Fouras, *l'Abri, la Famille, les Mouettes, la Falaise,* autrefois à M. Allard, *ma Smala, villa Louise, la Loggia, les Rosiers, Maison-Blanche, Bois Couvert, la Tempête. les Palmiers, villa la Forêt, villa Belle-Brise, Belvédère, Bois-Marjac,* à M. Rouyé, candidat socialiste, publiciste révolutionnaire, *la Terrasse,* etc.

1673, il fut garni de corps de garde et de logements
en 1688 ; en 1712, l'ingénieur Masse le signalait
comme étant en mauvais état. On y travaillait en
1758, après le bombardement de l'île d'Aix par
l'amiral anglais Edouard Hawke (¹) (23 septembre).
On pouvait mettre en batterie 16 pièces de canons ;
il a été déclassé en mars 1889.

La pointe de l'Aiguille est une presqu'île sinueuse,
plate, sablonneuse, de 1,500 mètres de longueur,
traversée depuis 1883 par la ligne ferrée de Fouras
à Enet. Un viaduc de 1,850 mètres devait réunir cet
îlot à la pointe, mais, pour raison d'économie, les
rails ne dépassent pas le continent, c'est-à-dire le
poste de surveillance à l'électricité de la *Jetée de
la Fumée*. Il faut une permission spéciale de la
Préfecture maritime pour visiter ce poste de défense fixe sans canons, terminé en 1800. De là, l'œil
embrasse un immense horizon.

On arrive à *Enet* presque à pied sec, en suivant
la passe formée de bancs de sable, de limons co-
quilliers, de rochers glissants ; les voitures à deux
roues s'arrêtent à moitié route ; à mer basse, tous
les reliefs émergent avec leurs millions de coquillages et de crustacés : c'est une mine d'or inépuisable pour les pêcheurs dé Fouras.

La masse noire du *Fort Enet*, anciennement
Enep ou *Enètes*, se dresse au milieu des eaux,
comme le jalon de l'ancienne jonction de la pointe
de Coudepont. Un procès-verbal de 1430, mentionné
dans le chapitre ii de l'*Histoire de La Rochelle* par
Amos Barbot, confirme cette tradition :

« A l'approche de la ville de Chastelaillon estoit
de ce temps-là (1430) une cyté nommée Montmélian,
qui estoyt entre Chastelaillon et l'isled d'Aix, à
laquelle cyté et à ladite isle on pouvait aller par

____

(1) Voir page 101.

terre et à pied sec, de basse mer, en passant sur quelques pierres, etc. Cette cyté est consumée par la mer, sans marque ne vestige d'ycelle, et ladite ville de Chastelaillon est presque réduicte en mesme état ! »

Ces lignes sont datées de 1575. D'après un compte de rentes dues au comte de Dunois, sire de Parthenay et de Châtelaillon, compte daté de la fête de saint Jehan-Baptiste (24 juin 1571), Mathurin Dussault, receveur des impôts à Chastelaillon, cite les 38 maisons et les principaux habitants de la ville : les Roy, les Guilloteau, les Naudin, etc. Sur les rochers aujourd'ui couverts d'huîtres, s'élevaient les remparts avec 7 tours, la prison, le couvent du Saint-Esprit, la barbacane, un tombeau remarquable, la garenne de la Jamble, etc. Ces ruines, visibles en partie en 1660, furent complètement détruites pendant l'hiver de 1709 (¹).

Talmont-sur-Gironde et le mont Saint-Michel peuvent donner une idée de ces places fortes du moyen-âge, capitales d'anciens pays de marins.

J'ai déjà indiqué l'étymologie (²) curieuse de Montmeillan, probablement ville détruite il y a 2,485 ans ; les cimmériens bretons occupaient certainement ces rivages 2,000 ans avant J.-C. Le nom d'*Enet* n'est pas moins antique : sans parler d'Enée, qu'on fait aborder à Saint-Trojan d'Oleron, c'est l'appellation d'un peuple d'Orient, allié des Troyens, les *Henètes* ou *Vénètes*, en grec Ενετες, descendants de la magicienne Médée et venus sur nos rivages après la ruine d'Illion.

La tradition locale plaçait sur l'îlot d'Enet un

---

(1) Archives de M. le comte Green de Saint-Marsault, analysées par M. G. Musset, conservateur de la bibliothèque de la Rochelle.

(2) Pages 31-32, 257-258.

temple d'une divinité marine : à côté se trouve le
rocher de Chiron. Chez les anciens, Chiron était
« le plus juste des centaures ». D'après Homère,
c'était le fils de Saturne et de la nymphe Philyre,
fille de l'Océan. Il faisait de la médecine, chassait
avec Diane, la déesse de la Lune et habitait la
Thessalie. Aujourd'hui, Chiron, imprimeur du
journal *La Lune de Fouras*, habite Niort. Il est
probable qu'il ne faut pas confondre ces noms,
comme font certains généalogistes des Croisades,
à propos des Godefroy, des Roland et des Bayard.
En Saintonge, on appelle *chiron* une tombe gauloise ou un amas de pierrailles. Il est évident qu'on
s'est battu à la *pointe de l'épée* pour passer dans
l'île d'Aix aux temps héroïques.

Les archives d'Henri III (¹), mentionnent sur
cet îlot une chapelle dédiée à Notre-Dame, et le
chemin qui traverse le pays des Valines au Bois-
Vert portait le nom de Saint-Simon d'Enet. En
1715, les ruines de cet ermitage, dit Masse, servaient de refuge « à quantité d'oiseaux marins » (²).

En 1756, Enet mesurait 60 toises de longueur
sur 18 à 20 de largeur, ce qui donne en mètres 120
sur 40. L'historien Arcère, à qui j'emprunte ces
chiffres de toises, doit commettre une erreur dans
la description de ce détroit. « L'îlot d'Enet, dit-il,
communique avec l'île d'Aix par une chaussée
naturelle formée de gros blocs. »

En réalité, à la place de la chaussée, il y a une
fosse, gouffre véritable où la sonde descend jusqu'à
7 et 8 mètres aux plus basses marées, ce qui fait
14 à 15 mètres de profondeur, sur 1,200 mètres
de longueur et sur 130 de largeur. Pour voir

____

(1) Aveu de Jeanne de Vivonne, dame de Fouras. Arch. nat., p. 560,
xvii, xxxviii,

(2) Bibliothèque de La Rochelle, 32, 33, n° 2. 927.

l'exhaussement d'une profondeur pareille, il faudrait remonter à deux ou trois mille ans avant J.-C. ou supposer qu'il y a eu à Aix un cataclysme comme à Lisbonne en 1755 et en Grèce en 1894. Il est donc absurde de moderniser sans preuves écrites, authentiques, une topographie préhistorique, mais il faut reconnaître que les transformations les plus invraisemblables sont quelquefois des réalités. Comme l'explique le divin Ovide, le poète des *Métamorphoses* : « J'ai vu en revanche des terres se former aux dépens des ondes », etc.

Dans l'avenir, les géologues pourront peut-être comparer mes calculs pris sur nature avec ceux des officiers de marine et des cartes officielles.

Aujourd'hui, le Fort Enet, où réside un garde de batterie, est une construction en forme de secteur obtus de 60 mètres de rayon, élevée de 1811 à 1812. Bombardé en 1864, lors des premières expériences de blindage, il a été complètement remanié, restauré de 1887 à 1888 et armé en 1889.

*
* *

Pour revenir de cette pointe extrême, on peut contourner les prairies du Bois-Vert par la plage du Rocher Rognou et le chemin du Port-Nord. Nous avons déjà vu la Garenne, la laiterie des Pins et le sanatorium. Au delà de ces charmants bois de pins, bordés d'aulnaies, s'étend la lande communale de Cadoret avec sa batterie, abandonnée depuis la menace des Hollandais en 1680 et des Anglais en 1757. Maintenant, c'est le séjour des ânes ; dans ce terrain communal les coursiers aux longues oreilles broutent en paix les bruyères roses ; quand le vent porte, ils peuvent entendre les harmonieuses envolées des concerts du Casino; il y a une récompense pour les travailleurs patients.

Toute cette région, au nord comme au sud, est dominée par la *Tour des Rosiers*, commencée le 21 septembre 1882, terminée le 10 août 1884, d'après les plans de Claude Sauvageot, architecte bien connu dans le monde des artistes parisiens. Cette construction rappelle le donjon de Fouras avec bastions, escalier à vis, terrasse à créneaux et machicoulis ; les cartes marines l'indiquent comme point de repère aux navigateurs sous le nom de *Tour Veuve*; elle domine le niveau de la mer d'une trentaine de mètres ; la tour seule a 16 mètres d'élévation. Du haut de cette plate-forme cimentée, le panorama de l'embouchure de la Charente est aussi splendide qu'au sémaphore.

Au-dessus des trois portes de cette originale demeure, à 100 mètres de la grande route, des blasons portent gravés les mots LABOR, AMOR, DOLOR. C'est la destinée de l'homme de travailler, d'aimer, de souffrir, mais le but de la civilisation n'est il pas de remédier aux brutalités injustes de la nature ?

Le châtelain est le docteur Léon Marchand, professeur à l'école supérieure de pharmacie, à Paris, auteur d'une remarquable botanique cryptogamique pharmaco-médicale (481 pages, Octave Doin, éditeur, 1883, Paris) et de plus de 10 brochures sur les champignons, lichens, sur les mycophytes, etc. (1896, 334 pages). Le nom de ce savant a été cité à la page 213 de ce livre, à propos de l'emploi des vases marines ; son père fut un archéologue distingué de Tours ; ancien directeur de la manufacture des vitraux peints, il a reproduit avec talent les verrières du chœur de l'église métropolitaine de Tours ; cette œuvre forme 17 planches de remarquables chromolithographies (¹).

____

(1) In-folio de 76 pages ; texte par MM. Bourassé et Manceau, chanoines. Typographie Mame, 1849. Bibliothèque de M. Saint-Cirgue, à Fouras.

Entre la gare et ce donjon du xixe siècle, s'étendaient les ruines du vieux fort du Treuil-Bussac, camp retranché, tracé en 1673 pour empêcher le débarquement des Hollandais (¹). Vendu en 1890-91 par le génie militaire et l'administration des domaines, cette batterie, d'une longueur de 150 mètres en deçà des remparts, a été transformée en une sorte de cité ouvrière mal dessinée ; les douves, creusées dans le roc, formaient un refuge de lapins, très connu des chasseurs ; maintenant elles sont en partie comblées ; il ne reste plus de l'ancien fort qu'une petite poudrière casematée, confondue parmi les maisonnettes de 1893. Toute la jolie perspective sur le rivage boisé, la gare, l'anse de Fouras a disparu derrière les constructions à toits d'ardoise.

Non loin de ce fort et de la Tour des Rosiers, du côté de la route de Rochefort, s'élève la *villa les Rosiers*, appartenant à la veuve du Dr Joseph-Ernest Ribeaucourt, inhumé à Fouras le 19 novembre 1885, un an après l'inauguration de sa demeure. Ardent défenseur des idées républicaines, Ribeaucourt fut interné sous l'Empire, puis nommé maire du 7e arrond^{nt} de Paris, après le 4 septembre 1870. Il était beau-frère d'Auguste-Alexandre Bardet, ancien pharmacien de 1re classe à Paris, maire de Fouras pendant quelques mois en 1888. Non loin de là s'élève presqu'en face du vieux logis du Treuil-Bussac, la maison du Bois de l'Allée (1879), aux contrevents verts, propriété de M. Gazin Pierre, ancien conseiller municipal.

En montant la route de la Faye du Bois, on arrive devant le nouveau cimetière dont l'ossuaire, avec croix hosannière, a été inauguré le 17 mars 1894. Depuis 1892, trois chapelles funéraires et plusieurs tombes rappellent la triste réalité : on meurt à Fouras comme dans le reste du monde.

------

(1) Voir pages 73, 74,

Au delà du petit carrefour du *Trop-tôt-Venu* (il
y a des gens utiles pour qui le repos éternel semble
toujours trop tôt venu !) une tuerie d'animaux offre
son décor sanglant (¹) devant une antique fontaine.
Passons vite ! et arrivons en haut de la route de
la Faye du Bois, au champ Lumain, masqué par
un superbe chêne-vert probablement centenaire.
Dans un petit vallon, débouche le passage à niveau
sur la voie ferrée par la lande du Cadoret; à l'horizon apparaît toute la rade de l'île d'Aix avec ses
petits minarets un peu masqués par la pointe de
l'Aiguille et le Bois-Vert. Au-dessus de la batterie
gazonnée, l'anse de Fouras, avec le port nord, ses
barques au mouillage, les forts d'Enet, de l'Aiguille;
à gauche, les maisons neuves de Fouras, la gare et
son réservoir d'eau à moulin, le clocher et l'église
neuve de Saint-Gaudens, la Tour, les chalets aux
toitures rouges et bleues ; au premier plan la ligne
de fer où s'avance majestueusement, au milieu d'un
nuage de fumée, la locomotive du train des voyageurs. Quel changement dans ce pays druidique
depuis 1884.

En face de ce littoral, fermé par l'horizon d'Aunis,
apparaît le logis *de la Fée* ou *de la Faye du Bois* (²)
(52 habitants), sans détails d'architecture, ombragé
par de superbes noyers et des aubépines géantes.
Il m'a été impossibe de connaître le passé de cette
maison avant 1789 ; elle devait appartenir en 1706
à Ollivier de la Faye, avocat au parlement et présidial de La Rochelle, époux de Suzanne Grenaille :
les deux enfants, mariés, furent inhumés avec leur
progéniture, le 29 et le 30 janvier 1709, dans l'église

---

(1) Depuis longtemps il est question de bâtir un abattoir à la Sausaye.
C'est une question de salubrité pour le pays.

(2) En vieux français FAYE signifie lieu *planté de hêtres*, du latin
fagus. D'autre part, au temps héroïques, il y avait les Fées du Bois, du
Treuil, du Four, etc., qui veillaient sur ce monde spécial de magiciens.

de Saint-Laurent : c'était Marie-Jeanne, veuve de Gaspard de Verteuil, écuyer, sieur de la Grange, et Ollivier de la Faye, sieur du Péré, 35 ans. Étaient-ils morts naturellement ? Mystère... En 1810, c'est le logis de Mlle Chevalier ; en 1846-1855, de Duparc, à Rochefort ; en 1857, à Jean-Baptiste-Édouard Pétraud, négociant, dont la veuve, Mlle Félicie Duplessis, épousa François-Amédée Cordier, négociant, le châlelain du Bois-Vert, 1859. En 1881, cette terre de la Faye du Bois fut vendue à Joseph Hurtaut, cutivateur ; en 1887, à Pierre Ravaud, à Azeré (Vendée), et à son gendre M. Prézeau, 1896.

Une ligne de rochers noirs, fort redoutés des marins, sépare la plage de la Garenne du Cadoret au *Port des Liards*, petite anse sablonneuse où vint s'échouer, il y a bien longtemps, un navire chargé de monnaies espagnoles ; c'est une tradition probable du xve siècle.

Vers *La Sauzaie*, le rivage s'élève et devient escarpé comme aux environs du fort Liédot, au nord de l'île d'Aix ; les rochers éboulés sont couverts de fougères, d'arbres et de vignes entrelacés. Une source d'eau douce y entretient un petit étang avec une végétation de rivière. C'est là qu'on doit faire bâtir l'abattoir communal.

En bas du plateau des *Valines* déjà cité, commencent les prairies de *La Cornerie*. Jadins c'étaient des marais salants, et la ferme s'élevait près des bassins, à 240 mètres environ de la maisonnette du chemin de fer du Carcault. En 1842, les salines de La Cornerie étaient florissantes, comme à Bellevue de Soumard ; propriété de Jean Boutiron, avocat à la Rochelle, et de sa femme Marie-Jeanne Pichard (¹), elles étaient dirigées par les sauniers Clérouin, Régnaud. Après la Révolution, ces terres

____

(1) Archives de M. Paul Gauvain.

furent vendues à plusieurs propriétaires : en 1810 elles étaient aux Arrondel et à Emery ; en 1846, à Raimbault, de Niort et à Masson ; maintenant à M. Mangou.

Cette prairie de l'anse de Fouras ou baie d'Yves, 1,900 mètres de longueur, paraît s'exhauser lentement sous les dépôts séculaires d'alluvions; au bord de la mer, et au-delà d'un cordon littoral de cailloux roulés, s'élèvent de petits monticules limoneux, *mottes* ou *mattes*, semés de graminées *statice lychnidifolia*, *salicornia*, *atriplex*, *etc.*, formant une nouvelle ceinture verte au rivage jusqu'au *rocher d'Yves*.

Cette falaise, taillée à pic, domine la plage de 14 à 18 mètres. La rupture du sol semble indiquer un cataclysme par ondulations de la croûte terrestre. Qui pourra fixer la date de ces transformations géologiques ?

On peut appliquer à cette région basse l'histoire des marais de Saumard. Sur les hauteurs du Carcault qui la bordent, du côté de la commune de Saint-Laurent de la Prée, des terrassiers ont mis à jour des murailles et des poteries gallo-romaines(¹). D'autres m'ont parlé de tombes de pierre. Il est évident que les Gallo-Romains sont venus dans l'île de Fouras au IVe siècle.

Il me reste encore à parler du logis dont le beau parc, dessiné en 1860, ombrage tout ce coin de pays ; le fief de *Touchelonge*, mot qui signifie en vieux français *Bois long*, dépendait de la châtellenie de Fouras avant le partage de 1675. Il est à 30 mètres environ de la gare de Saint-Laurent ; c'est la demeure de famille, depuis 1816, des Verchère de Reffy, dont un capitaine en retraite, mort maire de Rochefort, 1843-1845. Le propriétaire

---

(1) Voir p. 24.

actuel a fait reconstruire toutes les écuries et
donné toute l'apparence luxueuse à la maison seigneuriale qui avait aussi droit de fuie, clôture,
tours, canonnières et machicoulis. Il ne reste rien
de ces privilèges maçonniques. — Possédée au
xvie siècle par Pierre de Châteaupers (¹), qui en fit
hommage à Jeanne de Vivonne, châtelaine de
Fouras, vicomtesse de Berry, etc., veuve de Claude
de Clermont (²), (10 novembre 1550), elle fut pillée
en 1621 par Jean David, chef calviniste de la
Rochelle (³). Ce fut ensuite la propriété de messire
Pierre-Nicolas-Hyacinte de Binet, chevalier seigneur de Marcognet et Saint-Laurent de la Prée,
1673-1736, sous-brigadier des chevau-légers, fils du
brigadier-gouverneur de La Rochelle (1689 au
16 janvier 1717) Sa femme Louise-Henriette Le
Cadou du Moulin (1772), eut neuf enfants dont
Louis-Nicolas de Binet, 1720, seigneur de Touchelonge jusqu'en 1751, capitaine de canonniers gardes-
côtes qui épousa Suzanne-Louise Guchenaux,
veuve Laurent Liger de la Vallerie, fille du receveur des fermes de Saint-Laurent de la Prée, et
d'Henriette Payen de Montolain, 5 juillet 1751.
Toutes ces familles habitèrent Saint-Laurent jusqu'en 1771. Un Binet, général de brigade en 1811.
a son nom gravé sur les parois de l'arc de triom-
phe, à Paris.

En 1751, le seigneur Touchelonge et de Saint-
Laurent de la Prée est Pierre-Henry Dupont de
Gault, chevalier, seigneur du Bignon, capitaine de
cavalerie, homme d'armes de la garde de Louis
XIV, époux de Marie-Anne Cornu. Vers 1765-
Touchelonge est possédé par Aimé Benjamin Fleu,
riau, officier de la maison du Roi, époux de Marie-

---

(1) Bibliotheque de La Rochelle, f. m. 283 (3336-114, f. 28).
(2) Voir p. 63.
(3) Voir p. 71.

Anne Liège. Au moment de la convocation des électeurs de la noblesse (1789), son fils Paul, écuyer, conseiller secrétaire du roi, receveur général des finances à Moulins, prit le titre de Fleuriau de Touchelonge. Son frère, Louis Benjamin, savant géologue, député, etc., né à La Rochelle le 24 février 1761, mort le 11 février 1852, signait Fleuriau de Bellevue ; son buste est dans le jardin des plantes de La Rochelle.

On aperçoit de la route de Fouras le village de Touchelonge (67 habitants) et la haute verdure du parc, fermé par une grille d'où l'on peut apercevoir la jolie perspective des allées. On peut revenir à Fouras par deux chemins : celui de grande communication, avec sa montée de 16 mètres, terrible à la descente pour les cyclistes, et qui traverse 1,900 mètres de petits bois, sur le territoire de Saint-Laurent, taillis des fiefs de Madame, Jaulin, Bodin, de La Cornerie, des Coudrées, d'Erfaud, etc. L'autre est un routin, à peine carrossable, parallèle à la voie ferrée, qui suit le bas des coteaux du Carcault : l'entrée se trouve à la maisonnette du garde-barrière de la grand route de Nantes à Bordeaux. Le nom de *Châtelet*, resté aux terres environnantes, fait supposer qu'une forteresse défendait ces abords au temps de la splendeur de Châtelaillon, c'est-à-dire avant 1127, à l'époque de la belle chevalerie.

CHAPITRE XXIV

La Grand'Plante.
La Coue.
La Nombraire.
L'Oiset.
Les Petites Bourgnes.
Les Grandes Bourgnes.
Le Sabia.
Le Corounâ.
L'Indienne.
Le Bain.
La Petite Palle.
La Grande Palle.
L'Anon.
Sous le Bois d'Enet.
Ceclé.
Mako.
Les Pommes.
La Carcasse du Navire.

Les Portes.
Chiron.
Les Ecouts.
L'Epée.
Le Pas de Fougeoux.
Les Ecressards.
La Fumée.
Les Tuiles ou les Tubles.
Le Rocher Plat.
Les Brandes.
Crachenier.
Tourillon.
Rocher Rognou.
Rocher de la Meule.
Le Port des Liards.
La Sauzaie.
Les Valines.

CHAPITRE XXV

GOUVERNEURS MILITAIRES DE LA FORTERESSE DE FOURAS.

1652. Messire Anthoine de Bonnefont, écuyer, sieur du Ruisseau, gouverneur de la Tour de Fouras; avait pour lieutenant Pierre N. du Temple.

1673. Pierre de Massiac de Sainte Colombe, écuyer, chevalier de l'Ordre de Portugal, époux de Louise Martins.

1700. Mre de Payré Fumade, capitaine du régiment de Picardie.

1702. Mre Toussaint de Goussancourt, capitaine commandant le régiment de Brie.

1704. Mre de Bergade *alias* de Bragade de Vassat, capitaine au régiment Dauphin.

1705. M. Pierre de Casaubon, capitaine au régiment de Tessé.

1708-1710. Mre de Bargade de Vassat, capitaine au régiment Dauphin. Le même qu'en 1704.

1711-1713. Mre Charles des Michaux, capitaine au régiment de Poitou, époux de Marie-Catherine Figuer.

1714. M. Pierre de Lallier, écuyer, sieur de Goupil ou Loupil, capitaine au régiment de Versailles.

1716, mars. Mr Charles des Michaux.

1716, mai. Mre de Maumusson, chevalier de St-Louis, capitaine au régiment Dauphin.

1717-1727. Mre Jacques-Marie de Saint-Julien, écuyer, seigneur du Tiret, capitaine commandant d'une compagnie détachée de l'hôtel des Invalides, époux de Angélique Lefebvre de Moushy. — À partir de 1717, Fouras devint une succursale de l'hôtel des Invalides de Paris.

1728-1731. Mr Raymond de PETITY, écuyer, chevalier de St Louis, époux de Catherine Morin.

1732-1734. Mr du TREUIL.

1735-1738. Mr DARLINKTON ou d'ERLINGTON, commandant.

1738-1744. Mr Raymond de PETITY, écuyer, chevalier de St-Louis.

1745. Mre Guillaume-Urbain de KARUEL DE MÉRÉ, chevalier de St-Louis. commandant des forts de Fouras et de l'Ile d'Aix.

1745. Pierre du SART, écuyer, seigneur de Chaumont, époux de Marianne du Cayet.

1747. Jean LANCEREAU, écuyer, seign^r de Bois-Blanc.

1748-1750. François-Guillaume LECOMTE.

1751-1757. Louis de BEAUMONT. écuyer, capitaine, époux de dame Elisabeth de Compagnie.

1758-1762. M^r d'ORGUEIL, capitaine.

1763. Plusieurs officiers : Mr Gaspard-Marc CHEVALLIER DE CAPRIOL, capitaine de la brigade de Beausire ; de TRUCHY, capitaine ; chevalier de CARPENTIN ; de LINCHAN ; d'OSTENDE.

1767-1778. Mre Jean-François VILLEMAGNE, chevalier de St-Marcel, major et commandant des forts de l'Ile d'Aix et de Fouras.

1778. Capitaine de LA GRANGE.

1780-1790. Mre Pierre-Antoire de BEAUMONT, chevalier de St-Louis, major des forts de l'Ile d'Aix et de Fouras.

1793-1794. Sébastien PÉRILLE, command^t de place.

1794-1795. LECLÈRE.

1795. FABE.

1795-1796. ANNER.

1796-1797. LHIACHOUZEN.

1798-1799. EMERY — BARTEL — FALLAISE.

1799-1800. Chevallier.
1802-1803. Gélinier.
1804-1805. Modiguet ; Pichon, capitaine.
1830. Rattier.
    Blanchard.
    Trouessard.
    de Classun.
1863-1863. Darrassus, Henry, du 10 février 1863 au 22 juin 1863.
1863-1868. Lansselin, Louis, décédé, du 22 juin 1863 au 9 janvier 1868.
1868-1870. Thibaut, Auguste, du 4 mars 1868 au 9 janvier 1870.
1870-1872. Ceccaldi, Dominique, du 9 mai 1870 au 2 juin 1872.
1872-1888. Du 2 juin 1872 au 1er janvier 1888, l'intérim de commandant de place a été fait par M. Varlet, adjudant de place depuis 1863, nommé chevalier de la Légion d'honneur le 24 décembre 1886. — Le poste de commandant de place de Fouras a été définitivement supprimé, par décision ministérielle, à compter du 1er janvier 1888.

CHAPITRE XXVI.

CLERGÉ — CURÉS DE FOURAS.

1615	MM.	La Roque, Pierre.
1626		de Montaigne, Raymond, chevalier, conseiller au parlement de Bordeaux, évêque, etc.
1626		Nicolas de Montaigne, fils.
1633		de Salafranque, Pierre. C.
		Soles, Jacques, prieur.
1650—1668		Pleziac, 1640.
1669—1678		Ferrier, Nicolas. 1680, 2 janv.
1680+1695		Faucquereaud, René, c.
1695—1705		Delmas, François, p. et c.
1705+1707		de Vernhiolles, Jean, prieur et c.
1707+1725		Caillet, Barthélémy, prieur et c.
1725—1725		Journolleau.
1725+1737		Bourguillaud, Pierre.
1738—1738		Champevillé.
1738—1752		Dières, Jean.
1752+1755		Coudret, Nicolas.
1755—1756		pas de c. titulaire.
1756+1765		Gilbert, Pierre-Marie.
1766+1791		Thalamy, Etienne.
1791—1792		Chemineau, Antoine.

. . . .

1795	Coudret, Jean-Jacques, ex-curé de St-Laurent de la Prée, prêtre constitutionnel, 30 brumaire, an IV.
1803—1805	Lemercier.
1805—1809	Ysambert.

1817—1818	LANNES, B.
1819—1820	CABRERO.
1820—1821	MURPHY
1821—1823	pas de c. titulaire.
1823—1825	DECAMP, F.
1826—1827	MEDRANO DE M.
1827—1828	pas de c. titulaire.
1828—1836	MAUVILAIN.
1836—1839	pas de c. titulaire.
1839—1840	TRESALLET.
1840—1844	CHABOT, Victor.
1844+1851	FLEURY, Henri.
1851+1854	BOGNETTEAU, Pierre-Martin-Nicolas-Sosthènes.
1854+1879	GUYONNET, Pierre.
1879—1910	FORGERIT, Pierre-Ixile.
1910	PLUMEAU.

CHAPITRE XXVII.

MAIRES.

Avant 1789, il y avait déjà dans les paroisses un magistrat municipal nommé Syndic, dont les attributions, moins celles d'officier d'État-civil, rappelaient celles des maires et des juges de paix actuels.

A partir de 1789 la chatellenie-paroisse de Fouras fut constituée en commune et aux seigneurs héréditaires succédèrent des maires élec-tifs suivant les lois de l'an III, 1795, du 28 pluviose an VIII (18 février 1800) 1831 — 1848 — 1852 — 1855 — 1867 — 1870 — 1871 — 1874.

1789 MM.	David, syndic de la commune.
1792—1794.	Chemineau, Antoine, ex-curé de Fouras.
1794—1795	Prévost, Jean, laboureur-propriétaire
1795—1797	Chemineau, Antoine.
1797—1798	Chemineau, Antoine, agent municipal.
1798—1798	Roy, Jacques, propriétaire, ancien chirurgien.
1798—1799	Prévost, Jean, agent municipal pour 2 ans.
1799—1804	Prévost, Jean.
1804—1810	Barabé, Louis-François, propriétaire, ancien officier de santé.
1810—1815	De Saint-Légier de la Sausaie, Cte Pierre-Louis-René, propriétaire.
1815	Gauvain, Etienne-Marie, prop., 5 mai au 6 août 1815.
1815—1824	De Saint-Légier de la Sausaie déjà nommé +1842.
1825—1827	Chapelle, Jean-Pierre.

1827—1840 RAIMBEAULT, Jean-Baptiste, prop. à Niort.
1840—1845 GAZIN, Jacques.
1846—1870 BONNIN, Jean-René, propriétaire-cultivateur + 13 mai 1872.
1870 BÉGAUD, François-Etienne, aîné, président de la commission municipale.
1870—1871 GAUVAIN, Joseph-Etienne, ancien notaire.
1871—1881 ALLARD, Eugène, Notaire à Rochefort.
1881—1884 BIRONNEAU, Isidore, épicier à La Rochelle.
1884+1884 Allard, Eugène.
1884+1888 PUTIER, Jean-Jacques, propriétaire ⊢ 11 nov. 1890.
1888+1888 BARDET, Auguste-Alexandre, ancien pharmacien de 1re classe à Paris, 20 décembre.
1889—1890 POUGNET, Clovis-André, démissionnaire en octobre 1890, avoué à Rochefort.
1891—1896 BUGEAU, Georges, docteur en droit. Janvier 1891. — Démissionnaire 22 février 1896.
1896—1908 BOUTIRON, Emile, docteur en médecine.
CRISTIN, propriétaire.
1908—1910 DANGUY.

TABLE DES MATIÈRES.

—

Iʳᵉ Partie.

Fouras dans les temps anciens.

Chapitres

IIe Partie.

Fouras moderne.